本书系

教育部人文社会科学研究规划基金项目

“现代大学内部治理管理运行体制机制研究”（12YJA880069）

之成果

教育部人文社会科学研究规划基金项目成果

现代大学内部治理结构研究

李旭炎 等著

XIANDAI DAXUE NEIBU ZHILI JIEGOU YANJIU

人民教育出版社
PEOPLE'S EDUCATION PRESS
·北京·

图书在版编目（CIP）数据

现代大学内部治理结构研究/李旭炎等著. —北京：人民教育出版社，2016. 3

ISBN 978－7－107－30892－5

Ⅰ. ①现…　Ⅱ. ①李…　Ⅲ. ①高等学校—学校管理—研究　Ⅳ. ①G647

中国版本图书馆 CIP 数据核字（2016）第 045514 号

人民教育出版社出版发行

网址：http://www.pep.com.cn

人民教育出版社印刷厂印装　全国新华书店经销

2016 年 3 月第 1 版　2016 年 4 月第 1 次印刷

开本：787 毫米 ×1 092 毫米　1/16　印张：18.25

字数：216 千字　印数：0 001 ~2 000 册

定价：38.40 元

代序：完善大学治理结构*

◎ 李旭炎

党的十八届三中全会《中共中央关于全面深化改革若干重大问题的决定》提出了深化教育领域综合改革的任务，要求完善学校内部治理结构。完善大学治理结构是深化高等教育改革的重要内容，其核心是建立健全立德树人的治理理念、制度框架和运行机制。完善大学治理结构，应正确处理大学与政府、大学与社会以及党委领导与校长负责、行政权力与学术权力等关系。

正确处理大学与政府的关系。以政府加快转变职能、推进简政放权为契机，进一步理顺二者关系。明确政府与大学各自的职能职责，政府主要履行对高等教育的统筹规划、政策引导、监督管理等宏观职能，大学则对教学科研、学科专业和管理机构设置、人事分配制度、资产资源分配使用等负责。政府不应直接干预大学内部事务，大学不能违背国家法律法规和宏观政策自行其是，二者应按照协商和合作的现代治理理念搞好良性互动。加快推进政校分开、管办分离，政府应进一步转变职能、简政放权，扩大和落实大学办学自主权；善于运用法律、规划等手段，加强对高等教育的宏观管理，引导和规范大学办学行为，既防止放任自流，又避免管得过死。

正确处理大学与社会的关系。重视发挥企业、行业组织和社会团体在大学治理中的作用，构建更加开放的治理结构，实现有效的共同治理，推动大学更好适应经济社会发展需要。扩大社会

* 本文原载《人民日报》2014 年 11 月 4 日理论版。

参与，建立企业、行业组织等社会力量参与大学管理、支持大学发展的新机制，使大学既能充分利用各种社会资源促进自身发展，又能更好地承担公共责任，接受社会监督，维护外部利益相关者的权益。推进专业评价，扶持教育评估机构等社会中介机构发展，鼓励和支持它们对大学学科专业水平、人才培养质量等进行评估，使高等教育质量评价从政府评价为主转向社会评价和市场评价为主，逐步做到管、办、评分离。引入竞争机制，改变政府过度保护大学的现状，改变大学长期难以对社会和市场需求变化作出快速反应和有效应对的现状，实行奖优罚劣、优胜劣汰，使大学真正面向社会和市场办学，为大学发展注入新的动力和活力。

正确处理党委领导与校长负责的关系。党委领导下的校长负责制是我国大学领导体制长期探索和发展的历史选择，必须毫不动摇地坚持。但在实践中如何科学划分党委和行政的权限、保证管理效率，一直困扰着许多大学。根据有关法律法规和政策规定，高校党委作为领导核心，除了管党的建设、思想政治等工作外，还要负责学校重大决策、重要人事任免、重大项目安排和大额度资金运作“三重一大”等事项的决策。这在客观上带来大学党政权责交叉重叠等现象，并由此导致一些矛盾。对此，应认真贯彻 2014 年 10 月中共中央办公厅印发的《关于坚持和完善普通高校党委领导下的校长负责制的实施意见》精神，健全和完善议事规则和决策程序，确保大学党政各司其职、各负其责。同时，强化民主协商意识，弘扬优良传统作风，做到团结协作、密切配合。

正确处理行政权力与学术权力的关系。在这个问题上，关键在于规范行政权力运行、提升学术权力地位，使二者各归其位、各尽其责。规范行政权力运行，一个不可回避的问题是推动大学去行政化。应当看到，在我国，大学是教育和学术组织机构，还是社会组织机构，承担一些社会职能，具有行政管理特征。一个时期以来，大学过度行政化问题备受关注和非议。所谓大学过度行政化，是指大学内部行政管理体制与政府行政管理体制过度对接，导致大学管理过度科层化和官僚化，影响大学办学质量和效率。解决这个问题，须坚持立足现实、积极稳妥的原则，通过逐步取消大学行政级别、改革大学校长遴选制度等，使大学行政权力主要用于为师生和教学科研服务。大学的学术权力主要包括两个方面：作为个体的学术权力，是专家教授个人拥有并被同行认可的学术水平、学术声望的体现；作为组织的学术权力，是通过个体学术权力的部分让渡而重建的契约性权力，这种权力经过法律认定更具有权威性，我国大学的学术委员会就具有这种属性和职能。提升学术权力地位，要求大学加强学术组织建设、完善学术管理制度、强化学术权力作用，发挥专家教授在学术评价、学科专业建设、学术资源配置等学术决策和管理中的重要作用。

目　录

绪　论

在本质上，中国现代大学内部治理结构问题是个实践问题。但是当实践发展到一定阶段，特别是新的实践到来之时，理论的研究便凸显出来。正如黑格尔所言："密涅瓦的猫头鹰，要等到黄昏到来才会起飞。"中国现代大学内部治理结构和治理能力研究便是关于中国现代大学治理实践的理性认识活动。

一、关于高等教育和大学的一些基本理念

无论是制度，还是治理结构、治理能力，都是技术层面的东西，只是工具理性；在研究这些工具理性之前、之中、之后，必须始终清醒它的价值理性，即要清楚关于高等教育和大学的根本理念和价值。工具理性是为价值理性服务的，而不是自足的，更不是相悖的。所以，我们要把研究稍微扩展一些。

（一）历史坐标中的世界高等教育

恩格斯在《家庭、私有制和国家的起源》第一版序言中系统阐述了"两种生产理论"。根据唯物主义观点，历史中的决定性因素，归根结底是直接生活的生产和再生产。但是，生产本身又有两种：一方面是生活资料即食物、衣服、住房以及为此所必需的工具的生产；另一方面是人类自身的生产，即种的繁衍。一定历史时代和一定地区内的人们生活于其下的社会制度，受着两种生产的制约：一方面受劳动的发展阶段的制约，另一方面受家庭的发展阶段的制约。[①]"两种生产理论"揭示了教育的基本规律，

---

① 《马克思恩格斯文集》第4卷，人民出版社2009年版，第15—16页。

即人的全面发展与外部适应性的问题，实质上这也是高等教育的本质属性。物质资料的生产即生产力的提高需要教育科技的发展，人类自身的生产和发展进而人类社会的进步与发展更是需要教育的发展。人类智力的培育和再生产是一个不断提高的过程，生产力的提高也是一个不断提高的过程，在这个过程中，教育也从初等、中等发展到高等教育。事实上，高等教育的发展历程正是如此。

高等教育的基本存在形式是大学。但实际上，大学出现在先，高等教育概念出现在很晚。据考证，在 1874 年瑞士联邦修订通过的《瑞士联邦宪法》中才出现“高等教育”一词，拉什达尔于 1895 年出版的《中世纪欧洲大学》中也出现了“高等教育”这个词。[①] 从历史上看，大学是一个古老的社会机构，在西方中世纪时期就产生了。早期的西方大学是仿照资本主义初期的手工业行会形式建立的，严格来讲，还不是现代意义上的大学，只是现代高等教育的雏形。大学的产生标志着高等教育的形成。

现代高等教育的发展是有历史传承的，是从古典教育到近现代教育发展而来的。教育的起源是人的自身发展需要与人类社会的发展需要交织促进的结果。从总体上说，古典教育首先着眼于人的发展，注重教育的人文性。柏拉图设计的教育学科主要为音乐、体操、数学、几何、天文、辩证法（哲学）等，孔子等先贤设计的教育也主要为诗、书、礼、乐等，这些都体现了强烈的人文属性，但这些教育都是基础的训练，谈不上高等教育。欧洲中世纪特别是文艺复兴之后，随着西方社会的发展，资本主义的产生，经济社会对教育的需求不断增强，高等教育才逐渐发展，古典大学的建立是高等教育的明显标志。无论是博洛尼亚大学，还是巴黎大学、牛津大学，尽管继续承载了古典教育的人文传统，

---

① 王建华：《什么是高等教育》，《高等教育研究》2012 年第 9 期。

而更适应经济社会发展需要是其重要特征。这些大学是仿照手工业和商业行会建立起来的，而行会本身就是商业经济发展的产物。18世纪60年代开始的欧洲工业革命，推动了现代高等教育的产生发展。工业革命的到来和发展，加速了知识的分化进程，激发了人类对科学知识教育的强大需求，自然科学越来越成为大学教育的主要内容。19世纪建立的柏林大学，明确把科学研究作为与大学教学相匹配的另一个基本职能，大学职能的扩展，使以柏林大学为代表的注重教学与科研、人文精神与科学精神并重的世界高等教育，向着现代化迈出新步伐，同时大学与经济、与社会发展的联系更加紧密。19世纪下半叶，美、日高等教育引领世界高等教育迈向一个新阶段。1862年，美国国会《莫雷尔法案》通过的“赠地法”，促成了以威斯康星大学、康奈尔大学为代表的新型大学的建立。政府赠地建立大学，大学服务经济社会，大学与经济社会成为互促互进的紧密体系。这些大学走出象牙塔，强调为社会服务，教学科研与农业生产、工业发展紧密相连，培养为经济社会发展需要的人才，研究为促进经济社会发展的科学成果，开创了现代高等教育的新模式。历史进入20世纪中叶以来，高等教育快速发展，进入了大众化、普及化时期，马丁·特罗概括提出了高等教育大众化理论，指出高等教育从边缘走向了社会的中心，发展高等教育事业成为国家战略，大学成为国家发展经济社会事业、提高核心竞争力的重要载体和工具。那个时期的大学呈现出全新的特征和形态。

纵观高等教育和大学的发展历史，其职能不断扩大，本质内涵和外延也不断变化。但贯穿其中的基本理念是清晰的，即大学的发展始终是在科学主义与人本主义、工具理性与价值理性两大社会思潮的影响下发展的。

马克思恩格斯指出：“思想、观念、意识的生产最初是直接与人们的物质活动，与人们的物质交往，与现实生活的语言交织在一起的。人们的想象、思维、精神交往在这里还是人们的物质行动的直接产物。……意识（das Bewußtsein）在任何时候都只能是被意识到了的存在（das bewußte Sein），而人们的存在就是他们的现实生活过程。"① 所以，"'精神'从一开始就很倒霉，受到物质的'纠缠'"②。既然意识、精神与社会物质"纠缠"在一起，那么人类的思想就不能不对人类社会发生作用。

人类思想在古希腊是朴素的，也是比较全面的，许多思想家，如亚里士多德，几乎就是"百科全书式"的人物，因为当时的科学还未分化，自然科学、人文科学统一在哲学这个"科学之科学"名下。随着自然科学的发展分化和人类对自然奥秘探索的需要，近代欧洲哲学在认识论领域得到长足发展，人们的思想观念、思维方式深受哲学思想的影响，或体现为经验论特征，或体现为唯理论特征，人类理性的旗帜高高飘扬。西方哲学从近代向现代的演变过程中，逐步分化为两种思潮，经验论发展成为以实证主义、逻辑原子主义、实用主义、批判理性主义、语言分析主义、结构主义、科学哲学等为代表的"科学主义思潮"，唯理论发展成为以生命哲学、现象学、存在主义、法兰克福学派、精神分析学派为代表的"人本主义思潮"。前者以自然客体为中心，研究人类对自然知识的认识、总结、获得，强调自然科学对人类发展的价值和意义；后者以人及人的非理性本能为中心，研究人类自身的本质、本能的实现，强调人类自身的价值和意义。两种思潮都是人们对现代科学技术、对社会发展的作用日益增强的时代所作的哲学应答。

教育理念、理论是哲学思潮在教育领域的反映。简单说来，教育理论就是要回答教育的本质问题，即教育的功能是以适应外

①②《马克思恩格斯文集》第1卷，人民出版社2009年版，第524—525、533页。

化的、社会科技和经济发展为目的，还是以适应内在的、人的自身全面发展、人的解放为目的。古典教育思想中实际地包含着两种理念的萌芽。

古代的思想家大都是教育家，他们的哲学思想与教育思想是内在地统一的。柏拉图认为，理念是人的本质，自然界的现象都是理念的表象，这些表象如何为人类所把握和认识呢？柏拉图说，人天生就有一种获取知识的能力。但是人的这种认识能力要经过“唤醒”才能发挥作用，这个“唤醒”过程就是教育。现在教育“education”的词源意思是“唤醒”，即引导和帮助人们的智慧力量、德行的自然成长。没有受过教育的人就像束缚在“洞穴”、面向洞壁的阴影的囚徒，只能看到事物的影像，看不到事物本身。受过教育的人，转过身来，面向光明，才能看清事物本身。教育的目的和任务，就是使人摆脱束缚，转向光明，认清本质。柏拉图还认为，每个人的灵魂中都有理智、激情和欲望三种成分，欲望占有最大的部分。只有当一个人受过良好的教育，他的理智才能加强，从而控制住欲望，才能保持灵魂中理智、激情和欲望三者的协调平衡，这才是有节制的人。教育的目的就是使人向“善”。亚里士多德认为，人天生就是政治动物，要成为合格的公民，就要接受教育，教育方针应是引向善德。人受到教育，才能按照理性办事，人人遵从理性，社会才有秩序，城邦才能发展。由此可见，古典的教育思想主要着眼于人自身潜能的实现、人的本质的实现，是一种向内的人文教育，但也隐含着教育人适应社会的外在的工具性属性。

近代教育理论基本上延续了古典人本主义的教育思想。同古代一样，近代教育理论家也大都既是教育理论研究者，同时又是哲学家，他们主要研究的是基础教育。大学的出现，使得一些本身是大学教授或者担任大学校长的学者，会将这些教育理论实践于大学教育，大学教育也充分体现了人文教育的特征。卢梭从他的自然神论出发，认为人的自然本性是善良的，文明社会的产生使人的善良本性堕落。教育的目的就是依据对人的本性善良的认识，遵循人的本性法则进行教育。这是一种自然教育的原则，是培养自由人和自然人，即自由的、自然的、独立的、不依附别人的人。康德从他的"善良意志"出发，认为"只有人是需要教育的生物"，而且只有人能教育人，人完全是教育的结果。人类道德介乎上帝与动物之间，理性提供道德律，理性的至善是上帝，完全由欲望支配行为的是动物，教育的目的就是使人性不断改进，培养和谐发展的、完善的人，教育应以适合人的方式来设计。近代教育改革理论的集大成者赫尔巴特把古典人本主义教育思想推向顶峰。他认为，教育理论体系有伦理学和心理学两个基础，前者说的是教育的目的，后者说的是教育的途径、手段和方法。教育的目的，在于培养有美德的人，培养具有内心自由、完善、仁慈、正义、公平五个道德观念的人，是教育的终极目标；从心理学的基础出发，他提出了教学理论。从这些教育学的理论看出，近代教育理论秉持了人本主义教育观，把教育的本质和目的概括为人的形塑、启蒙和解放。

受现代西方哲学科学主义和人本主义两种思潮的影响，现代教育理论也形成了两种不同的教育观，现代大学教育正是在这两种教育观的影响下交错前行。科学主义教育观是对古典人本主义教育观的反动。19 世纪，随着生产力的发展，自然科学迅速发展。自然科学由原来的搜集材料阶段发展到整理材料阶段，特别是细胞学说、能量守恒和转化定律以及进化论三大发现，使现代科学具有了划时代的意义。本来自然科学的发展为大学教育的改革提供了新鲜血液和发展动力，但大学教育仍死守古典教育，改革的步伐缓慢，于是以实证主义、实用主义、结构主义等为代表的科学主义教育观迅速发展，甚至成为教育理论的主流。实证主义者斯宾塞参加了 19 世纪中期英国科学教育与古典教育之间的论战，抨击传统古典主义教育，提出科学知识最有价值。他认为教育就是使受教育者获得生活所需要的各种科学知识，大学教育必须开设以科学知识为核心的课程体系。实用主义者杜威系统论述了教育与生活、社会、环境、人的生长的关系，强调教育在社会生活中的实际应用，教育对社会和人的生活所带来的益处，教育是一种智慧训练的过程。实用主义知识论是工具主义知识论，其本质就是坚持知识和有目的的改变环境的活动之间的连续性。教育过程自身即为目的，目的即手段，不断转化为手段，转化为行动。结构主义者皮亚杰、福柯、布鲁纳等则推崇理性和科学，强调科学的研究方法对认识事物的意义，认为只有认识掩盖在事物表象之下的深层结构，才能认识事物，结构是事物的本质。皮亚杰揭示了儿童智慧发展的特点和各发展阶段的结构。福柯认为，权力是一种力量关系，一种不同力量结构的抗衡、冲突，甚至自然科学、人文科学知识话语本身也存在权力结构，"科学之被制度化为权力，是通过大学制度，通过实验室、科学实验这类抵制性的设施"①，"……人文科学是伴随着权力的机制一道产生的"②，这里的制度、机制也是广泛意义上的结构。以布鲁纳为首的结构主义者于 20 世纪 50 年代末在美国掀起了一场结构主义课程改革运动，知识和学科结构理论成为高等教育改革、教学方法和课程改革的主要理论依据。总之，科学主义教育观的共同特征是，教育如何更好地适应现代科技和经济发展的需要，有着强烈的工具理性特征。

延续古典人本主义教育观传统，现代教育思想中人本主义教育观也在不断地与科学主义教育观抗衡，这股教育思潮是以存在主义、人文主义、法兰克福学派等为代表的。存在主义者雅斯贝

①② [法] 米歇尔·福柯著，严锋译：《权力的眼睛：福柯访谈录》，上海人民出版社 1997 年版，第 31、32 页。

尔斯看到19世纪教育与科学分道扬镳，学校培养的科技人员只是服务于某些目的的专业工人，而缺乏人的陶冶。他认为，教育的真正目的是人的回归，是完成自我，知识是培养自我的手段，而不是其他什么东西。大学是研究和传播科学的殿堂，是教育新人成长的世界，创建学校的目的是将人类精神转化为今天的勃勃精神，教育的本质是对终极价值和绝对真理的虔敬。人文主义者赫钦斯主张大学教育剔除一切职业性、技术性或实用性科目，强调学术性科目的地位，强调大学要确立其内在精神准则。布鲁贝克强调学术自治和学术自由是大学的基本品格。总之，现代人本主义教育观共同的特征是，大学教育要以人为目的，批判科技、经济发展造成的人的异化，反对教育中崇物不崇人的倾向。

现代科学主义教育观和人本主义教育观面对现代科技和现代生产对大学的新要求，作了不同的回答。科学主义者强调大学教育的适应性、工具性，忽视人的主体性、主动性；人本主义者强调大学教育的内在性、价值性，忽视教育与科技、社会的联系性。两派的不同主张，凸显了现代大学教育中科技与人文、市场与价值，工具理性与价值理性的矛盾冲突。这就是历史坐标中世界高等教育的尴尬。

（二）历史坐标中的中国高等教育

高等教育的产生和发展是一个复杂的社会历史文化现象，深受其产生和发展的历史文化传统、经济社会发展阶段和现状以及世界高等教育发展的影响。中国高等教育的产生和发展也是如此。现代中国高等教育有着不同于其他国家的鲜明的中国历史文化传统、当代中国社会基因和特征。

中国有悠久的历史文化传统，中国的教育思想和实践与其产生发展的历史文化传统息息相关。自秦汉以来，国家及高等教育机构一直存在，但严格来说，现代意义上的中国高等教育的产生是近代的事情。当然，无可否认，其教育理念都是与中华文明大体同时出现的。中国“大学”的概念在古代就出现了。《礼记·明堂位》记载：“有虞氏始设上庠为大学，下庠为小学”，“夏后氏设东序为大学，西序为小学”。特别是《礼记·大学》明确提出：“大学之道，在明明德，在亲民，在止于至善。”可见，中国古代就有了教育分级、分类的思想，当时所谓“大学”的教学内容主要是礼仪、武艺、祭祀、乐舞等。隋唐时期设国子监掌管教育事业，有着高等教育雏形的书院更是一时兴起。朱熹把教育分为小学和大学，小学阶段是教之以洒扫应对、诗书礼乐之事，大学阶段的任务是穷理。把大学纳入理学范围，影响甚大。但总体而言，封建时代的“大学”主要是为科举制而兴办的，培养官吏，学习内容主要以儒学经书为主，以政治道德教育为中心，并不是现代意义上的高等教育。

1895 年、1896 年盛宣怀筹办天津中西学堂和南洋公学上院。1898 年光绪皇帝正式批准设立的京师大学堂，是第一所正式以“大学”为称谓的国立高等学府。随后山西大学堂等陆续设立。1912 年北洋政府颁布《大学令》，规定大学以教授高深学术、养成硕学闳材、应国学需要为宗旨，分文、理、法、商、医、农、工等。

现代意义上的中国高等教育仍然秉持了中国历史文化的传统。洋务派领袖张之洞在《劝学篇》中提出的教育方针是“中学为体，西学为用”，“如其心圣人之心，行圣人之行，以孝悌忠信为德，以尊主庇民为政，虽朝运汽机，夕驰铁路，无害为圣人之徒也”。强调大学的任务是学习中国传统文化，在这个前提下学一点西方的自然科学和技术。总之，中国高等教育和大学诞生之时，其教育理念就是以中国传统历史文化为“体”，学堂的立学宗旨是：“无论何等学堂，均以忠孝为本，以中国经史之学为基，俾学生心术壹归于纯正，而后以西学瀹其智识，练其艺能，务期他日成材，各适实用，以仰副国家造就通才、慎防流弊之意。”① 由此可见，中国高等教育从产生起就是重视人文教育的，这种传统一直影响着中国现代大学的发展，研究中国现代大学的改革与发展不能不充分考虑这个因素。

考察现代中国大学除了传统历史文化因素外，更重要的是要把中国现代高等教育和大学放在当下中国现代社会的背景和语境中分析。当代中国社会的最大特征是社会主义初级阶段，面临的最大现实就是建设和完善中国特色社会主义制度，最显著的两个特征是改革开放和市场经济。一方面，新中国成立后，国家大力发展高等教育事业，取得了辉煌的成绩，中国建构了庞大的、完整的高等教育体系；另一方面，这个高等教育体系有着强烈的计划经济模式的特点，需要改革和发展。国家把高等教育事业纳入国家发展战略，试图保持对大学的有效管理和控制，又希望大学面向世界，拥有适度自治发展的空间。特别是市场经济和大学教育大众化的发展，打破了国家一统高等教育天下的格局，社会力量办学的积极性得以调动，多元、多种力量办大学的高等教育新格局正在形成。从计划经济体制到市场经济体制，市场经济的逻辑无疑会浸入到大学。市场经济的逻辑就是资本逻辑，追求利润最大化。高等教育兼具生产力和上层建筑两重属性，显然不能完全由市场经济的逻辑主导。市场经济的逻辑可能导致大学发展的过度功利化、工具化，甚至偏离大学育人的本质和基本功能。同样，从大学精英教育到大众化教育，古典的象牙塔式的自给自足的精英教育模式被打破，大学教育的功能越来越要关注社会的需求和受教育者的多元需求的变化。处于中国特色社会主义市场经济背景下的现代中国大学，面临着如何建立中国特色社会主义大

① 璩鑫圭、唐良炎编：《中国近代教育史料汇编·学制演变》，上海教育出版社1991年版，第289页。

学制度这一严峻的考验。我们已经开始反思，开始纠偏，开始回归大学本质的努力。

不仅如此，改革开放中的中国现代高等教育和大学已经融入世界科技经济社会和高等教育潮流中。发达国家已萌生后现代社会的特征或已开始步入后现代社会，而中国正在进行现代化事业，这就使得中国的高等教育和大学既保留有传统和计划经济模式的痕迹，又要实现高等教育现代化的目标，同时要迈向具有后现代特征的世界高等教育洪流。一句话，中国的高等教育和大学处在前现代、现代和后现代的夹缝中或者说交叉点上，这也正是中国特色社会主义现代大学制度建设面临的问题。

（三）现代大学几个前提性的基本理念

回顾和分析中外现代大学发生发展的历史，是为了说明在研究现代大学制度、治理结构这些工具性的问题时，必须明确改革的根本目标是什么。换句话说，完善现代大学治理结构必须在遵循大学本质、大学基本理念的前提下进行，并且要为完成大学的根本任务这个价值理性目标而改革。具体而言，以下几个理念是根本的。

关于高等教育的本质。我们说，高等教育的本质是研究高深学问，培养高级人才。高等教育研究的是人类探索世界奥秘、追求真理的专门化的知识，这种探索是人类的本性，所以也是满足人类自身物质和精神发展的需要。高等教育培养的是掌握高深知识的、具备探究能力的高级专门人才，它不是初等和中等教育，也不是仅仅培养适应经济社会发展需要的工具性人才，而是拥有全面素质的高级人才。人不仅仅是工具、手段，而是目的，是手段与目的的内在统一，而且在最终意义上，人本身就是目的。

谈到高等教育本质必然要涉及高等教育规律问题。关于高等教育规律探讨争论很多，聚焦于两点，即教育适应并促进社会发展的规律和教育适应并促进人的身心发展的规律。基于此，往往形成两派，各执一端。实际上，二者是内在统一的。在哪里统一？在马克思那里统一，马克思可以让两派坐在一起。

马克思主义哲学的革命性变革就在于把哲学关于“世界何以可能”的主题转变成“人的解放何以可能”的主题，即哲学的本质在于改造世界。马克思认为，实现人类的解放，就是要摆脱人的异化，实现人的本质的复归。“人的根本就是人本身”，“人是人的最高本质”。那么人的本质如何显现呢？马克思认为，人是一种对象性的存在，人是在自己创造的对象性中来认识、肯定自己的本质存在的。这个过程是一个创造性的实践过程，也就是人通过实践活动确证人的本质，他在自己的创造物中看到了自己的本质。人类的本质不是单个人的、无声的共同性，而是以劳动为特征的自由自觉的活动。这样，人的本质就通过劳动实践与自然社会实现了有机的、内在的统一。高等教育要塑造人、解放人，这不是一句空话。要实现这个本质，就要通过实践，通过劳动，即人是在认识世界、改造世界中实现自身解放的。马克思在《1844年经济与哲学手稿》中说：“工业的历史和工业的已经产生的对象性的存在，是一本打开了的关于人的本质力量的书。”所以，高等教育的本质就是培养、塑造适应经济社会发展进而实现自己理想的高级人才。二者是内在的统一。任何改革都应该并且必须遵循高等教育的本质和高等教育规律。

关于大学的根本任务。大学的产生首先是为了培养人而设立的，这是大学之为大学的根本存在原因。中国现代大学的根本任务是立德树人，这一点任何时候都不能含糊。大学的其他功能都是在完成根本任务的过程中派生的，并且是要为培养人才而服务的。高等教育要实现人的解放，除了教育，还包括科研、理性文化等等，即不仅通过传播高深知识进行教育，而且通过科研活动追求真理，创造文化。所以，大学的教学和研究在本质上是内在统一的。大学的学科建设、科学研究等不能异化为“统治”培养人这个根本任务的异己力量。立德树人就是要培养有社会责任感的、有创新精神和实践能力的社会主义建设者和接班人。人的成长成才是有规律的，因为人的认知水平和实践水平是一个不断提高的过程，大学培养人要符合这个规律，即大学的课程体系、教学安排要按照人接受知识的能力和知识体系的展开来进行。任何改革都应该并且必须遵循大学的根本任务和办学规律。

关于大学理念。大学的基本理念是学术自由。大学的品格是崇尚学术、崇尚真理。大学内部，一切都是围绕为了培养人而进行的学术研究，大学中看得到的是学生，看不到的而无时不在的是学术精神、学术品格、学术自由。追求真理需要人的创造性，这种创造是人的本性，是自由的。正是在这种追求学术自由的进程中，大学形成了自身的价值共同体特征。任何外在的、制度性的东西都不能压制大学的学术自由本性。任何改革都应该并且必须遵循大学学术自由的基本理念。

关于中国特色社会主义高等教育事业。所谓高等教育事业，至少包括以下三个层面的活动：一是国家和政府对高等教育的总体布局战略发展的要求，表现为政府对高等教育的宏观指导管理；二是高等教育机构内部的管理和自身发展活动；三是高等教育工作者组织开展的对大学生的各种具体教育活动。由此而来，中国特色社会主义高等教育事业必然包括以下要求。一是充分尊重中国传统历史文化。中华民族拥有悠久的历史文化传统，这是中国高等教育的优势所在，传统不是历史包袱，而是生于此、长于此的历史血脉，这是中国高等教育水土相服的基础。二是坚持中国特色社会主义道路。高等教育作为上层建筑，有着强烈的政治属性，坚持中国特色社会主义道路就是要贯彻落实党的教育方针，坚持社会主义办学方向。中国大学的课程体系特别是人文哲学社会科学、思想政治理论课的建设以及大学党委领导下的校长负责制等是其政治属性的具体体现。三是高等教育的发展要与中国特色社会主义实践的发展相适应，并适度超前。中国的高等教育机构大多为政府举办，高等教育事业作为国家战略，承担着国家建设的使命，要为国家总体目标服务，这是判断高等教育发展阶段的主要标准，致力于高等教育现代化就是这个阶段的重要任务。四是高等教育要坚持公平正义的原则。中国的高等教育事业是一项公益性的社会事业，是与广大人民群众的切身利益息息相关的事业，坚持高等教育事业为人民服务是其重要特征。五是中国特色高等教育是一个不断探索创新的实践过程。习近平总书记指出："办好中国的世界一流大学，必须有中国特色。没有特色，跟在他人后面亦步亦趋，依样画葫芦，是不可能办成功的。""我们要认真吸收世界上先进的办学治学经验，更要遵循教育规律，扎根中国大地办学。"① 办中国特色高等教育没有现成的模式可供借鉴，要不断探索创新。任何改革都应该并且必须遵循中国特色社会主义道路这个根本原则。

二、关于中国特色现代大学制度

制度是政治学的一个重要概念，是保证政府社会组织机构稳定的基础，具有稳定性。西方学者诺斯认为，制度是一系列被判定出来的规则、秩序和行为道德、伦理规范，旨在约束主体福利或效用最大化利益的个人行为。相比较而言，技术、制度与人文三个层面，制度处于中观层面。制度表现为某种结构性的安排以及保证这些结构正常运行以实现结构功能的机制系统。制度不是一成不变的，随着价值目标的变化，制度也会变迁，这种变迁不是泛指制度的任何一种变化，而是特指一种效率更高的制度代替旧有制度。从根本上讲，制度变迁的动力来源于制度主体——集

① 习近平：《青年要自觉践行社会主义核心价值观——在北京大学师生座谈会上的讲话》，《人民日报》2014 年 5 月 5 日第 2 版。

团利益、组织机构或经纪人的成本收益计算。当一种制度不能保证成本——包括意识形态的、政治的、经济的——与收益的正效益而又有新的制度出现时，制度就会变迁，这就是制度改革。

现代大学制度就是关于大学管理或治理所形成的管理或治理框架、规则体系和制度安排。它既遵循大学办学的内在逻辑，又要与经济社会的发展相契合。具体来讲，现代大学制度包括两个方面。一方面是大学的外部制度安排。高等教育作为一种准公共物品，意味着大学自身并不是完全意义上的办学利益主体，应由社会利益来决定其公共价值。所以，大学与政府、大学与社会之间要有法律保障和制度安排，涉及大学的办学体制、管理体制、投资体制等。另一方面是大学的内部制度设计，主要是大学为实现其使命和理想而制定的内部治理结构和制度体系，涉及大学办学自主权的问题。

中国特色现代大学制度是一个新的概念，也是一场新的改革实践，有着特定的内容。《国家中长期教育改革和发展规划纲要（2010—2020 年）》对此有明确的界定，它主要包括完善治理结构、加强章程建设、扩大社会合作、推进专业评价等内容。概括地讲，中国特色现代大学制度就是为保证大学价值目标的实现而实行的以党委领导下的校长负责制为根本制度，及建立在这个制度基础上的教育教学制度、学术发展制度、民主管理制度等具体制度。在这里要把握两个关键点。一是中国特色现代大学制度有着明确的价值目标，即这个制度是为中国特色社会主义经济社会服务的。我们不能用西方的大学制度来衡量中国，即使西方大学也是各国有不同的制度。在这一点上，不能盲目迷信西方大学的制度。二是中国特色现代大学制度吸收借鉴世界各国大学成功办学的经验，要遵循大学发展的内在逻辑。大学很大程度上是公共组织机构，正如企业作为组织机构为了追求利润最大化一样，大学的功能和使命是发展学术、培养人才，这是它区别于其他组织机构的根本点。建设现代大学制度本身并不是目的，目的是通过建立和完善大学制度，促进大学的健康发展。所以，世界高等教育机构特别是大学的发展有其共同的规律。中国特色现代大学制度作为外在后发型的制度应积极借鉴世界优秀文明。既坚持中国特色为主，又学习他人，这就是重点论和两点论的有机统一。

中国特色现代大学制度还有内部治理结构和大学章程两个重点，前者我们后面还要专门分析，这里再重点讲讲大学章程问题。

现代大学的制度体系离不开章程，这也是现代大学治理的显著标志。可以说没有章程的学校，还不是真正意义上的现代大学。在计划经济时代，高校与国家的计划紧密相连，大学按照政府的计划和命令行事，权力的中心在国家或地方教育行政部门。进入市场经济时代，高校作为经济社会中的教育机构在适应国家需要的同时，也要发挥大学主观能动性适应市场经济需要来建设学科专业、提高科学研究水平，以完成人才培养的根本任务和大学的使命，办学主体与功能实施更多地转移到了学校。这样，大学作为办学主体和独立法人就必须有章程。这个章程既可以明确界定大学举办者、办学者的权力边界和职责义务，对在大学内部治理进行规范，又可以在制度层面落实大学的办学理念、组织属性等。由此可见，大学章程已不单单是传统意义上的大学治理的依据，放在中国高等教育管理发展进程来看，它已成为建设现代大学治理体系的标志和载体。

关于我国大学章程的渊源，同我国教育发展脉络一致，是历史上书院的院规或训示。书院在我国教育史上曾经繁盛了数百年，为我国教育作出过重大贡献，其院规或训示在我国传统文化教育管理中也发挥了重要作用，如朱熹的《白鹿洞书院揭示》等。虽然书院院规并不是现代意义上的大学章程，但其对大学章程的影响是不容忽视的，更可以说是一脉相承的。到了近代，盛宣怀1895年创办了天津中西学堂（今天津大学），他向清政府呈递的《拟设天津中西学堂章程禀》已具有现代大学章程的雏形。直到京师大学堂成立，由清政府颁布了《京师大学堂章程》。不管从体例，还是从其借鉴西方大学经验，明确办学宗旨、教学组织形式、管理体制、学生来源等重大事项的内容来看，该章程都是我国现代意义上的第一个大学章程，开创了我国依据大学章程办大学的先河，体现了对大学价值的追求。也因此，学者们在对大学章程的起源和历史进行研究时，往往从研究西方大学章程的起源开始。

什么是大学章程？2011年7月12日教育部发布的《高等学校章程制定暂行办法》指出："章程是高等学校依法自主办学、实施管理和履行公共职能的基本准则。高等学校应当以章程为依据，制定内部管理制度及规范性文件、实施办学和管理活动、开展社会合作。""高等学校制定章程应当以中国特色社会主义理论体系为指导，以宪法、法律法规为依据，坚持社会主义办学方向，遵循高等教育规律，推进高等学校科学发展；应当促进改革创新，围绕人才培养、科学研究、服务社会、推进文化传承创新的任务，依法完善内部法人治理结构，体现和保护学校改革创新的成功经验与制度成果；应当着重完善学校自主管理、自我约束的体制、机制，反映学校的办学特色。"由此可见，大学章程是对大学性质、宗旨、定位、组织结构、目标任务、体制机制、成员条件、权利义务等基本的、重大的事项的规定，需要按照法定程序制定，其目的是为了实现大学自主管理和依法治校，其依据是国家的法律法规。通过考察大学章程的法律地位和性质，我们认为大学章程一般是指由大学权力机关制定的，上承国家教育基本法律、高等教育法律和高等教育政策，下启高等学校办学活动和内部管理的，具有一定法律效力的治校总纲。

什么是大学章程的本质？作为当代我国占主体地位的公立大

学章程，大学自治是大学章程内容的重中之重，并居于核心地位，既要厘清举办者和学校之间的权力边界，更要清晰举办者、办学者、管理人员、教师、学生等权力主体之间的利益关系，同时还要处理好党委权力与行政权力、行政权力与学术权力、学校权力与学院权力以及学校管理者与行政权力、教授（教师群体代表）与学术权力、学生与学习权力的相互关系，并建构完善学校内部管理体制及其运行机制。

由此我们可以得出结论，大学章程在大学内部制度中具有“宪法”或“基本法”的地位，在大学内部具有根本性、最高性和纲领性的地位。章程制定的核心在于制度建设。大学章程的重点——完善学校内部治理结构，明确自己该发展什么、如何发展、怎么发展，彰显出不同高校的办学理念和办学特色。章程一经核准通过，无论是谁，都要遵循有关规则办事，不能随心所欲。这样就把管理重心从政府管学校转移到学校依法自主办学，使学校办学从行政管理转向依法治理，这就是章程的根本意义所在。

三、关于现代大学内部治理结构

在实践层面，现代大学制度的核心是内部治理结构。大学治理结构就是关于大学各利益相关者或治理主体之间责任和权力分布的架构，具体表现为大学内部的组织机构设置架构。下面，我们从大学治理理论、中国大学治理结构的历史变迁和内部治理结构的理念路径来分析。

1. 大学治理理论

“治理”的概念是从“统治”到“管理”再到“治理”演进而来的。自从人类社会产生以后，社会的管理问题就产生了。因为人类社会作为组织形态，有了公共事务，这些公共事务谁来处理、怎么处理就成了问题。开始并没有国家这种管理公共事务的形式，国家的出现是管理问题即公共事务管理权力矛盾发展到极端的产物。恩格斯讲，“国家并不是从来就有的”①，“国家是社会在一定发展阶段上的产物……这种从社会中产生但又居于社会之上并且日益同社会相异化的力量，就是国家”②，所以，“国家的本质特征，是和人民大众分离的公共权力”③。统治是国家最本质的特征。当人类社会的分工与协作程度进入到较高阶段时，“统治”这种从上而下的严厉性、残酷性模式已经不适应，“管理”这种较为柔和的理论便产生了。当人类社会的文明到达更高阶段，比如所谓的后现代社会阶段，更为文明的管理理论即治理理论出现了。从20世纪80年代开始，世界许多国家尝试重新配置公共权力，试图通过向社会组织、中介机构等开放权力的方式提高国家管理的弹性和韧性，这股思潮被总结为由统治、管理向治理的转变。

统治、管理、治理无非就是要协调社会和组织中的矛盾，这些矛盾体现为结构之间的关系，比如国家要统治社会，就是要协调好社会的经济、政治和文化基本结构之间的关系。这里，有必要简述一些管理治理的“元理论”。结构主义哲学认为，历史、文化、语言、艺术等都存在着深层结构，这些结构决定着这些现象和形式的存在与发展，它强调整体性在逻辑上的优先性。结构功能主义社会学把社会看作是一种结构性的存在，社会结构整体上表现为经济、政治和文化结构以及由此衍生的子结构，这些结构的存在形式及耦合程度决定社会的稳定和发展。无论是作为哲学思潮还是社会学思潮，它们强调的是一种自上而下的统治式管理模式，强调共性，忽视个性。解构主义反对这种传统的本质主义形而上学的思维方式，致力于解构这种“内核坚硬”的结构主

①②③《马克思恩格斯文集》第4卷，人民出版社2009版，第193、189、135页。

义，强调个体的重要性，强调相对性、表象性。解构主义为现代治理理论奠定了思想基础。还有一种理论是主体间性理论。拉康的“主体间性”概念更加深刻批判了基于主体性理论的本质主义。主体性理论强调主体对客体的优越性、占有性、侵略性，比如康德宣称人为自然立法，一直到今天人类雄心勃勃地向自然、向宇宙开战的狂妄之心。而主体间性则认为，主体是由其自身存在结构中的“他性”界定的，这种主体中的他性就是主体间性。这样，主体之间互为作用，打破了主客二分法，而成为主体与主体之间的交往理解关系。主体间性理论成为治理理论的思想基础之一。

在公共管理领域，“治理”的概念是 20 世纪 90 年代才在全球兴起的。罗西瑙认为，治理是通行于规制空隙之间的那些制度安排，或许更重要的是当两个或更多规则出现重叠、冲突时，或者在相互竞争的利益之间需要调解时才发挥作用的原则、规范、规则和决策程序。治理是相对于政府统治而言的，是指一种由共同目标和多元主体支持的活动与过程。治理的基本特征是表现在主体间的多元性、客体或对象的共同性、治理过程性及其协调性。可见，多元主体共同治理是治理理论的重要特征。

治理理论还有一个重要原则即治理成本问题。我们谈到公司治理结构时，认为其本质是为了解决公司中的代理成本问题，即通过责任与权力的配置，实现公司运营过程中的成本最小化。正如科斯定理所追求的企业管理交易成本的帕累托理想状态一样，同样的道理，治理理论主要考虑治理成本问题。在目标明确的前提下，哪种治理成本低——包括人力、财力、物力、政治、道义等，哪种方式就是合理的。从这个意义上讲，统治、管理、治理等无所谓优劣之分，都是不同历史阶段最优的模式，而且不能绝对分割，更多的时候它们是互补的、共存的。

大学治理理论是公共管理理论的组成和实际应用。谈到大学治理，我们首先要辨析：谁在治理？治理什么？即治理主体与客体的问题。先谈治理主体。“大学治理”可以理解为一个复合名词，也可以理解为一个名词加动词的主谓结构。作为名词，大学治理的主体可以为政府、大学、社会，三者都可以进行大学治理。大学作为准公共物，具有公共属性，除了大学自身外，举办者政府和社会也是治理主体，既要保证政府对公共权力的优势地位，又要合理界定政府对大学的边界，还要接受社会的参与。这是宏观上的大学治理。作为主谓结构，大学治理的主体就是大学，这是大学的内部治理。再推进一步，作为主体的大学从法人治理结构角度出发，大学这个主体可以具体为学校管理机构和组织，包括校级管理机构和学院设置；从具体感性主体出发，大学这个主体又可以具体为以校长为首的管理者、教师和学生，因为他们都是直接利益相关者。这就是大学治理主体。

治理什么？当然是治理大学，这样就形成了大学治理大学。所以，治理客体需进一步明确。这就涉及大学的本质问题，大学的本质是学术研究、人才培养。大学的成立也是为了发展学术、培养人才，大学的活动就应该是学术活动、教育教学活动。大学是个实体，除了公共事务，还有人、财、物等。从这个意义上讲，大学治理的客体是学术活动和教育教学活动以及由此而涉及的教师、学生。这样，我们就陷入了一个怪圈，大学治理大学，教师治理教师。见怪不怪，这就是事物的本来面貌。

我们说，大学为了学术而建立、而存在。那么，为治理学术而设置的组织机构及其人员就是原生性的主体。在欧洲最初的大学中，博洛尼亚大学的治理主体是学生，巴黎大学的治理主体是教师。但这样的时代很短暂，这种所谓的大学自治长期存在是不可能的。恩格斯在论述权威与自治时说：“把权威原则说成是绝对坏的东西，而把自治原则说成是绝对好的东西，这是荒谬的。权威与自治是相对的东西，它们的应用范围是随着社会发展阶段的不同而改变的。”①

在这里，大学治理是相对于政府统治而言的，其特点是共同目标、多元主体的活动与过程。相对于政府，大学作为学术特点鲜明的组织，在实现自主治理上更有着得天独厚的优势。首先，大学的根本任务就是培养德智体美全面发展的社会主义建设者和接班人（高级专门人才），这是大家认同一致的共同目标。其次，大学的举办和治理，离不开政府、社会、大学管理者、教师、学生等多元主体的参与，完全符合共同目标、多元主体这一现代化治理的内在要求。

相对于外部治理，内部治理的研究与实践是大学更需要深入探索的主题。大学自治和学术自由是大学的核心问题，也是大学内部治理的内在根据、重要基石。其主要特点是以人才培养为主线，将人才培养与其他学术活动联系起来，实现人才培养、科学研究、社会服务、文化传承创新等社会职能。其组织制度安排，是以大学自身的生存与发展为根本目的。大学按照自身制定的发展目标、发展战略和运行机制自主开展办学活动，通过内部管理制度自主管理人、财、物，通过明晰权力主体来承担自身活动带来的一切风险与责任。此外，大学内部治理结构是一种系统，包含制度设计、组织层次和组织之间的关系。在这个系统中，大学的利益相关者参与大学重大事务决策，表达各利益群体的理念或价值选择，这一动态过程就是大学治理结构区别于其他社会组织治理结构的特征。②

说到大学的利益相关者就不能不讨论大学的权力主体。大学是一个多层次、多主体的组织系统，中央政府、地方政府是大学的外部层次，学校、学部、学院、系、研究所、重点实验室、工

① 《马克思恩格斯文集》第3卷，人民出版社2009版，第337页。

② 张建初：《现代大学制度下的大学治理结构》，《教育评论》2009年第5期。

程中心等是大学的内部层次。每一个层次之中又有不同的主体，学校层面有校党委、校长及学校党政机构、校学术委员会、群众团体、管理人员等主体，学部、学院层面有院长及学院行政机构、院教授会等主体，而在系、研究单位层面有系主任、资深教授、其他教师、学生等主体。这样多的权力主体怎样在大学治理活动中合理规范权力边界，对于同一种大学权力类型的权力主体应该是一元化还是多元化，是必须厘清的问题。比如涉及学术权力，有些学者认为“学术事务和学术问题只能交给学者处理，学术事务上的管理权力只能是学者们的权力”①。纵观大学发展史可以看到，在大学由象牙塔走向社会中心的过程中，其办学规模和社会服务职能也在不断拓展。单就学术事务来说，管理内容和管理方式越来越纷繁复杂，大学发展初期和精英教育阶段由学者管理学术事务的模式已难以适应时代发展的需要。学术权力的确是学者拥有的权力，但学术权力不同于学术管理。学术管理是在学术权力的制约下，对于学术工作给予的具体管理。这就需要有一些专职人员具体执行落实，于是学术管理权力的行使主体逐渐由教授、学者一元化走向多元化，其执行者既可是学者，也可是其他人员。也就是说，高等教育系统各层次的不同主体都可能成为学术管理权力的行使者。当然，由于各国高等教育管理体制和制度安排的不同，在各国的大学中，哪些权力主体在学术事务的管理中享有更大权力，其表现是不一样的。

所以，大学自治并不是专指大学的一切事务都由教师和学生管理，也不是把大学围起来，外人不得入内。因为早期大学治理主体者们发现，必须以契约论的思想，把大学治理的权力交给某个人和组织机构，由此便由原生性治理主体产生了派生性主体，这个派生主体，便由专门的管理者来代表原生性主体来管理大学

① 刘向东、陈英霞：《大学治理结构剖析》，《中国软科学》2007年第7期。

的公共事务。这里强调的是大学的公共事务，它可以包括学术性的、教育教学性的公共事务，也可以包括人力、资源配置方面的公共事务等等，必须是公共事务，而不是私人事务。从本质意义上讲，大学的治理主体仍然是原生性主体即教师和学生，派生性主体应该是按原生性主体的意愿行事。当派生性主体反客为主，“越位”管理时，就成了一种异化，这是后话。

大学治理很大程度上是协商治理，大学的权力从来不是那么刚性的。不同于政府管理，对大学而言，民主是首要的，效率是第二位的。有时候甚至不需要效率，大学许多事情就是在辩论、争吵、博弈中结束的，并没具体结论，民主本身就是最终目的。因为对于大学的知识分子来说，过程是重要的，结果每人都会心里有数，真理越辩越明。大学治理重过程、重民主的特点是由大学的治理主体的知识水平和特点决定的。所以，我们说大学治理的本质就是各利益主体共同治理，不同的利益主体有不同的明确责任界线，每一利益相关者都不应单独地对大学行使控制权，不同的利益主体又要互相制约、互相补充，形成多元主体治理的格局。从理论上讲，从一些国家的经验看，这种大学治理之模式是理想的，但从中国的实际出发，从成本的角度出发，是否可行，还要看实践。

2. 中国大学内部治理结构的历史变迁

要研究中国现代大学的内部治理，一个重要的路径就是运用历史学的研究分析方法和制度主义的分析工具，通过纵向历史轴线来考察大学内部治理结构的变迁。我国学者把大学治理结构变迁归纳为强制性制度变迁和诱致性制度变迁两种。前者是由政府命令和法律引入而实现的大学治理结构变迁，后者是指除政府以外大学治理结构中的主体在响应获利机会时自发地倡导、组织和实行的大学治理结构变迁。①

① 李建奇：《我国大学治理结构变迁的路径选择》，《高等教育研究》2009 年第 5 期。

我国大学治理结构强制性制度变迁主要表现在新中国成立以前、成立初期和“文化大革命”期间三个时期。

1895—1948 年我国大学治理结构变迁的路径是典型的强制性制度变迁，这可以从两个阶段的办学实践证明。如 1895—1910 年的 15 年间，不论是天津中西学堂的开创，还是辛亥革命之前的大学管理架构，其大学治理结构完全照搬西方国家。而 1911—1949 年的 38 年间，大学治理结构更突出地体现着政治权威集团、社会利益群体的需求而不顾大学自身的发展需要和规律，政府在大学治理结构变迁中起着主导一切的作用。需要注意的一点是，由于民国政府忙于战争，无暇社会事业发展，倒是给了大学一些发展空间，大学内部的管理有一些难得的自由空间，比如西南联大的成就，也算是无心之柳吧。

1949 年新中国成立，政治逐步稳定。由于新中国百废待兴，国家层面需要中央政权高度集中，由政府主导，大学治理结构在借鉴苏联大学管理模式的同时延续了“延安模式”。这两种模式的根本特征是计划管理，把大学管理统一纳入国家计划经济管理体系，作为政府机构和事业单位来管理，强调对大学的严格管理，忽视甚至无视大学内部管理的特殊性。1952—1957 年的两次院系大调整，初步建立了新中国高等教育制度，以高度计划管理模式为特征的新中国高等学校治理结构也由此得以建立。1961 年 9 月 15 日中共中央批准《教育部直属高等学校暂行工作条例（草案）》，确立了高等学校党委领导下的以校长为首的校务委员会负责制。至此，国家通过颁布一系列条例、政策，为新中国大学治理结构的模式奠定了基础。

“文化大革命”时期，在畸形的政治环境下，我国大学处于半瘫痪状态，大学管理混乱涣散，大学治理结构朝着无序的方向变迁，导致高等教育质量和水平严重下降。

总之，以上三个时期我国大学治理结构的变迁，主导者是政府或政治力量，采用的是强制性变迁手段，高校不能根据自身发展规律和自身需要自发或主动形成治理结构变迁。

1977—1990年，随着“文化大革命”的结束，国家相继制定颁布了一系列高等教育发展的政策和条例，我国大学得以恢复和发展，大学治理结构开始重建。特别是1985年颁布的《中共中央关于教育体制改革的决定》，使我国大学的治理结构逐步朝着现代大学治理发展。《决定》指出：“学校逐步实行校长负责制……要建立和健全以教师为主体的教职工代表大会制度，加强民主管理和民主监督。”这一决定明确了要扩大高校的办学自主权，要提高教师在高校学术事务和管理中的地位作用。这为大学治理结构诱致性制度变迁奠定了基础。

进入20世纪90年代，《中华人民共和国教育法》（以下简称《教育法》）、《中华人民共和国高等教育法》（以下简称《高等教育法》）、《中华人民共和国民办教育促进法》的相继出台，《中国教育改革和发展纲要》的颁布，从法律上明确界定了我国的高等教育管理体制及大学的自主办学问题，明确“要逐步建立政府宏观管理，学校面向社会自主办学的体制”，大学治理结构进入诱致性制度发展期。虽然政府在这个时期通过颁布法规来推动大学治理结构变迁，仍然是制度变迁的主要推动力，但由于市场经济的迅速发展和政府已逐步下放高校办学自主权，大学的自主办学意识、社会参与治理的意识、大学内部治理主体的权力意识逐步觉醒，在大学治理结构变迁中大学开始表达自己的声音，诱致性制度变迁也成为大学治理结构变迁的重要路径。

3. 中国现代大学内部治理结构理念与路径选择

回顾我国大学治理结构的变迁，从大学治理结构完全照搬西方国家的大学治理结构模式、模仿日本的大学治理结构到全面照搬苏联经验、以美国模式为目标，我国大学治理结构在这一百多年中，主要还是以强制性制度变迁为主，总体上缺乏明确的目标与方向。而从更深层次意义上来看，治理结构变迁上的盲从和左右摇摆，归根到底还是大学治理理念的不统一、不清晰，治理结构说到底只是大学治理理念的外在表现形式，而治理理念才是大学治理结构的内在之本之基。可以说，大学治理结构的建立、变迁或者路径选择，都离不开大学治理理念的支撑；大学治理理念的形成，也离不开大学治理结构的建立，二者相辅相成，缺一不可。

（1）现代大学治埋结构埋念。当前，对大学治理结构诉求的背后，隐含着深刻的对现代大学治理理念的诉求。由此，现代大学治理结构的构建首先要通过探寻高等教育发展规律，树立科学的人才观、教育观、发展观，围绕培养高素质人才来建立现代大学治理体系，提高治理能力。

大学治理理念的形成不能拾人牙慧，直接借鉴国外经验，而必须结合本土特色。承继几千年中国文明史和教育史的中国大学，大学治理理念离不开丰富的中国传统文化，应是对祖国优秀教育传统和教育观的继承和发展，在大学治理实践中不断总结升华，形成有中国特色的现代大学治理结构。大学治理理念不是固定不变的，而是随着大学治理的实践而不断丰富发展的。大学治理理念也不是有唯一标准的，由于高校层次、类型、结构的不同，各类高校也要根据自身办学定位、功能的特点形成有特色的大学治理理念。总之，现代大学治理理念，是对自身大学传统和大学精神的继承，更是对现代大学不断走向国际化、特色化、优质化发展的升华。所以，重构大学治理结构，就是要充分尊重和理解大学社会知识中心地位以及大学发展逻辑，架构大学治理多元主体权力表达与制衡机制 ，让大学依据办学环境的变化和办学实践的发展，充分体现大学的知识特性和学术组织特点，主动审视和构建新的治理体系，形成属于自己的治理理念 ，继而把大学治理理念外化为有特点的大学治理结构。

（2）现代大学治理结构路径选择。从学术理论的渊源看，治理理论是从社会中心论出发，从社会的诉求来规范国家和政府的职责和行为。作为国家治理结构现代化架构中的现代大学治理结构也应符合治理理论的规律。从大学治理的维度来考察，大学治理要与实现其人才培养、科学研究、社会服务和文化传承与创新的功能定位相一致，特别是与“培养人”这一根本任务和价值目标相一致。

从国家治理层面看，要保障国家治理结构的相对稳定和防止制度性崩溃，同时在实践中不断改革与调试，在构建过程中注重稳定与改革的有机均衡。大学治理结构变迁也是个动态均衡调试的过程，“大学治理结构的产生和发展必须考虑到政治经济文化、意识形态、制度创新准备、相关利益者的博弈能力等对大学治理结构变迁带有根本制约性的因素的影响”①。在我国大学治理结构调试中，除了要考虑国家经济、社会、文化发展状况和高等教育发展水平，还应尊重政府、社会、高校和大学治理权力主体等各方面的利益关系，尽可能以均衡化的方式来克服治理机构变迁对高校发展的影响。只有这样，大学治理结构才能发挥政府、社会、高校和个人等各方的积极性与主动性。

从大学治理结构的内在基础来看，大学具有“人才培养”的共同目标和政府、社会、大学管理者、教师、学生等多元主体，具有内部生发的大学治理因子和主动性、积极性、创造性，相对容易认同遵循一个目标、多元参与、多中心的现代大学治理结构。但大学治理结构和大学制度的建立无论如何都不能离开国家制度和国家治理框架，在中国语境下，不仅要着眼于“多元、多中心”的治理活动，还要克服分散化治理所产生的弊端，将大学

---

① 李建奇：《我国大学治理结构变迁的路径选择》，《高等教育研究》2009 年第 5 期。

治理纳入中国特色社会主义国家治理的过程。责任是权力的边界。那么对于大学来说，现代大学治理结构，不仅要强调大学的依法自治，追求学术自由和办学民主，还要担负大学使命和社会责任，弘扬社会主义核心价值观，坚持党的领导，维护中央政府权威。这才是“党委领导、校长负责、教授治学、民主管理”的应有之意。

四、中国现代大学内部治理结构模型分析

《国家中长期教育改革和发展规划纲要（2010—2020 年）》是这么表述大学治理结构的：公办高等学校要坚持和完善党委领导下的校长负责制。健全议事规则与决策程序，依法落实党委、校长职权。完善大学校长选拔任用办法。充分发挥学术委员会在学科建设、学术评价、学术发展中的重要作用。探索教授治学的有效途径，充分发挥教授在教学、学术研究和学校管理中的作用。加强教职工代表大会、学生代表大会建设，发挥群众团体的作用。这是一个完整的表述，六句话，可以概括为：党委领导，校长负责，教授治学，民主管理，依法治校；其核心结构表现为“上下左右”，上下即学校权力—学院权力的垂直治理结构，左右即行政权力—学术权力的横向治理结构；涉及的治理主体与其对应的基本权力主要为教师与学术权力、管理者与行政权力、学生与学习权力；不同的利益治理主体通过与其相对应的基本权力的实施，可以拓展延伸到其他权力领域，最终达到互治互补、民主管理的目的。

这里特别强调“基本权力”与“拓展延伸”两个概念。不同的利益主体，有着自己的主要责任，有着自身履行责任的基本载体，应该在完成自己职责的“自治”过程中达到“互治共治”，而不应主辅错位颠倒。一般而言，我们所说的治理主体，不是个人，而是作为个人联合体的组织结构，个体意愿的表达及共识的

形成应该是整体形式，而不是个体的。比如，教师作为治理主体，主要通过学术委员会这个学术组织机构行使学术权力，在这个过程中，必然会涉及学校行政管理、学生教育管理等内容，可以参与管理，但总体上讲，教师不能把主要精力放在参与学校、学院行政管理上。学生来大学主要任务是学习知识、提高本领，学习是他们的基本权力，可以通过学生代表大会等多种形式诉求自己的学习权力，在这个过程中，可以对学校、学院改进教学设施、教学课程体系以及生活设施等提出诉求。但总体上讲，学生不能把主要精力放在参与行政管理与学术管理上。管理者主要任务是实施对大学公共行政事务的管理服务，是通过学校内部的组织机构行使法定权力，不能越位参与具体的学术事务、学习事务。总之，不同的利益主体有不同的利益诉求，有不同的参与主渠道，不应越位、错位，权利与职责是对等的，权利、责任就是权力的边界，这应该是大学治理的本义所在。

（一）大学权力划分

权力分配结构和权力行使是治理结构的核心。大学的权力按主体划分，主要为行政权力（广义上讲，政治权力也属于行政权力）、学术权力和学习权力；按层级划分，主要为学校权力和学院权力。

1. 按主体划分

（1）政治权力。自中世纪诞生大学以来，大学就始终维护自治和学术自由的传统，但它自产生之初就一直受到政治势力和宗教力量的影响。进入现代社会以来，大学与社会关系日益密切，逐渐从社会边缘走向社会中心，成为社会的轴心机构。大学已不再纯粹是一种学术机构，它已成为实现国家和政府目标的一种重要力量，承担着特定的政治使命，政治对大学的影响更加深入。虽然在不同国家，政府对大学的政治控制程度有所不同，但政治力量的介入和影响却普遍存在。政府通过拨款、质量评估等不同方式控制着大学的运行，甚至将自身的统治力量渗透进大学内部管理之中，形成了大学中的政治权力。在中国，国家通过在大学设立基层党委和各级党组织，实现对大学的政治控制。

在这里要重点强调一个观点，高等学校党委书记、校长应当努力使自己成为社会主义政治家、教育家，这是对高校书记、校长很高的要求，也是中国特色高等教育事业的必然要求，高校的书记、校长应该努力成为懂教育的政治家、懂政治的教育家。

2014 年中共中央印发的《关于坚持和完善党委领导下的校长负责制的实施意见》指出，党委领导下的校长负责制是高校领导的根本制度，并对这个领导制度进行了具体的可操作的规定。

（2）行政权力。行政权力是以校长为首的行政系统所拥有的权力。随着职能的逐步拓展和规模的不断扩大，维持大学学术活动的行政事务日趋繁杂。而事务工作和学术工作必须分开，因为每一方面都有它自己的一套专门的知识体系。① 正如高深学问需要专门化一样，大学的行政职能也需要专门化。传统的由教师承担的一些行政事务逐渐由专职的行政人员负责。而到了 19 世纪初，因大学管理等事务的不断增加，大学中出现了从事管理的机构和阶层，大学行政权力逐步形成。行政权力在任何一个组织的活动过程中，都是非常重要的。现代大学是一个规模庞大、功能多样而复杂的社会组织，其管理、运行和教学、科研、社会服务功能的实现都需要行政体系的有力支撑。虽然许多人主张大学要“去行政化”，但“去行政化”并不意味着取消行政权力，毕竟庞杂的行政事务需要一个专门化的、完善的行政体系来负责。也有人主张要实行“教授治校”，但如果行政事务都交由教授来负责，不但会耗费教授们大量的时间精力，影响其教学科研工作，而且

① ［美］约翰·S. 布鲁贝克著，王承绪等译：《高等教育哲学》，浙江教育出版社 2001 年版，第 37 页。

行政事务也有其专业性，没有具有一定专业技能的行政人员来负责，行政效率和效能势必要受到影响。所以，因大学组织的学术特性而怀疑大学行政权力存在的合理性，否认甚至抵制行政权力的做法，在理论上是没有根据的，在实践上也是得不到验证的。

行政权力是一种制度化的权力，具有科层化的特征。它以严格的等级制度为依托，以制度规定的正式职位为载体，每一个职位都有明文规定的权责范围，都属于学校科层等级序列中的一部分，不同层次、不同类型的职位构成了行政体系。行政权力遵循上令下行的运行模式，强调下级服从上级和按照规章办事，表现出自上而下贯彻执行有关政策、指示、指令的特点，上下级之间是“领导—被领导”的关系，下级需服从上级支配，具有明显的强制性。

(3) 学术权力。学术权力的存在是大学内部权力结构不同于其他社会组织的显著特征之一，大学学术组织和组织内的专家、学者、教授拥有学术权力，从事教学科研活动的一般专业技术人员，如普通教师和科研人员通过学术组织表达个体诉求，其职责范围主要是学术事务、学术活动和学术关系。

大学是研究高深学问之所，学术性是其区别于其他社会组织的根本特性。而学术事务、学术活动等有其特定的规律和法则，具有很强的专业性，这些学术性事务最主要需要学者和学术组织依据学术规范和准则进行处理。正如布鲁贝克所言：“既然高深学问需要超出一般的、复杂的甚至神秘的知识，那么，自然只有学者能够深刻地理解它的复杂性。因此，在知识问题上，应该让专家单独解决这一领域中的问题。”① 学术权力在学科和专业活动中体现，具有知识性、专业性、自主性、松散性的特点。学术

① ［美］约翰·S. 布鲁贝克著，王承绪等译：《高等教育哲学》，浙江教育出版社2001年版，第31页。

权力回归学术组织和专家、教授等权力主体，对于保障学术事务的正确处理、教学科研工作的顺利开展具有重要意义。

大学的学术权力不是外部赋予的，而是由学术活动本身的内在逻辑所决定的。学术权力具有一定的权威性质。在巴格莱看来，“权威是为推行集体的目的而指导或支配他人的权力……权威意味着自愿的依从，并且是支配者和被支配者在目标取向上协调一致”①。需要指出的是，学术权力不等同于权威，它需要通过法律、规章、制度、政策等手段对其合法性进行确认；学术权力也不等同于教师权力，它并非大学中所有教师所共享，而主要是由作为学术组织成员的少数教授所掌握。

从具体的内容看，学术权力指的是学术管理的权力，主要包括大学教学、科研、学科专业建设、课程设置、职称评审、学位授予等方面的管理权力。

（4）学习权力。大学生学习权力具有自由权属性与社会权属性。从应然的角度讲，具备独立法律人格的大学生具有选择学习内容、学习方法以及要求司法救济的权利。大学生的学习权力属于大学自治权属范围，就是依据学术共同体的自律作为营造大学法制秩序，保护大学生学习权的拥有、行使与受益。因此，大学生依法行使学习权力既是高等教育自身的一种理念，又是高等学校学生的一种权利。赋予学生学习权力经历了一个外在给予到内在自发的过程，大学自治催生了大学生学习权力的觉醒，进而更加自发主动地保护自身的学习权益。但高等学校学习权力运行中存在的问题很多。就我国高校而言，主要表现在法律对学习权力的认可不明确、传统的人才培养模式的束缚、大学生缺乏学习权力的信念以及享有权力的范围狭窄等。大学生学习权力本身有着

---

①［美］约翰逊著，南开大学社会学系译：《社会学理论》，国际文化出版公司1988年版，第712页。

丰富的内涵，随着时代的发展，学习权力在现代又有了新的内涵和更深层次的意蕴。同时，大学生学习权力有其内在的逻辑依据。这些都决定了学习权力和大学生学习权益对高等教育的重大意义。而大学对于学习权力的认识，经历了比其他权力更漫长的历史。如果追根溯源，对学生学习权力的限制主要来自于三个方面，即国家、教师和家长。大学生要有效地实施学习权力，必须构筑导向大学生有效行使学习权力的教育通道。从理论层面来看，学习权力呼唤学习自由、现代治理；从实践层面来看，学习权力需要更完善的制度作为保障。学生通过学习权力的实施实现其他权利。

从学生权力的发展来看，早期大学学生曾一度掌握大学的所有权力，如意大利博洛尼亚大学即是“学生大学”的典型。之后，随着市政出资办学，教授们不再依赖学生学费，学生权力也迅速消失，处于一种隐而不显的状态，直到20世纪60年代，学生权力意识觉醒，发起了一次次学生运动，许多学校开始允许学生参与学校管理，西方发达国家大学中的校董事会、理事会、校务委员会等机构中也开始有一定数量的学生代表。尽管总体而言学生对学校事务的参与度并不高，主要是一些学生代表参与学校管理。但客观地说，大学生参与学校管理，在大学治理中表达学生权力的力量是软弱的。一方面能够参与学校治理的学生是极少数的，往往是个别学生领袖；另一方面，学生作为教学主体之一，参与大学活动的根本目的是学习，其主要精力和时间也会用于学习，因此与学习相关的事务才是学生大众或群体最关注的事务，他们需要和乐于维护的权利也是学习权利，在大学权力建构和运行中学习权力在学生这一权力主体关注中自然应运而生。

随着高等教育日益市场化，上大学越来越被视为一种人力资本投资行为，大学与学生之间的关系也越来越被视为一种教育契约关系，即高等教育服务的提供者与消费者之间的关系。这种契约关系决定了作为消费者的学生理应具有对大学教育服务的消费权和选择权，这就是学习权力的实施。在大学中，学习权力已经成为现代大学治理的力量并越来越受到重视。

学习权力是学生参与高校管理、保护自身权益的一种能力。包括学生对教师和课程的选择权、对学校和专业的选择权、对学业类型（高职、本科、研究生或是学术型、专业型还是职业型）和学位层次（学士、硕士、博士）的选择权。而在进入一所大学开始一阶段学习活动以后，更多的是对自身学习权利的保护。学习权力主要通过学生自身所拥有的资源、学校组织体制、国家法律或政府授权等方式实现。① 如学生可通过参加高校党代会、团代会、学代会等发表自己的观点，维护自身利益和权益；学生通过评价教师（直接评价和选修教师课程）来表达自己对教师教学的意见或选择，促进教学质量的提高，确保自己获得较高质量的教育资源。当然，学生通过学习权力的实施也可以实现和拓展其他权力。

2. 按层次划分

约翰·范德格拉夫等学者编著的《学术权力：七国高等教育管理体制比较》一书，把大学权力置于整个高等教育系统中进行审视，按照组织层级将大学权力划分为系或讲座、学部、大学、联合大学、州政府、中央政府六个层次。前三个层次是大学的内部权力；后三个层次的权力，涉及大学与外部的权力关系。② 也有学者认为，大学内部管理大致可分为学校—学部—院系模式、学校—学院模式和学校—学院—系科模式。③ 但无论哪种模式，

① 林荣日：《论高校内部权力》，《现代大学教育》2005 年第 2 期。

② ［加］约翰·范德格拉夫等编著，王承绪等译：《学术权力——七国高等教育管理体制比较》，浙江教育出版社 2001 年版，第 4 页。

③ 冯建明：《博弈与和谐：大学权力问题的若干思考》，《东南大学学报（哲学社会科学版）》2011 年第 4 期。

其权力配置大体上都可以划分为学校层面的权力和基层院系的权力两个部分。一是学校权力，也可称为校部权力，是学校领导和校部机关所拥有的权力。二是院系权力，即大学内学院、系等基层组织所拥有的权力，其主要作用范围是院系自身事务。

3. 按表现形式划分

一是显性权力。所谓显性权力，指的是制度所规定和赋予的正式权力，包括职务权、奖赏权、强制权等。二是隐性权力。一般是非正式权力，往往依靠个人权威而形成。比如，一些学者所拥有的专业权威，一些领导以个人魅力为基础的感召力等。

（二）大学权力配置与行使

综观西方大学权力模式的配置和运行，有不同的特点。有的学者形象地概括为欧陆“哑铃式”、英国“宝塔式”和美国“橄榄式”。① 即以意、法、德为代表的大陆国家是一种基层教授、上层国家政府两头强，中间学校、学院弱的模式，典型的教授治教、治校、治学；英国则是底部教授行会强大，中层校院次之，上层政府几乎不直接干涉大学事务管理，典型的大学自治；美国则是联邦政府和教授两头较弱，董事会和行政人员中间较强，典型的市场为导向的企业治理模式。所以，不同的国家，其大学内部治理机构、权力配置有很大不同。中国特色现代大学治理结构最核心的是党委领导下的校长负责制，是一个全新的还在不断实践完善的治理模式，其权力配置有其特点。

权力配置和行使的关键是明确权力界限，处理好不同权力之间的关系。就中国现代大学内部治理结构而言，最主要的是行政权力与学术权力、学校权力与学院权力的关系。

1. 行政权力与学术权力

① 杨天平、王超：《西方大学权力模式的运演及其特色》，《教育研究》2012 年第 5 期。

行政权力与学术权力的关系是大学治理结构中的核心问题。近年来，我国高校学术权力和行政权力的冲突与失衡问题引起社会各界的广泛关注，并掀起了一股关于高校“去行政化”的讨论热潮。《国家中长期教育改革和发展规划纲要（2010—2020年）》也在国家政策层面明确提出，要完善现代大学制度，克服行政化倾向，取消实际存在的行政级别和行政化管理模式。实现学术权力与行政权力的协调，已成为我国现代大学治理的重要目标之一。那么，应当如何协调二者关系，促进学校学术权力与行政权力的耦合？耦合，是一个物理学概念，指两个或两个以上的体系或两种运动形式之间通过各种相互作用而彼此影响以至联合起来的现象。高校学术权力与行政权力的耦合，旨在寻求二者的最佳联合方式，使二者协调一致，共同服务于学校发展目标。这需要我们从理念、制度设计、组织建设等多个方面入手，探索学术权力与行政权力的耦合路径。① 即强化共同体意识、合理划分学术权力和行政权力的职能与界限，完善内部治理结构，加强学术组织建设。协调学术权力与行政权力关系，必须合理划分二者的职能与界限，明确各自发挥作用的范围与方式，避免权力越位或缺位现象的发生。从具体的内容看，学术权力指的是学术管理的权力，主要包括大学教学、科研、学科专业建设、课程设置、职称评审、学位授予等方面的管理权力。例如，组织机构设置、规章制度的建立、年度工作计划的制订、基本建设、资产管理等事项由行政权力负责决策和管理，学校发展规划、学科专业设置与调整、重点学科建设、教学计划的制订、课程设置、教师聘任等由学术权力咨询审议、行政权力负责决策，教学科研课题的立项、教学科研成果奖的评定、教材基金项目审定等由学术权力负

---

① 范丽娟、李旭炎、林祥柽：《高校学术权力和行政权力的冲突与整合》，《教育与职业》2013年第14期。

责决策。同时，学术权力与行政权力的分工要通过学校章程确定下来，作为大学管理应遵循的基本原则。①

建立健全以学术委员会为核心的学术管理体系与组织架构，是推进和完善现代大学治理，协调行政权力与学术权力关系的重要举措。学术委员会是高校法定的学术组织，也是高校内部治理结构的重要主体，是高校最高学术权力机构。学术委员会并非自大学产生就存在，而是随着现代大学的发展逐步建立起来的，因此学术委员会制度是现代大学制度的重要组成部分，学术委员会是大学这一重要社会组织的核心组织机构。2014 年 1 月 29 日中华人民共和国教育部令第 35 号公布了《高等学校学术委员会规程》。《规程》分总则、组成规则、职责权限、运行制度、附则 5 章26 条，规定：高等学校应当依法设立学术委员会……以学术委员会作为校内最高学术机构，统筹行使学术事务的决策、审议、评定和咨询等职权。《规程》指出，高等学校应当充分发挥学术委员会在学科建设、学术评价、学术发展和学风建设等事项上的重要作用，完善学术管理的体制、制度和规范，积极探索教授治学的有效途径，尊重并支持学术委员会独立行使职权……高等学校学术委员会应当遵循学术规律，尊重学术自由、学术平等，鼓励学术创新，促进学术发展和人才培养，提高学术质量；应当公平、公正、公开地履行职责，保障教师、科研人员和学生在教学、科研和学术事务管理中充分发挥主体作用，促进学校科学发展。由此，奠定了学术委员会的重要地位，规范了学术委员会的作用与职权，推动了学术委员会的组织建设，健全了学术委员会的运行规则，进而明确了大学治理的学术导向，突出了教授治学的治理方略，保障了大学内部管理的学术公正，这对现代大

① 范丽娟、李旭炎、林祥桎：《高校学术权力和行政权力的冲突与整合》，《教育与职业》2013 年第 14 期。

学治理具有里程碑的意义。

2. 学校权力与学院权力

大学治理体系必须保证其内部决策与知识占有的有机结合，达成这种有机结合的方法就是采取决策权转移的方式，提高决策的分散化程度，降低管理的重心，将更多决策权力授权、分权给相关的专业人员和基层学术组织。

管理重心下移就涉及学校与院系的权力边界、资源配置等问题。大学管理的目的是通过决策、组织、协调等职能来获取、平衡和优化配置学校内外资源，降低办学成本，激活办学活力，提高办学效益和水平，提升核心竞争力。而大学组织内部实现教学、科研功能的基础是学院，大学宏观管理目标实现的最大依托也在于学院，因此，现代大学治理要处理好学校权力与学院权力的关系，达到集权与分权的适度结合。任何正式组织都是由责、权、利构成的体系，在组织管理活动中三者互为条件，而且必须相称和平衡。责权利关系是构成大学内部管理的各组成要素之间相互联系、彼此作用的一种基本关系。通过确立、调整学校与学院及职能部门之间的责权利关系，赋予学院对等性的权利、责任和利益，使学院成为相对独立的责任实体、权利实体和利益实体。而要解决的主要问题是如何使大学的管理重心下移，在学校和学院之间合理地配置教育资源、协调决策行为，真正实现以学院为中心的大学功能整体优化。①

从学校权力来看，要全力发挥其宏观管理职能，在学校发展总体规划设计、宏观决策、协调、调控和监督上下功夫，学校高、中层管理者在做好决策、计划、组织、指挥、协调和控制的同时，监管学院各项事务的组织管理和实际运行情况，作出评价

① 程勉中：《大学学院制管理改革中责权利关系的调整》，《云南民族大学学报（哲学社会科学版）》2005年第2期。

和奖惩制定竞赛规则。高层管理者在这一过程中要制定和维持竞赛程序，平衡利益冲突，协调利益关系。学校的责权利主要体现在以下方面：发展导向、宏观决策、组织协调、制度保障、政策扶持、运行监督。

从学院权力来看，学院作为相对独立的责权利对称的管理实体，既是管理中心，又是学校管理工作的重心所在。因此，学院理所应当拥有人事、财务、教学、科研、学科建设、学生工作等方面独立自主的权力，理应在更大的活动空间和发展自由维度上行使管理权。学院的职责和权力主要包括以下方面：财务管理权、人事管理权、教学管理权、学科建设与科研管理权、物资管理权、学生管理权等。

（三）依法治校

大学治理结构还有一个重要问题，即依法治校。党的十八届四中全会作出了全面推进依法治国、建设中国特色社会主义法治体系和建设社会主义法治国家的重大战略部署。随着教育法律法规体系逐步得到完善，学校的法律地位发生了重要变化，大学与教育行政部门、举办者、教师、受教育者之间的法律关系也呈现了崭新的态势。有效理顺各主体之间的关系，解决教育活动中出现的新问题，依法治校是大学在新形势新阶段下的必然选择，也是办好人民满意教育的重要保障。依法治校包括：深化基层组织和部门、行业依法治理，支持各类社会主体自我约束、自我管理。其中，制定完善大学章程，按照大学章程进行大学治理，是依法治校的重中之重。即高校要依据法律法规和章程对规章制度进行全面梳理和废改立工作，完善学校制度体系，夯实制度基础；要主动自觉维护师生员工的合法权益，保障学术自由、教授治学落到实处，进而形成大学章程下的大学依法治理长效机制。

推进现代大学治理体系和治理能力建设是依法治校的核心。它不仅涵盖了用法治思维架构大学治理体系的思想，也涵盖了用法治思维深化高校改革与发展的理念，二者相辅相成、相互促进。依法治校还有一个重要方面就是推进校务公开，如社会关注的招生、财务等信息公开工作，进而完善社会参与、社会监督、公开透明的学校治理模式。以民主管理、民主参与、民主监督机制的依法完善，解决好各种矛盾和问题。学校的根本任务是培养社会主义事业的建设者和接班人。实行依法治校，就要全面贯彻教育方针，立德树人，把人才培养作为大学的中心工作；就要严格遵循教育法律法规，进行教育教学活动，尊重教师学术权力、学生学习权力、管理者行政权力，维护大学治理主体的各项权益，形成符合法治精神的办学环境，提高学校依法处理各种关系的能力；就要依法落实大学办学自主权，理顺政府与学校的关系，实现民主管理，促进大学管理与运行的制度化、规范化、程序化。①

大学治理体系实际上就是一整套治理大学的制度体系，就是各种体制机制、规章制度，就是各种紧密相连、相互协调的制度形成的一个治理框架。大学治理体系现代化建设，就是要以制度治校、以治理体系管理人财物等学校事务。大学治理现代化建设一个重要的环节是要全面梳理大学内部的各项规章制度，使每项规章制度既具有法理上的合理性，又符合现代大学的实际，即具有时效性，同时还要使这些制度相互匹配和兼容，而不是相互掣肘和矛盾。这样，大学章程才会具有大学“宪法”“总纲”的地位，以章程统领的其他规章制度才能形成体系，整个规章制度体系才有实效和效力，体系化的规章制度才更有约束力和建构性。

五、中国现代大学治理结构研究的意义、理论基础和方法

现代大学治理结构问题，一个重要的思路就是从政治哲学视

① 程永春：《依法治校初探》，《天津市教科院学报》2005 年第 5 期。

角切入，综合运用教育学、历史学和新公共管理学的分析方法，围绕现代大学治理主体和治理权力之间的逻辑关系，综合分析现代大学治理的理论基础、变迁路径和治理结构，建立富有现实意义和管理效率的中国特色现代大学治理体系和制度框架。

（一）现代大学治理结构研究的意义

随着国家经济、社会、文化的发展和变迁，高等教育管理体制和管理形态也发生着不可逆转的变迁，大学已被历史的潮流推上了依法自主办学的轨道，现代大学治理结构的研究正是顺应这一历史的进程和高等教育事业发展所进行的。考察高等教育的历史演进，大致在三个方面促成了大学的治理研究需求及研究条件。一是高等教育办学体制的历史性变迁迫切需要现代大学治理结构的研究与实践。改革开放三十多年来，我国高等教育办学体制发生了历史性的重大变化，其标志性事件就是突破了国家垄断形式，出现了私立高校，形成了公立高校、私立高校两种办学体制互为补充、共同发展的态势。另外，《中华人民共和国教育法》、《中华人民共和国高等教育法》、《中华人民共和国民法通则》颁布实施，在公立高校办学体制改革方面取得了重大突破，明确了高校的独立法人地位，在公立高校实行举办者与办学者分离、举办权与办学权分离的体制安排上完成了法律确认，使政府与公立高校之间除了具有法律所规定的行政管理关系之外，还为两者建立具有委托代理性质的契约管理关系提供了法律依据和操作空间。① 这就衍生出了对符合新的法律关系的大学治理结构研究的需求。二是大学管理体制机制的历史性变迁迫切需要现代大学治理结构的研究和实践。三十多年来，我国政府通过多种形式和渠道向公立高校放权，为大学“松绑”。在明确和加强高校办

① 龚怡祖：《大学治理结构：现代大学制度的基石》，《教育研究》2009 年第 6 期。

学自主权的同时，进一步强化了大学事业法人权利，使原本社会主体性不强的公立高校逐步弱化来自教育行政部门的指令，能够作为独立的办学实体，面向社会自主办学，这在客观上促进了大学现代治理理念的形成和对新的治理结构的实践探索。但是国家行政权威的多方位分权与放权，也使得大学决策责任不断加重，决策风险、代理风险也随之出现。在历史把高校推上自主办学轨道的语境下，怎样使大学从传统管理走向现代大学治理？怎样构建依法治校的现代大学治理体系？怎样避免大学里有可能出现的“人治”现象，确保大学在自主办学的同时做到自我约束？怎样实现大学依法行使自主权，依据大学发展规律自我发展的目的？这些问题都迫切需要对大学治理结构问题进行研究和实践。三是高校办学经费筹措结构的历史性变迁催生了大学治理结构研究的进程。过去我国高等教育采取的是国家“统包统分”的模式，办学经费基本来自国家、行业和地方政府的财政拨款。随着高等教育投资体制的变化，在财政拨款的同时，学生开始缴纳学费，社会、企业也可以投资或捐资办学，高校办学经费的来源日益多元化。教育事业收入、社会及海外捐赠、企业赞助、银行贷款、国际援助等财政拨款外资金在高校教育经费结构中的比重不断提高，有的已达到甚至明显超过财政拨款资金水平。这必然会带来与高等教育投资利益相关者对高校管理和办学质量的关注。

由于大学的制度创新相对滞后，大学的民主决策机制并没有真正建立起来，“对利益相关者负责”并没有成为我国大学领导者在转型时期的重要治校理念和职责，学术主体、社会主体等重要的战略利益相关者更是未能进入大学决策权结构，冲突与矛盾自然不可避免。大学的内部治理出现了愈益尖锐的结构性矛盾，核心权力出现结构性失衡、冲突、失效、错位和越位。这些变化的意义深远而重大，它标志着大学治理结构研究已经从理论上的探讨和经验摸索阶段进入深化改革与现代化治理实践阶段，其标志之一就是大学章程的制定和不断完善，促进了大学权力的进一步明晰和权力模型的成熟，客观上加快了大学治理结构研究的进程。

（二）现代大学治理结构研究的理论基础

理论基础一：政治哲学

一个制度的成立都有其立论的依据，关于现代大学治理结构立论的合理性，伯顿·克拉克提出四元理论，即争议、能力、自由和忠诚。他认为，现代大学的本质表明现代大学存在的哲学基础首先是认识论的，即掌握高深的学问。这就确定了大学的学术组织特征。另外一个哲学基础是政治论的，即大学对国家和社会的深远影响。① 大学从建立之初到发展过程始终对国家、社会和文化的发展产生着独特的影响。这两个方面是统一的，学术特性是大学的内在价值，作用于国家与社会发展是外在价值。

理论基础二：新公共管理学

许多学者都试图将企业管理和公共管理理念引入现代大学制度建设和治理结构研究范畴中。新公共管理理论的核心是把部分应该政府管理的公共事务按照市场原则，交由企业或社会组织管理，把市场原则引入政府治理体系。高等教育事业具有准公共产品属性，可以借鉴。另外，大学作为独立法人社会组织，有着与企业独立法人相似的治理结构，也有可借鉴之处。不过，有两点原则是不能突破的：一是市场原则绝不能成为大学治理的主导和最终价值目标；二是企业治理结构治理的是管理者、雇员、生产者和组织机构，是为了降低成本、追求利润，最终目的是物，而大学治理结构治理的是管理者、教师、学生和组织机构等，是为了学生进步、培养人才，最终目的是人。

① 朱素萍、范丽娟：《关于“现代大学制度”的文献综述》，《中国轻工教育》2002 年第 1 期。

理论基础三：教育学

运用高等教育学、高等教育管理学等相关学科理论，针对我国现行大学治理结构安排的缺陷，对构建新的现代大学治理体系进行深入的学理上的分析。

理论基础四：结构功能主义理论基础

吉登斯认为："社会系统的结构性特征，既是其不断组织的实践的条件，又是这些实践的结果。结构并不是外在于个人的……它既有制约性，同时又赋予行动者以主动性。"这段论述是我们研究所依据的"结构化理论"的核心。即通过吉登斯的"结构化理论"指导现代大学治理结构研究，以弥合传统上的社会学二元论研究思路，使得主观—客观、行动—结构、微观—宏观相互包容，通过架构大学治理体系促进现代大学治理的实践与进步，同时在不断实践中完善大学治理结构。

理论基础五：现代大学内部治理结构的合法性论证

在政治哲学上，任何一个制度都有一个根本的问题，就是合法性论证。合法性的来源是民主，任何一个制度要人们承认它的合法性即正当性，就要衡量它是不是民主的制度。因此，现代大学内部治理结构必须符合教育法律、教育法规、教育行政规章和其他规范性文件以及大学章程，在具体的实施过程中须契合一定的法理原则。

（三）现代大学治理结构研究的方法

社会科学是以社会现象为研究对象的科学。作为研究社会现象及发展规律的社会科学方法论，原本应用于哲学、史学研究领域，表现出来的是实证主义和反实证主义，直到 20 世纪三四十年代才产生了系统论，并在社会科学研究中独立地形成了系统方法理论。学者大多通过定性研究和定量研究并将二者有机结合来解决社会科学领域问题。本课题依据系统方法理论，在定性研究中注重判定事物质的规定性，以归纳的逻辑过程进行理论建构，并对现代大学治理结构中所涉及的社会现象进行理解和解释，反对研究中的“价值无涉”，主要的研究方式是实证研究。在定量研究中，注重判定现代大学治理结构中量的规定性。对大学治理过程中的社会现象进行说明，强调研究中的“价值无涉”，主要的研究方式是文献研究、调查研究和实验研究。同时注重定性研究与定量研究的相互补充、相互渗透，发挥各自不同的作用，使得演绎推理和归纳推理有机结合并融合到现代大学治理结构研究中，文献研究、调查研究、实验研究与实地研究相互交叉、相互补充。

文献法。课题组在资料搜集、整理、分析的基础上，对目前可见的理论研究成果与实践中一些成功的经验开展分析研究，进行文献综述。

调查法。开展大量调研，采用网络追踪、电话调研、实地考察的方式深入研究现行高校管理体制和治理结构中存在的弊病，同时争取获得国内外大学治理结构研究与实践的第一手资料，详细了解其在运行当中的优势与存在的问题，重点开展实证分析。

假说演绎法。在观察和分析大学内部治理结构和权力模型中存在问题的基础上，提出解释问题的假说，并通过演绎推理，提出构建现代大学治理结构的模型和大学组织体系架构，提出提高大学治理效率和治理能力的策略和途径，再通过个体实践检验、评价修订，检验研究成果。

在研究中，一是注重文献研究与实证研究的结合。通过网络文献检索和纸质期刊、书籍、著述查阅等文献收集方式，收集文献数据，并进行梳理、分析及系统的研究和整理，同时通过实地调研，掌握国内外大学的第一手数据，并辅以典型个案观察以及专家访谈等实证研究，梳理本研究的成果、问题和趋势，着重分析大学内部治理结构的现状，管理体制和运行机制的特点、问题和障碍性因素，国内外研究可借鉴的理论和成功经验。二是注重理性抽象与感性直观的融合。理性抽象是以思辨为主的研究方法论，而感性直观是以实践为主的研究方法论，二者的融合主要体现在：理论梳理结合实践观察，理论发生融合实地验证，理论推导辅以活动感悟。在思辨与实践的研究过程中，论证在现代大学制度建设中，大学内部治理体系与治理能力建设有利于提高大学管理效率，有利于提升管理水平。三是注重规范研究与行动研究的统一。规范研究与行动研究的统一具体表现为：实验研究结合经验总结，群体观察辅以个案考察，量化评估统整质性分析。在形成现代大学治理体系改革是现代大学制度建设中重要环节的统一认识的前提下，进一步论证大学治理体系的构建有利于提高管理效率和治理能力，从而形成现代大学治理结构下的高校政治和行政管理体制机制、学术事务管理体制机制、民主管理体制机制，进而评价现代大学治理体系下对提高管理效率和治理能力的效果。

第一章

大学内部治理结构和权力体系

完善大学内部治理结构，是现代大学制度建设的重要内容，是加快推进教育治理体系和治理能力现代化的必然要求。所谓大学内部治理结构，简单说就是大学内部各治理主体及其相互之间的关系，其核心是大学权力在各治理主体间的配置。本章着重从权力分配的角度，探讨国内外大学内部治理结构及其特点。

第一节　我国大学内部治理体系

组织是权力运行的基本载体。在大学内部，教师、管理者、学生等是主要的利益相关者，从而也是大学内部治理的主要主体，这些治理主体往往通过特定组织行使治理权力。因此，我们着重从大学组织体系入手，剖析我国大学内部治理结构和权力体系的具体形态。

一、我国大学内部组织结构现状

在马克斯·韦伯看来，等级分明的科层制度优于其他任何组织制度，科层组织是实现组织目标的最有效形式。现代大学是一种按照科层方式组织起来的学术机构，但对于大学内部治理结构是否体现出韦伯所谓的科层组织特性，却存在不同看法。有人认为，大学虽然也有明确的目标和分工，但组织结构较为松散，特别是教师几乎是一种自由职业，他们在工作方面不受过多束缚，具有较大的个人自由，因而大学管理的特点与科层原则是对立的。有人认为，大学是一种比较典型的科层组织，韦伯关于科层组织原则的论述，完全适用于对大学组织内部治理结构的分析。还有人认为，大学是集科层组织和非科层组织二元特性为一体的组织，它既具有典型的科层组织特性，同时又具有典型的非科层组织特性。① 我们更加赞同最后一种观点，因为大学通常是采用直线—职能制的组织结构，学校下设的学院是直线部门，是相对独立的办学实体，而管理机构则是以职能为基础进行设置的具有典型科层化特征的职能部门。总体来看，我国大学内部组织体系可以划分为四个系统，即党组织系统、行政系统、学术系统和社群系统。②

（一）党组织系统

在我国，大学实行党委领导下的校长负责制，国家权力主要通过党组织对大学实施影响和管理。大学党组织系统包括学校党员代表大会、党委会、党委常委会、党委职能部门和院（系、所）基层党支部。学校党员代表大会是权力机关，其主要职责是贯彻执行党中央和上级党组织的路线、方针、政策、决议，研究制定学校的发展战略和大政方针。在党员代表大会闭会期间，学校党委会为权力机关，负责处理和决定学校重大决策、重要人事任免和重大事项。学校党委是大学的领导核心，对学校党的建设和事业发展实行统一领导。学校党组织的执行机关是常委会。常委会在党委会全体会议闭会期间，行使党委会职权，负责处理日常工作，并就重大工作进行决策部署。党委职能部门负责贯彻执行学校党委的决议，拥有执行权。学院党组织是学院的政治核

① 孙天华：《大学的科层组织特征及效率——对我国公立大学内部治理结构的分析》，《河南社会科学》2004 年第 5 期。

② 刘献君：《论大学内部权力的制约机制》，《高等教育研究》2012 年第 3 期。

心，通过党政联席会议等制度领导学院发展。系、教研室党支部负责加强和改进基层党建工作。

（二）行政系统

现代大学拥有一整套以校长为首的、较为完备的行政管理体系。校长是大学的法定代表人，全面负责教学、科研和其他行政管理工作，并通过行政系统开展行政管理活动。从机构组成来看，行政系统包括由校长、副校长等组成的校长办公会，学校行政职能部门和直属机构以及院系的行政机构。从人员组成来看，行政系统包括校长—副校长—处长—科长—科员和校长—副校长—院长—系主任—院系行政人员两个科层等级体系。大学行政系统的主要职责是贯彻党委的决议，落实学校战略规划和部署，处理日常行政管理事务，维持学校正常运转，确保实现学校整体目标。行政系统所拥有的权力属行政权力，其行使主体是行政机构和管理人员，主要通过政策、指示、指令等自上而下强制执行。①

（三）学术系统

大学的学术系统包括校院两级学术委员会、学位委员会、教学指导委员会等学术组织，主要由教授、副教授等学术人员组成。学术系统负责处理学术事务，拥有学术权力。与组织严密、等级森严的行政系统不同，学术机构往往较为松散，机构成员之间是平等的关系，而不是上下级关系，主要依靠知识权威而不是职位权力或强制命令对客体产生影响，一般通过民主表决的方式行使学术权力，学术人员拥有自由决定赞成或反对所议事项的权力。

（四）社群系统

除党组织、行政、学术系统的人员外，大学内部利益相关者

① 钟秉林：《现代大学学术权力与行政权力的关系及其协调》，《中国高等教育》2005 年第 19 期。

还包括众多教职工和学生。保证广大教职工和学生有效参与学校管理，维护其正当权益，是大学提高决策民主化科学化水平、维护校园和谐稳定的内在要求。由于个人式的利益表达具有局限性，而集体式的利益表达能够有效利用集体力量达到个人预期，并降低个人所承担的风险，因此，教职工代表大会、学生代表大会等成为师生表达利益诉求、参与大学治理的重要形式。教职工代表大会由教职工民主选举产生，通常每3～5年为一届，每学年至少召开一次会议，讨论学校发展规划、重大政策、教学改革、教师聘任、薪酬改革等方面与教职工利益密切相关的问题。学生代表大会是学生参与学校事务管理、表达学生利益诉求的重要渠道。另外，学校还设有工会、共青团等群众组织。这些组织共同构成了大学的社群系统。社群系统拥有知情权、表达权、监督权、参与管理权等民主权利，是大学民主管理的重要力量，在大学内部治理中发挥着重要作用。

二、我国大学内部权力结构特征

近年来，大学内部治理问题得到了党和政府、社会各界以及大学自身的广泛关注，大学内部治理体系建设也取得了新的进展。但从目前情况来看，大学内部治理结构特别是权力结构方面仍然存在一些亟须解决的突出问题，主要体现在以下三个方面。

（一）权力高度集中

受历史上高度集权的管理体制影响，当前我国大学内部管理仍体现出明显的集权特征。从横向来看，政治权力和行政权力体系完善、组织严密、影响巨大，学术权力体系松散凌乱、机构不健全、缺乏实权。学校“三重一大”等重要事项主要由党委常委会、校长办公会进行决策。在多数大学，党委常委会和校长办公会的成员基本上是一致的，因而决策权、执行权、监督权集于一身，党委权力、行政权力、学术权力集于一身。① 从纵向来看，大学的管理权限主要掌握在学校一级的管理机构和管理人员手中，院系管理自主权较为有限，学校管理重心偏高。而综观世界一流大学，基层院系的自主性地位通常都较为突出。例如，在美国公立高校中，学院一般都拥有较大的管理自主权，能够自主决定课程安排、研究生招生、教学组织、教师聘任与考核、经费预算等重要事项。② 权力高度集中，不仅容易产生权力腐败，而且加大了权力监督的难度，还严重阻碍了基层积极性和创造性的发挥。

（二）权力边界模糊

大学内部各种权力分工不明、职责不清的问题普遍存在，特别是政治权力、行政权力和学术权力常常交织在一起，缺乏明确的权力边界，导致权力越位、缺位、错位等现象时有发生。例如，尽管《高等教育法》明确规定由学术委员会负责审议学科专业设置、教学科研计划制订、教学科研成果评定等学术事务，但由于法律条款过于笼统，对大学学术事务的决策和责任主体缺乏明确规定，并且主要赋予学术组织审议权，而没有赋予相应的决策权，造成了行政权力干预甚至代替学术权力、以行政权力的运作方式管理学术事务等现象。

（三）权力关系失调

大学内部管理过度行政化，行政权力在学校管理中占据主导地位，它不仅控制着学校的行政事务，而且常常干预甚至包办学术事务，行政权力和学术权力之间责任不清、关系失调的问题较为突出。各类学术组织缺乏应有的学术决策权和对行政权力的制约权与监督权，学术权力的地位没有得到应有的体现，作用未能

---

① 刘献君：《论大学内部权力的制约机制》，《高等教育研究》2012 年第 3 期。

② 谢辉：《美国公立大学行政管理组织架构分析》，《中国高教研究》2010 年第 7 期。

得到充分的发挥。例如，大学学术管理制度不完善，学术权力缺乏制度性保障，大量的学术事务仍由行政体系负责处理和决定；行政权力对学术权力的渗透较明显，在学术委员会、学位委员会、职称评聘委员会等学术组织中，行政领导占有很大比重，并且他们在学术组织的运行中往往起着主导作用；学术组织和学术人员话语权未能得到充分尊重，学术事务的最终决策权仍然掌握在行政权力手中；等等。因此，针对大学过度行政化的倾向，近年来学术界和社会上出现了要求大学“去行政化”的强烈呼声，这正是大学行政权力与学术权力失衡的反映。

此外，与政治权力、行政权力等相比，大学中教师和学生的参与管理权虽然也是独立的权力形态，但其话语权和影响力仍十分微弱，他们在大学治理中的作用没有得到充分发挥。法律法规赋予教职工代表大会、学生代表大会的权力没有得到全面落实，教代会、学代会往往是在行政权力的指挥棒下被动运转，难以独立自主地开展工作和发挥作用。

第二节　外国大学内部治理结构

由于各国国情和大学发展历史不同，发达国家大学内部治理结构也存在明显差异。为了更深入地了解外国现代大学内部治理模式，我们选取了英国、德国、美国、澳大利亚、日本等具有代表性的国家进行介绍和分析。

一、外国现代大学内部治理的典型模式

（一）英国

根据大学治理方式的不同，可将英国的大学分为三种类型：

一是1992年以前成立的大学，其中大多是由皇家特许状准予成立的；二是1992年以后根据英国1988年颁布的教育改革法设立的大学；三是牛津大学和剑桥大学，这两所古老的大学具有独特的治理结构。①

从内部治理体系的构成来看，英国1992年以前成立的大学一般包含校董会（Court）、校务委员会（Council）和学术委员会（Senate）三个相对独立的机构。（1）校董会。大学校董会的功能与公司的股东大会类似，主要职责是负责任命校长、审议通过学校年度报告和财务报告等。校董会成员包括校务委员会委员、教职工代表、学生代表、毕业生代表、地方政府代表等，规模通常在50～400人，其中规模为200人左右的校董会较为常见。校长担任学校董事会主席，但校长是一个荣誉性职位，一般不介入学校的具体事务，副校长才是主持学校日常工作的实际负责人。（2）校务委员会。校务委员会主要负责财务、投资和资产管理等工作，其成员主要包括校董会指定的委员、学术委员会指定的委员、教职工选举的委员、原任委员共同推选的委员、学生代表以及地方政府代表等，平均有30多名委员，其中相当一部分为校外人员。（3）学术委员会。学术委员会主要由大学内部人员组成，规模一般在50～100人，主席由副校长担任。学术委员会的主要职责是制定学术发展战略和教学科研政策，为校务委员会提供关于学术决策的咨询建议等。

根据法律要求，英国1992年以后成立的大学设立董事会（Board of Governors）和学术委员会（Academic Body）作为校级管理机构。董事会成员由学术委员会、学生、原董事会共同推举产生，一般包括12～14名董事，其中校外工商界独立董事可

① 焦笑南：《美国、英国、澳大利亚的大学治理及对我们的启示》，《中国高教研究》2005年第1期。

多达10人以上，董事会主席在校外独立董事中选举产生。董事会的主要职责是批准年度收支报告、制定大学章程、聘任和解聘大学行政负责人等。学术委员会主要职责是负责处理教学、科研方面的具体事务，其成员一般不少于30人，其中副校长、学院院长等行政负责人至少占一半以上。

牛津大学和剑桥大学的治理结构与其他大学有所不同，其董事会分别称为 the Regent House 和 the Congregation。董事会是学校的立法机构，其成员主要是本校教职员工，成员数量约三千名左右。剑桥大学的机构设置包括董事会（Regent House）、理事会（Council）和校务委员会（General Board），其中理事会是执行机构，负责执行董事会的决议，拥有行政决策权。理事会成员包括副校长、学院理事会主席、部分董事、部分学院院长、学生代表以及大学外部人员代表等。董事会主要通过理事会报告制度与理事会建立联系，董事会成员在大学评议会上对理事会报告进行评议，理事会必须考虑其所作出的评议。校务委员会主要负责制定教育和学术政策，以保证教学质量和科研水平。

（二）德国

教授治校是德国大学内部治理的重要特征，教授在大学内部管理中具有很大的影响力。德国大学的教师分为讲师、高级助教、学术助教、教授等级别，其中教授的地位自然是最高的。大学教授一旦被任命，即为国家终身官员，享受优厚的待遇，社会地位很高。德国实行教授定额制，取得备选教授资格者只有在出现教授空缺的情况下才有可能被聘为教授，并且教授聘任还需经学校和州文化教育部的充分权衡。取得备选教授资格并非易事，需要具备诸多条件，而要成为教授更是难上加难。鉴于教授评聘面临重重困难，马克斯·韦伯将学术生涯戏称为“没有横木的梯子”或者“一场鲁莽的赌博”①。

德国公立大学的组织体系包括三个层级，分别是大学、院系、讲座及研究所。学校层面的权力机构包括校代表大会、校评议会、各种常设委员会等，有的大学还设有校董事会，校级管理职位包括正副校长和校务长。校长一般由校代表大会从教授中选举产生，是学校的领导人，其法定职责包括主持学校日常工作、处理其他校级权力机构职权范围之外的事务等。另外，校长是校代表大会和校评议会的当然主席，负责召集和主持校代表大会和校评议会。大学一般设副校长 1～2 名，由校代表大会选举产生。校务长通常是政府官员或政府特派员，不受大学管辖，他一般是学校行政机构的领导官员。校代表大会主要负责制定或修改学校规章制度、选举正副校长、选举各委员会委员、审议校长的工作报告等。校代表大会一般以理事会为执行机构，理事会成员由校代表大会选举产生，一般 10 人左右。校评议会是校代表大会的建议机构，其职责主要包括提出校长候选人建议、处理教学科研方面的事务、制定校级财务政策等。校代表大会和校评议会一般下设教学委员会、科研委员会和财政委员会等若干个常设委员会，由副校长任主席，负责处理相关领域的具体事务。院系一级一般设有评议会，主要负责选举院长和副院长、确定备选教授资格、制订考试计划、确定教学内容等。院系下的讲座一般由教授主持，并且一个讲座一般只设一名教授。作为讲座拥有者和研究所所长，教授在讲座的组织、教学内容的确定等方面享有很大自由，因而有人将他们比作封建采邑上的领主或行会的雇主。②

德国大学权力机构设置充分体现了教授治校的原则。在校代

① ［德］马克斯·韦伯著，冯克利译：《学术与政治：韦伯的两篇演说》，生活·读书·新知三联书店 1998 年版，第 23、18 页。

② 陈伟：《“编外讲师”——德国学术职业生涯的独特设计》，《比较教育研究》2007 年第 4 期。

表大会、评议会、各常设委员会以及院系层面的评议会中，教授数量都占据优势。如马堡菲利普斯大学评议会成员包括教授、学生、学术成员、技术及行政管理四个组，其中教授 9 名、学生 3 名、学术成员 3 名、技术及行政管理人员 2 名。[①] 可以说，在行政权力与学术权力的关系中，教授的学术权力处于绝对优势地位。比如，教授可依法自由开设课程，自由决定教学内容和教学形式，自由地与企业、基金会和社会团体进行合作，行政部门无权干涉，也无权对教授转让技术所得进行“提成”。[②]

（三）美国

美国大学的治理有多种模式，公立大学和私立大学在治理模式上也存在差异，但其治理主体和治理结构呈现出一些共同特点。从治理主体来看，治理结构的组成主要包括董事会、校长、学术评议会、学生会等。明确这些组织机构的职责、权力以及它们在治理结构中的相互作用，能够帮助我们揭示美国现代大学治理结构的设计原则及权力分配。[③]

1. 治理主体

一是董事会。董事会是大学的最高权力机构。美国大学院校治理董事会联合会认为，公立大学董事会的职权主要包括：（1）校长的遴选、聘任、续聘及解聘；（2）核定大学组织规程及各种重要规章；（3）审核校务发展计划；（4）听取校长校务报告及提供建议；（5）筹措经费、审核预算；（6）监督与学校教学、研究相关的事业附属机构；（7）不动产或重要资产的购置等；（8）贷款、担保或接受重大捐赠；（9）大学学术单位和行政单位

① 张帆、张蓓：《德国大学的内部管理结构及特点——以马堡菲利普斯大学为例》，《大学（学术版）》2010 年第 6 期。

② 安文铸：《从传统走向未来——德国高等教育见闻与思考》，《比较教育研究》1992 年第 5 期。

③ 于扬：《治理理论视域下现代美国大学共同治理理念与实践研究》，东北师范大学博士学位论文，2008 年，第 53 页。

增设与调整的决议；（10）同一董事会内跨校资源整合的提案与决议。

二是校长。校长是大学的最高行政长官，全权负责大学各种事务。校长直接受命于董事会，向董事会负责，是董事会和大学之间的纽带。大学校长的职责主要包括：落实董事会的决策，管理大学的日常事务，与资助者一道提出大学的学术项目等。

三是学术评议会。学术评议会作为与大学校长为代表的行政机构相制衡的重要权力机构，在大学治理中发挥着重要作用。现在几乎每所美国大学都设有学术评议会，学术评议会代表大学中的学术人员参与大学决策。学术评议会主要负责处理学术事务，包括规划学科发展、制定学术政策、开展对外学术交流等。由于学术事务主要集中在基层，因而学院学术评议会负责的事务更多，权力也更大。美国各大学学术评议会的职责范围虽各有侧重，但基本上都体现了上述职能定位。如加州大学规定，学术评议会隶属董事会领导，其职责包括：决定学生和教师的准入条件，决定证书、学位以及荣誉学位的授予，负责为校长提供与课程相关的建议，批准和监督所有课程的实施，决定全体教师名单等。学术评议会作为一个管理实体，拥有一套完善的组织体系。它往往根据自身职责，设立议事委员会、学术委员会、教师发展委员会、调查委员会等下属机构，并由这些机构承担具体领域的职能。

四是学生会。作为大学重要利益相关者之一，学生一直积极参与大学的治理实践。在美国现代大学治理中，学生可通过自身利益代言机构——学生会直接参与大学治理。学生会由学生代表组成，代表大学所有学生行使参与大学内部与学生利益相关政策的制定和咨询的权力。由于美国大学的多样性，各大学对学生组织的称谓有所不同。例如，哥伦比亚大学称之为学生治理联合会（Students Government Association），寇平州立大学称之为学生评议会（Student Senate），芝加哥大学称之为学生联合会（Student Association），还有的大学称之为学生委员会（Students Council，Students Committee）等。

2. 大学内部权力关系

首先，董事会权力与校长权力的关系。董事会与校长肩负着不同的职责，董事会的主要职责是就关系学校发展的重大问题作出决策，校长的主要职责是执行董事会的决策。董事会有时将部分权力授予校长执行，而校长须让董事会清楚地知道他在执行董事会的决策，并向董事会提供观察他工作效果的机会，同时校长也有义务听取董事会的意见，以确保其工作符合大学的整体利益。由于校长受制于董事会的领导，因而董事会能够有效制约校长权力，避免校长滥用职权等现象。董事会权力与校长权力虽然职责分工不同，但其根本利益是一致的，在更多的情况下它们之间表现为一种合作关系。

其次，评议会权力与校长权力的关系。评议会是大学学术权力的主要载体，代表教师参与大学决策，维护教师的利益。在美国大学中，虽然学校有一套发达的科层组织体系，以校长为首的行政系统权力较大，但以评议会为代表的学术权力仍几乎包揽了大学的学术决策，学术力量在学校决策与管理中起着重要作用。校长一般担任评议会主席，并负责执行评议会的决策。这种行政力量和学术力量互相制约、共同治理的模式，既为学术权力发挥作用创造了条件，又对行政权力形成了制约，避免了校长在学术决策中独断专权。

（四）澳大利亚

澳大利亚大学的治理深受英国大学治理模式的影响，但其治理结构也体现出自身的特点，如在大学董事会的组成、职责和作用等方面与英国大学有所不同。澳大利亚大学的内部管理模式是董事会治理—校长管理—教授治学—学生自治，学校各层级目标明确，各司其职，各负其责，责权利相协调。大学内部设有数量众多的学术性机构和服务性社团，其成员包括教师、管理人员、学生等各方代表，甚至包括业界人士，均经民主选举产生。学校民主管理机制较完善，鼓励师生参与学校事务管理，为大学各项工作有序开展提供了机制保障。

从治理主体构成来看，澳大利亚大学的内部治理体系主要包括以下三个部分。①

一是决策系统。董事会是大学的最高决策机构。一般来说，大学董事会由10～15名成员组成，包括校长、副校长、学术委员会主席、教职工代表、学生代表以及教育主管部门和社会公众等利益相关者，外部董事人数不少于一半。这样，既保证了大学内部管理者、教师、学生在董事会中的话语权，促进大学民主管理，又有利于外部利益相关者参与大学治理，实现大学自治、政府调控、社会监督的有机结合。董事长一般兼任校长，是一种荣誉性职位，不在学校领取薪水，很少直接处理学校的具体工作，其主要任务是组织召开学校董事会议、出席学生毕业仪式和各种庆典、代表学校参加外界的重大典礼活动等。董事会的主要职责是制定大学的发展战略和主要政策，对大学战略的实施情况进行检查评估等。需董事会批准的事项主要有：董事长、校长、副校长等人员的任命，学校教学、科研、基本建设等方面的规划，年度财务预算和决算报告、资产买卖等，财务、人事、学术、基础设施等方面全校性的政策，学校管理体制的变更，授予荣誉、奖励及学位等。需董事会讨论或监督、检查的事项主要有：涉及全校师生利益的重大事项，主要人事任免，财务预算执行情况，董事会下设委员会的报告，投资、合作、合同等方面的报告，法律

① 张爱淑、丁三青：《澳大利亚高校内部管理体制及其运行机制——以斯文本科技大学为例》，《煤炭高等教育》2008年第3期。

方面的纠纷等。董事会设有若干委员会，例如政策与规划委员会、学位委员会、课程质量委员会、财务委员会等。董事会的大部分职责是由其专门委员会行使的，各委员会按照职责分工，分别履行各自领域的审议、咨询、决策职能。委员会一般由校长、教师和行政管理人员组成，实行委员会成员共同决策的制度，而不是由校长一人决策。除学校层面外，学部、院系也设有一定数量的专门委员会。

二是行政管理系统。大学的日常事务由以校长为首的行政管理系统负责管理。大学校长一般都是荣誉性的岗位，副校长（vice-chancellor）才是学校的法人代表，学校的实际运作由副校长负责。在日常行政管理方面，学校设有校长委员会（又叫执行官小组），成员包括校长、副校长、部门主管、学院院长，主要负责对学校重大决策执行情况进行监督。在每个副校长之下，均设有相应的职能部门，部下面设处，处下面设秘书。这些机构和人员负责管理学校的日常行政事务。

三是学术管理系统。澳大利亚的大学拥有一套从学校层面到学院乃至系一级的完整的学术委员会体系，负责处理教学、科研等方面学术事务，并为董事会提供学术方面的建议。在学院或学部，学术委员会决定着本学院或本学部的重要事项，院长必须执行学术委员会的决议，因而学术权力在学院或学部层面比在学校层面更能发挥作用。随着大学规模的扩大和大学管理的职业化，教授治校已经不合时宜。澳大利亚的大学聘请了专业的管理人士负责学校的管理工作，但也十分尊重学术自主。例如，教授可以自主安排教学计划和科学研究，而不受管理层的限制，并通过学术委员会主导着学术事务，这是教授治学的主要内核。

（五）日本

2004 年 4 月，日本国立大学独立行政法人化改革正式启动。由此，日本政府开始对国立大学实行新的管理模式，由直接的过程管理转变为间接的目标管理，政府职责转变为宏观政策制定、认证评估和经费拨付的监管。法人化改革后，日本政府重新构建了国立大学的治理结构，大学内部管理体制也发生了巨大变革。①

伴随着法人化改革，国立大学对内部组织结构进行了调整，新设立了理事会、经营协议会和教育研究评议会（相当于中国大学里的学术委员会）等组织，这三大组织构成了校一级的管理机构。理事会是学校的最高决策机构，由校长、副校长等组成，讨论决定学校发展目标、年度计划、经费预算、机构设置等重要事项。除了议决重大事项外，大学日常管理中的一些事务也要交由理事会审议。经营协议会的成员包括校内管理人员（如校长、理事等）和校外人士（如原文部科学省的官员、企业或校友代表等），主要负责处理大学经营方面的事务。教育研究评议会由教师等学术人员代表组成，负责审议教学、科研等学术事务。

国立大学法人化改革的重要目的之一是改变此前学部教授会和评议会左右校长执行权力的问题，确立校长作为大学最高责任人的地位。实施法人化改革后，由于理事会、经营协议会和教育研究评议会均由校长主持，因而大学形成了一个以校长为领导核心的自上而下的管理系统，实现了学校权力向校长和理事会集中，学部教授会权力受到削弱，作为法人代表的校长和行政系统的行政权力大大加强。②

二、外国现代大学内部治理的基本特点

（一）治理主体多元化

根据马丁·特罗的理论，大众化教育阶段最重要的一个特征

① 贾德永、王晓燕：《日本国立大学法人化改革后的大学治理结构》，《高等教育研究》2011 年第 5 期。

② ［日］大场淳、杨九斌、吴坚：《法人化与日本国立大学治理：变革、效果与挑战》，《教育学术月刊》2011 年第 4 期。

就是多样化，包括教师构成、教育机构、课程设置、教育形式、办学资金来源等的多样化。面对多样化的利益相关者和复杂化的管理内容，大学不应当也不可能依靠单一主体进行管理，必须有多种治理主体共同参与，有多种相辅相成的权力在各自领域发挥作用，才能保证大学组织良性高效运转，才能更好地实现大学的发展目标。在此背景下，大学治理主体呈现多样化趋势，大学内部权力结构日益走向多元化。这主要体现在，大学决策机构人员组成普遍出现了多元化的发展趋势。不同利益相关群体有效参与大学决策，促进了大学管理民主化和决策科学化，有利于避免不同利益群体之间产生冲突，从而减少大学的内耗。

在大学治理结构多元化过程中，尤其值得注意的是学生群体所拥有的权力逐步得到加强。学生参与学校管理，往往能够起到不引人注目却具有建设性意义的效果。大学管理层的这种认识，促成了在欧美发达国家大学中学生参与管理现状的形成。① 在英国，学生要求参与治校的呼声日益高涨，绝大多数大学都允许学生代表参与董事会下的各种委员会。在德国，从 1968 年开始，学生们要求在更大程度上参与大学管理，大多数学生组织都主张在管理机构中学生代表的席位应占三分之一，有些州通过立法赋予了学生参与大学事务决策和管理的权力。在法国，“五月风暴”运动迫使政府颁布了《高等教育方向指导法》，该法案规定在教学科研单位、大学和地区各级审议会中都要有学生代表参与。在美国，大学各个层次的委员会都设有一定数量的学生席位，学生参与大学决策的权力也得到制度上的保障。②

（二）注重权力平衡

综观各国大学内部治理结构和权力关系的发展特点，我们可

①② 陈阳：《高校传统权力结构模式的缺陷及优化研究》，《黑龙江高教研究》2012 年第 2 期。

以发现普遍存在一种倾向，即权力之间日益注重协调制衡，从集权到分权的转变成为世界大学内部治理发展历史中的一个基本趋势。例如，在美国的一些大学，如斯坦福大学，就经历了教学管理权从行政部门向院系转移的过程。从 1904 年到 1968 年，斯坦福大学有关教学的问题由教员大会负责，1968 年后由选举产生的教员参议会负责。而且，大学的行政机构和其他办公室都被要求或者依照惯例向参议会汇报各自领域中的决定和事件。① 在英国，《继续教育和高等教育法案》规定在大学内部设立董事会和学术委员会，董事会负责确定大学章程和大学理念、批准年度财政报告、聘任或解聘大学行政负责人等；学术委员会负责处理学术事务，但要对董事会和大学行政负责人负责，行政权力的崛起得到了法律上的支持。

（三）强调共同治理

由于大学管理的日益复杂化，各种权力必须协调配合、共同发挥作用，才能保证大学治理的有效性和高效率。例如，行政权力主导型的大学越来越重视发挥学术权力在学校管理中的作用，注重吸纳学术人员参与行政事务决策；同时，学术权力主导型的大学也越来越重视发挥行政权力的作用，注意吸纳行政人员参与学术事务决策。这种权力结构的变化趋势，对于中国大学正确处理行政权力与学术权力的关系具有重要的借鉴价值。必须树立共同治理的理念，以和谐共存、互利合作的理念来审视大学内部权力关系，使各种权力各安其位、各尽其责、高效配合，共同致力于推动学校发展。

---

① ［美］詹姆斯·马奇、马丁·舒尔茨、周雪光著，童根兴译：《规则的动态演变——成文组织规则的变化》，上海人民出版社 2005 年版，第 36—38 页。

第二章

政治权力与行政权力

在大学权力的实际运行中，政治权力和行政权力常常交织在一起，加之相关制度不完善，为党政不分、以党代政等现象的出现埋下了伏笔。因此，必须深入认识政治权力与行政权力之间的关系，明确两种权力的边界和权限范围，确保二者各安其位、各尽其责、协调配合。

第一节　大学领导体制变革中的党政权力关系

在我国大学中，政治权力主要体现为中国共产党基层党组织所拥有的权力，大学政治权力与行政权力之间的关系主要体现为党政权力的关系。从大学组织体系来看，学校层面和院系层面均存在党组织和行政机构两大相对独立的系统，因而大学党政权力之间的关系不仅存在于学校层面，也体现在院系层面。由于领导体制、职责分工等方面的不同，学校和院系层面党政权力之间的关系也体现出不同的特征。因此，我们分别从学校和院系领导体制的演变入手，展现大学内部党政权力关系发展变化的历程。

一、大学领导体制的历史演变

自新中国成立以来，我国大学内部领导体制经历了多次变革，先后采用了校长负责制、党委领导下的校务委员会负责制、党委领导下的校长分工负责制、党委领导下的校长负责制等多种形式的领导体制，走过了一条曲折而复杂的探索之路，实现了从一元化领导体制到集体领导体制的演变。在历次变革中，大学内部党政权力之间的关系也随之发生调整和变化。根据所实行体制的不同，大致可将新中国成立以来我国大学领导体制的发展过程划分为以下七个阶段。

（一）校务委员会制、校长负责制时期（1949—1956 年）

新中国成立之初，国家确定了“以老解放区新教育经验为基础，吸收旧教育某些有用的经验，借助苏联教育的先进经验”的建设新民主主义教育的基本方针，这一方针指明了新中国教育的三个主要来源——老解放区新教育经验、旧教育中有用的经验和苏联经验。由于不久之后对旧教育的全面彻底否定，老解放区新教育经验和苏联经验便成为新中国高等教育的参照。① 特别是在新中国成立后的头几年，受与苏联的密切关系影响，苏联经验成为我国高等教育制度和高校管理体制建设的主要借鉴对象，最突出的表现就是 1952—1953 年实施的高校院系调整。

在大学内部领导体制建设方面，新中国政府接管旧中国大学之初，在各高校成立了临时校务委员会，由其负责学校管理工作。1950 年 8 月，在借鉴苏联高校“一长制”管理经验的基础上，中央教育部颁布了《高等学校暂行规程》，明确提出大学实行校长负责制，规定高校校长的职责包括：代表学校，领导全校一切教学、研究及行政事宜，领导全校教师、学生、职员、工警的政治学习，任免教师、职员、工警，批准校务委员会的决议。该规程还规定，大学在校长领导下设校务委员会，由校长、副校长、教务长、副教务长、总务长、图书馆馆长、各学院院长、各

① 张应强：《新中国大学制度建设的艰难选择》，《清华大学教育研究》2012 年第 6 期。

系主任、工会代表4～6人及学生代表2人组成。从上述规定来看，在校长负责制中，校长统揽全校行政事务，具有相当大的权力。在这一时期，大学党的组织实行党组制，党组主要在政治上起核心作用，不领导学校的行政工作，与学校行政机构之间不存在领导与被领导、指导与被指导的关系。

（二）党委领导下的校务委员会负责制时期（1956—1961年）

1956年，社会主义改造工作初步完成后，毛泽东同志发表了《论十大关系》，提出对外国经验必须有分析有批判地学，不能盲目地学，不能一切照抄，机械搬用。在此背景下，我国高等教育发展也进入了自主探索的新时期。1956年9月召开的党的八大通过的党章规定，在企业、农村、学校和部队中的党的基层组织，应当领导和监督本单位的行政机构和群众组织积极地实现上级党组织和上级国家机关的决议，不断地改进本单位的工作。1958年8月，毛泽东同志在视察天津大学时提出："高等学校应抓住三个东西：一是党委领导；二是群众路线；三是把教育与生产劳动结合起来。"① 1958年9月，中共中央、国务院在《关于教育工作的指示》中明确提出："一切教育行政机关和一切学校，应该受党委的领导……在一切高等学校中，应当实行学校党委领导下的校务委员会负责制；一长制容易脱离党委领导，所以是不妥当的。学校党委，应当配备党员去领导级和班的工作、配备党员去做政治思想工作、学校的行政工作和生产管理工作。"党委领导下的校务委员会负责制确立了党委在大学工作中的领导核心地位，校务委员会是在党委领导下的权力机构，由校长主持，实行集体领导。这一制度有利于发挥集体领导的优势，克服"一长制"的弊端，但由于对党委、校务委员会、校长的职权缺乏清晰

① 中央教育科学研究所编：《中华人民共和国教育大事记（1949—1982）》，教育科学出版社1984年版，第229页。

界定，出现了以党代政、党政不分的倾向，大学党组织过多地直接处理事务性工作，校务委员会和各级行政机构未能充分发挥应有的作用。

（三）党委领导下的以校长为首的校务委员会负责制时期（1961—1966 年）

鉴于党委领导下的校务委员负责制存在校长权力界定不清等弊端，中央在总结和吸取高校管理工作经验教训的基础上，对高校领导体制进行了修正。1961 年 9 月中共中央批准实施的《中华人民共和国教育部直属高等学校暂行工作条例（草案）》（“高教六十条”）规定：“高等学校的领导制度，是党委领导下的以校长为首的校务委员会负责制。高等学校的校长，是国家任命的学校行政负责人，对外代表学校，对内主持校务委员会和学校的经常工作。”“高等学校设立校务委员会，作为学校行政工作的集体领导组织。学校工作中的重大问题，应该由校长提交校务委员会讨论，作出决定，由校长负责组织执行。”对于学校党委的地位与职权，该条例规定：“高等学校的党委员会，是中国共产党在高等学校中的基层组织，是学校工作的领导核心，对学校工作实行统一领导。高等学校中，党的领导权力应该集中在学校党委员会一级，不应该分散。”

党委领导下的以校长为首的校务委员会负责制进一步明确了大学的领导架构，即校党委是学校的领导核心，校长是学校的行政负责人，校务委员会是学校行政工作的集体领导组织，同时还明确了党委、校长、校务委员会的职责，在一定程度上纠正了以党代政、党政不分的倾向，为此后我国大学内部领导体制基本框架的确立奠定了基础。但是，1962 年 9 月召开党的八届十中全会再次强调了“以阶级斗争为纲”的思想，使党内已经存在的“左”的倾向更加严重。在“左”的思想影响下，大学党委包揽行政事务、校长和校务委员会作用难以充分发挥的问题没能得到根本解决。

（四）革命委员会领导时期（1966—1978年）

1966年，“文化大革命”在高校率先爆发，红卫兵运动、高校师生大串联、以高校学生为主力的“全面夺权”运动在全国范围内迅速展开，使大学党委和行政系统全面瘫痪，经过多年探索形成的大学领导体制遭到严重破坏。1967年年初，由于“全面夺权”已在大部分大学实现，造反派开始在大学成立新的领导机构——革命委员会。1971年4月，中共中央发布的《全国教育工作会议纪要》要求，高等院校党委要坚持民主集中制，实行党的一元化领导。在这一制度中，大学成立“革命委员会”取代原来的领导机构，控制着学校的全部领导工作，“校长”的称谓被“革命委员会主任”所取代。

“文化大革命”期间的十年是我国高等教育极端政治化的时期。当时，党委领导下的以校长为首的校务委员会负责制被全盘否定，大学的各项规章制度和管理措施均被当成“师道尊严”而废除，学校教育教学秩序遭受到严重干扰，各项工作处于瘫痪半瘫痪状态，学校内部政治权力、行政权力和学术权力之间的关系陷入混乱。1976年“文化大革命”结束至1978年，由于受历史惯性影响，高等教育部分延续了“文化大革命”期间“左”的错误倾向，但各项事业逐步拨乱反正，高等教育制度也得以开始恢复和重建。

（五）党委领导下的校长分工负责制时期（1978—1985年）

1978年10月，教育部制定了《全国重点高等学校暂行工作条例（试行草案）》。该条例规定：高等学校的领导体制是党委领导下的校长分工负责制；高等学校的党委员会，是学校工作的领导核心，对学校工作实行统一领导，学校的教学、科学研究、后勤工作中的重大问题，一定要经党委员会讨论，党委员会作出决定后，由校长负责组织执行；党委会的主要任务是贯彻执行党的教育方针和其他各项方针政策，完成上级党委和行政领导机关布置的任务，做好思想政治工作，进行党的建设工作，讨论学校中的人事问题并向上级提出建议，领导学校的共青团、工会、学生会和其他群众组织；校长是国家任命的学校行政负责人，对外代表学校，对内主持学校的经常工作；高等学校设副校长若干人，协助校长分工领导教学、科学研究、后勤等方面的工作。

这一制度重新肯定了自 1961 年开始实行的党委领导下以校长为首的校务委员会负责制，突出了党委在大学中的领导核心地位，党组织权力得到扩大。中央组织部、国家教育部党组于 1980 年 12 月联合制定了《关于加强高等学校领导班子建设的意见》，强调“党委对学校工作的领导，主要应该是路线、方针、政策的领导……学校的所有行政工作，都应由以校长为首的行政人员去处理，要使他们有职有权有责”。并且，暨南大学、同济大学、北京师范大学等个别大学开始试行校长负责制。但尽管如此，在这一时期，长期以来形成的党委包揽行政事务、以党代政、党政不分的倾向仍没有得到根本扭转。

（六）试行校长负责制时期（1985—1989 年）

1984 年 10 月党的十二届三中全会召开后，我国进入全面改革时期，改革逐渐由经济领域扩大到教育、科技等社会事业领域。1985 年 5 月，中共中央颁布了《关于教育体制改革的决定》，要求“学校逐步实行校长负责制，有条件的学校要设立由校长主持的、人数不多的、有威信的校务委员会，作为审议机构。要建立和健全以教师为主体的教职工代表大会制度，加强民主管理和民主监督。学校中的党组织要从过去那种包揽一切的状态中解脱出来，把自己的精力集中到加强党的建设和加强思想政治工作上来；要团结广大师生，大力支持校长履行职权，保证和监督党的各项方针政策的落实和国家教育计划的实现”。上述决定颁布后，校长负责制的试点范围开始扩大，高校领导体制逐步由党委领导下的校长分工负责制向校长负责制过渡。1988 年 4 月，国家教委在《关于高等学校逐步实行校长负责制的意见》中明确提出："高等学校必须按照党政分开的原则，逐步实行校长负责制。"此后，试行校长负责制的高校数量进一步增加。据统计，到 1988 年年底，全国试行校长负责制的高校已有 210 余所，约占全国 1 075 所高校的 18%。①

这一时期的校长负责制与 20 世纪 50 年代的校长负责制明显不同，其基本框架由校长负责、党组织保证监督、教职工参与民主管理三个部分构成，教职工民主参与首次被纳入大学管理架构，校长的行政权力再次得到肯定和提升，大学中党的领导有所弱化，以党代政的倾向得到一定程度的扭转。但在试行校长负责制的同时，客观上出现了淡化党对大学领导作用的现象，在商品经济和西方资产阶级思想的冲击下，资产阶级自由化思潮开始在大学中滋生和蔓延，最终导致了 1989 年政治风波的发生，为重申党委的领导核心地位埋下了伏笔。

（七）党委领导下的校长负责制时期（1989 年至今）

在 1989 年政治风波、东欧剧变、苏联解体等政治事件接连发生的背景下，党中央总结高校党的建设正反两方面的经验教训，再次对高校领导体制进行改革。1989 年 8 月，中共中央印发《关于加强党的建设的通知》，明确提出："高等院校实行党委领导下的校长负责制。试行校长负责制的范围不再扩大。已经试点而收效较好的，可以继续试验。无论实行何种领导体制，党委都是学校的政治核心，全面领导思想政治工作，同时支持行政领导独立负责地工作，力戒包揽行政事务。要努力建设一支精干的、专兼结合的思想政治工作队伍。校党委应配备专职书记或副

---

① 王华春：《略论目前高校实行校长负责制的几个问题认识》，《辽宁高等教育研究》1988 年第 6 期。

书记，较大的系应配备专职总支书记，年级应配备做学生工作的专职干部。”1990 年第一次全国高校党的建设工作会议召开后，中共中央印发了《关于加强高等学校党的建设的通知》，再次明确提出高校实行党委领导下的校长负责制，并对学校党委的任务、党委与校长的关系等问题作了具体规定。1996 年 3 月中共中央印发的《中国共产党普通高等学校基层组织工作条例》规定，高等学校实行党委领导下的校长负责制，校党委统一领导学校工作，支持校长按照《中华人民共和国教育法》的规定积极主动、独立自主地开展工作，保证教学、科研、行政管理等各项任务的完成。从此，全国高校开始全面实行党委领导下的校长负责制。1998 年 8 月正式公布的《中华人民共和国高等教育法》明确规定国家举办的高等学校实行中国共产党普通高等学校基层委员会领导下的校长负责制，并对党委的职责和校长的职权作了规定，以国家法律形式将高校领导体制确定了下来。这样，经过长达几十年的理论探索和实践创新，我国高校最终确立了“党委领导下的校长负责制”这一领导体制。

纵观新中国成立六十多年来大学领导体制的变革，其核心是如何处理政治权力和行政权力之间的关系。围绕这一关系，大致可将我国实行的大学领导体制分为三大类。第一类是强调党委领导的体制，如“文化大革命”时期实行的党的一元化领导体制。这类体制突出了党委的领导核心地位，但容易导致党委包揽行政事务，校长和行政系统的作用受到限制，不符合大学管理规律。第二类是强调校长负责的体制，如 20 世纪 80 年代实行的校长负责制。这类体制虽然赋予了校长和行政系统应有的职权，但由于具有“一长制”特征，容易导致校长独断专行。同时，由于党的领导弱化，容易造成学校偏离社会主义办学方向，也不利于维护学校的稳定。第三类是强调党委领导和校长负责相结合的体制，如党委领导下的校长分工负责制、党委领导下的校长负责制。这类体制既有利于保证党委在大学中的领导核心地位，又有利于发挥校长和行政系统的作用，是较为理想的大学领导体制。特别是当前实行的党委领导下的校长负责制，既符合我国的国情，有利于保证大学的社会主义办学方向和校园的和谐稳定，体现了鲜明的中国特色，也符合大学科学管理的需要，有利于促进大学决策民主化和科学化，因而这一制度具有重要的政治意义和实践意义，是当前和今后一个时期应当坚持的大学领导体制。但这一体制在制度设计和具体执行方面，仍然存在一些突出问题。比如，对党委和校长权责范围的界定还不够清晰，有的学校党政权力关系没理顺，等等。因此，仍需在实践中不断完善党委领导下的校长负责制，使大学政治权力和行政权力分工更明确、配合更高效、关系更和谐。

二、院系领导体制的变革

在大学中，政治权力和行政权力之间的关系不仅体现在学校层面，也体现在院系层面党组织和行政系统的权力运行之中，并随着院系领导体制的变化而变化。新中国成立后，随着大学领导体制的发展变化，大学院系领导体制也经历了多次变革，目前仍在探索完善之中。从学校领导体制和院系领导体制的关联性来看，大学院系领导体制大体经历了四个发展阶段。①

第一阶段，从新中国成立到1966年“文化大革命”开始前。1950年8月中央人民政府教育部颁布的《高等学校暂行规程》规定，大学实行校长负责制，在系实行校长领导下的系主任负责制。1955年5月中共中央宣传部《关于学校教育工作座谈会的报告》指出，“学校中的党组织和学校行政互相间没有领导或指

① 顾海良、罗永宽主编：《高校党的领导体制建设研究》，中国文史出版社2011年版，第153—158页。

导关系”，当时学校党组织的主要任务是领导学校开展政治活动。从 1956 年至 1961 年，大学实行党委领导下的校务委员会制，在系一级相应实行党总支领导下的系务委员会负责制，党作为领导核心的地位得到确立，但随着反右斗争的扩大化，党总支包揽了行政事务，出现了以党代政、党政不分的倾向。从 1961 年开始，大学实行党委领导下的以校长为首的校务委员会负责制，系党总支对全系的教学和行政工作起监督和保证作用，系主任在校长领导下主持系务委员会和系的经常工作，行政权力的地位和作用得到一定程度的提升。总体来看，这一阶段系级领导体制有比较明确的政策依据，基本上与校级党政领导体制相对应。在党政权力关系方面，党的领导的确立和加强是这一阶段院系领导体制发展的基本特征。

第二阶段，“文化大革命”期间。当时大学内部领导体制遭受破坏，“革命委员会”成为大学的领导机构，系和教研室则被名目繁多的机构所取代，系党组织难以发挥作用，行政工作也处于一片混乱的状态。

第三阶段，从 1978 年到 1989 年。1978 年颁布的《全国重点高等学校暂行工作条例（试行草案）》规定，大学系级实行系党总支领导下的系主任分工负责制。这一时期院系领导体制的特点是行政权力作用凸显，甚至占据主导地位，党组织主要起政治核心和保证监督作用。

第四阶段，1989 年至今。1989 年 8 月中共中央印发的《关于加强党的建设的通知》提出，“高等院校实行党委领导下的校长负责制”。1996 年 3 月中共中央印发的《中国共产党普通高等学校基层工作条例》和 1998 年 8 月正式公布的《高等教育法》分别以党内规章和国家法律的形式，将高校领导体制确定为党委领导下的校长负责制。但上述文件对院系一级实行什么样的领导体制却都没有作出明确规定。由于缺乏明确依据，各大学在实践中莫衷一是，有的大学实行院系党组织领导下的院长（系主任）负责制，有的实行院长（系主任）负责制，有的实行党政共同负责制，院系领导体制呈现出多样化、模糊化的特点，以致有的学校院系党政关系不明确，党政权力配合不力，影响了院系的整体工作。经过多年探索与实践，一些大学在院系建立了党政联席会议制度，通过党政联席会议集体决策的方式决定院系重大事项。这一做法得到了国家教育部门的认可。2007 年 5 月，教育部党组在《关于加强普通高等学校基层党组织建设的意见》中提出，要建立健全党政联席会议制度，院系工作中的重要事项，要经过党政联席会议，按照民主集中制的原则集体研究决定。2010 年新修订的《中国共产党普通高等学校基层组织工作条例》规定，高等学校院系级单位党组织要“通过党政联席会议，讨论和决定本单位重要事项。支持本单位行政领导班子和负责人在其职责范围内独立负责地开展工作”。

从近年来院系领导体制的发展来看，院系党政系统通过党政联席会议这一平台进行集体决策和协调配合成为一种趋势。和学校层面党委与行政之间领导与被领导关系不同的是，院系党政权力采取共同领导、分工负责的方式，协同处理院系重要事务。

第二节　政治权力与行政权力关系现状及问题

总体来看，目前在我国大学内部权力体系中，行政权力与学术权力冲突和失衡问题较突出，而政治权力与行政权力之间的关系则相对平衡。但我们也要看到，受法律不健全等各种因素的制约，政治权力和行政权力的关系也存在一些亟须解决的问题。

一、政治权力与行政权力关系中的制度缺陷

目前，协调政治权力与行政权力关系的制度安排仍然存在缺陷，主要体现在以下三个方面。

（一）法律和党内文件规定不一致，党委和行政职权范围界定不清晰

目前，规定大学党委和校长职权范围的主要有两个文件，一是1998年8月颁布的《高等教育法》，二是2010年8月新修订的《中国共产党普通高等学校基层组织工作条例》。两个文件关于大学党组织在思想政治工作、组织领导方面的规定并无明显区别，但在涉及党委与行政关系的重要条款上，两个规范性文件的规定却有一定区别。《高等教育法》规定，学校党委讨论决定学校的改革、发展和基本管理制度等重大事项，校长全面负责本学校的教学、科学研究和其他行政管理工作；而《中国共产党普通高等学校基层组织工作条例》规定，学校党委审议确定学校基本管理制度，讨论决定学校改革发展稳定以及教学、科研、行政管理中的重大事项。关于学校教学、科研和行政管理工作，前者只规定由校长全面负责，后者却明确提出由党委讨论决定其重大事项。根据党必须在宪法和法律范围内活动的原则和法律优于条例的基本法理，应当以《高等教育法》的规定为执行依据。然而，由于受一些政治习惯的影响，《条例》的规定成为各大学党组织必须遵循的准则。这造成了大学在操作上的困难，令许多大学无所适从。同时，两个文件均未明确规定何为“重大事项”，对“重大事项”的决策程序也缺乏具体规定，从而导致党政分工不明、权责不清、权力运行不协调等问题。有的学校党委包办行政事务，校长缺乏独立的行政管理权，以致校长办学治校积极性不高；有的学校校长独断专行，党委的领导核心作用难以体现；有的学校党政领导各持己见、各自为政，导致政令不畅、执行

不力。

（二）大学领导体制的政治框架与法律框架不协调，党委书记与校长之间关系不明确

按照现行体制，大学领导体系可划分为三个班子：一是党委班子，由党委常委会成员组成，书记是“班长”，党内校长任副书记或常委，少数党外校长则不属于这个班子；二是行政班子，包括校长、副校长、校长助理；三是领导班子，即把党委班子、行政班子组合起来，形成一个统一的领导班子。上级组织部门在确定大学领导人选的时候，通常要明确宣布领导班子成员的排名。一般情况下，排名顺序是：书记、校长、副书记、副校长。在这个统一的领导班子中，书记是“一把手”，校长是“二把手”。因此从政治体制的安排来看，大学的最高领导是书记而不是校长，这在现行组织制度上应当说是较明确的。然而，这种领导班子构建方式与大学管理的法律构架并不协调。从法律上看，大学是独立的事业单位法人，校长作为大学的法定代表人，对外代表学校，对内主持学校工作。大学的一切法律文件，只有经校长或受校长委托并有权代表校长的人员签署才具有法律效力。因此，从法律上讲，校长应当是大学的“一把手”（法定代表人是法人单位的“一把手”，这是法人制度本身的要求）。①

大学领导体制在政治框架和法律框架上的矛盾，一方面造成了一种十分奇特的现象——因为不是“一把手”，作为法定代表人的校长对外特别是对上级机关和上级领导时，可能并不能代表学校；同时由于校长不是“一把手”，因而往往也不是大学全面工作的主持人。另一方面，也造成党委书记与校长之间关系不明确。以大学党委书记和校长共同出席活动时的排序为例，总体来

① 龙宗智：《依法治校与高校领导体制的改革完善》，《北京大学学报（哲学社会科学版）》2005年第1期。

说书记在前的居多，但也不尽如此，也有部分大学校长排位在前而书记在后。此外，同一大学不同时期的书记、校长排名先后也不尽相同。因此，大学领导体制在政治上和法律上的矛盾，是目前实施依法治校所遇到的一个十分突出的问题。这一问题的实质并不在于“一把手”应当是谁，而是要求两种体制应当协调一致起来（“一把手”就应当是法定代表人，无论是书记还是校长）；否则，这种不协调不仅不符合依法治校的要求，而且还会成为矛盾之基础、扯皮之根源。①

（三）法律和制度规定不具体，党政主要领导职权行使方式不明晰

一是大学党委书记职责范围和职权行使方式不明晰。党委领导下的校长负责制对党委的职责范围作了规定，但对于党委书记的职责尚无明确规定。书记在主持学校党委会、做好党群工作方面负有职责，对此一般无可争议，但其在学校教学、科研以及行政管理等重大事项决策和落实方面的职责与作用却不明确。对于大学的一些重大事项，上级管理部门往往要求党委书记、校长共同抓，但就学科建设、教育教学、后勤基建等，校长之下有一个负责贯彻执行的行政体系，至于书记该如何抓、如何有效参与，则缺乏制度化的具体途径。有时，书记有心参与一起抓，但考虑到以校长为首的行政系统的相对独立运作，因而又颇感掣肘，甚至有心无力。

二是校长权力行使方式不明确。对于校长负责，有人将其理解为校长个人负责，校长拥有行政事务的“最终拍板权”；也有人反对这种“一长制”式的领导方式，认为校长负责也应坚持民主集中制原则，通过校长办公会进行集体决策。由于没有明确依

① 龙宗智：《依法治校与高校领导体制的改革完善》，《北京大学学报（哲学社会科学版）》2005年第1期。

据，校长负责在具体执行中情况各异。有的校长较民主，决策时能够充分考虑副校长等其他校领导的意见和建议；而有的校长则依据个人意志独断专行，不仅难以保证决策的民主性和科学性，也容易造成班子成员之间不团结。

二、政治权力与行政权力运行中的现实问题

由于制度规范不明确，使得权力运作存在较大的随意性，导致大学党政领导之间容易产生冲突，并造成人治化的不良倾向。

首先，一些党政领导之间的矛盾时有发生。在大学管理实践中，党委书记与校长难免存在不同意见，而在领导体制的政治框架和法律框架不协调的情况下，就可能形成双方在各自占有的资源基础上的对峙。① 在有些学校，党政主要领导之间意见不合、明争暗斗、矛盾突出，甚至到了水火不容的地步，以致内耗严重、人心涣散，使学校管理工作受到严重影响。

其次，在一些大学，人治化倾向较严重。主要表现在以下两方面。一是学校或院系领导体制能否有效运作、领导班子能否团结合作，在相当大程度上取决于学校或院系领导尤其是党政主要领导的个人素质。正如曾任吉林大学党委书记的张文显教授所言："多年来由于没有具体的法律规定和制度保障，致使大多数情况下是靠党政一把手之间基于情感融洽和长期磨合形成的历史传统而维持合作的局面。党政之间这种基于个人自觉配合的模式一旦被打破，便会出现'以党代政'、'党政不分'、'多头指挥'，或者党委职能萎缩，党组织的领导地位与核心作用难以体现的极端现象。"② 二是党政权力关系模式的形成，往往受学校党委书

① 龙宗智：《依法治校与高校领导体制的改革完善》，《北京大学学报（哲学社会科学版）》2005 年第 1 期。

② 张文显：《以"三个代表"重要思想为指导　推进依法治校》，《中国高等教育》2003 年第 18 期。

记、校长、院系党总支书记、院长（系主任）等主要领导个人情况影响。比如，如果学校党委书记的资格、能力和所拥有的资源占据优势，那么学校管理就容易形成以书记为中心的模式；如果校长更为强势，则容易形成以校长为中心的管理模式。

第三节　政治权力与行政权力关系的协调路径

解决大学政治权力和行政权力关系问题，制度建设是关键。“制度比人治可靠”，这是我们多年来在大学制度建设方面取得的最重要的经验，也是我们强调依法治校最基本的原因之一。当前，协调大学政治权力与行政权力的关系，最重要的就是要坚持和完善党委领导下的校长负责制。党委领导下的校长负责制是经过半个多世纪的实践探索而形成的大学内部领导体制。这一体制被国家法律正式确认后，已经发挥并将继续发挥越来越大的作用。但由于认识上的差异和各大学内部环境与条件的不同，无论是在理论层面还是在实践层面，党委领导下的校长负责制都面临一些新情况和新问题。可以说，“坚持和完善党委领导下的校长负责制，既是重大的理论问题，也是需要不断探索的实践问题”①。总的来说，党委领导和校长负责，是党委领导下的校长负责制的两个重要构成要素，其实质就是既确立党委在大学中的领导核心地位，又充分发挥校长在行政工作中的主导作用。要实现这一目标，关键是要在明确党政权责范围的基础上，完善相关的一系列制度，妥善处理党政之间的一系列关系，促进政治权力

① 钟秉林：《从理论与实践结合上探索党委领导下的校长负责制》，《中国高等教育》2003 年第 24 期。

和行政权力和谐共存、高效配合。

一、明确党政权责范围

党委领导和校长负责是党委领导下的校长负责制的两个基本元素，正确处理二者之间的关系，应当把握好两点。第一，党委领导是校长负责基础上的党委领导，党委要尊重校长的地位和作用，不能包揽行政事务，不能代替校长行使法律规定的职权；校长负责是以党委领导为前提的校长负责，以校长为首的行政系统要自觉接受党委领导并对党委负责，不能削弱党委领导，更不能搞脱离党委领导的校长负责制。第二，党委领导主要通过对学校重大问题的决策来体现，强调的是决策权，是宏观上战略性、方向性、原则性的领导，应避免事无巨细地包揽大小事务；校长负责主要是全面落实党委决策，抓好教学、科研、管理等方面的具体行政工作，强调的是执行权，是具体的、操作性的，更为微观。

（一）明确大学党委的领导职责

坚持党对大学的领导，是新中国成立六十多年来大学领导体制建设的一条重要经验，是我国大学领导体制区别于国外大学领导体制的重要特征。当前，党对大学的领导总体上与其肩负的历史使命是相适应的，但在高等教育进入大众化和内涵发展新阶段的背景下，党对大学的领导也还存在一些不适应新形势新要求的问题。为此，要进一步加强和改进党对大学的领导。这既是坚持和完善党委领导下的校长负责、处理好政治权力与行政权力关系的内在要求，也是推进我国高等教育事业健康发展和高等院校各项工作顺利开展的现实需要。

党委是大学的领导核心和政治核心，统一领导学校工作。这种领导核心作用既体现在对思想政治工作的领导上，也体现在对组织和改革发展全局的领导上。大学党委所承担的领导职责是其领导核心地位的具体体现，《高等教育法》和《中国共产党普通高等学校基层组织工作条例》分别以国家法律和党内法规的形式，对大学党委的领导职责作出了规定。《高等教育法》规定，党委的领导职责主要是：执行中国共产党的路线、方针、政策，坚持社会主义办学方向，领导学校的思想政治工作和德育工作，讨论决定学校内部组织机构的设置和内部组织机构负责人的人选，讨论决定学校的改革、发展和基本管理制度等重大事项，保证以培养人才为中心的各项任务的完成。2010年新修订的《中国共产党普通高等学校基层组织工作条例》规定，大学党委的主要职责包括：宣传和执行党的路线方针政策，坚持社会主义办学方向，培养德智体美全面发展的中国特色社会主义事业合格建设者和可靠接班人；审议确定学校基本管理制度，讨论决定学校改革发展稳定以及教学、科研、行政管理中的重大事项；讨论决定学校内部组织机构的设置及其负责人的人选，加强领导班子建设、干部队伍建设和人才队伍建设；加强学校党组织的思想建设、组织建设、作风建设、制度建设和反腐倡廉建设；组织党员认真学习马克思列宁主义、毛泽东思想、邓小平理论、“三个代表”重要思想以及科学发展观，坚持用中国特色社会主义理论体系武装头脑；领导学校的思想政治工作和德育工作，促进和谐校园建设；领导学校的工会、共青团、学生会等群众组织和教职工代表大会；做好统一战线工作等。

综合上述规定来看，大学党委必须站在学校发展的战略高度，做到“四好”：把握好方向，决策好大事，使用好干部，维护好稳定。[①] 首先，把握好方向，就是要始终坚持社会主义办学方向，全面贯彻落实党的教育方针政策，确保高等教育沿着正确方向前进。其次，决策好大事，就是要通过科学、民主的程序，

① 王斗虎：《高校领导体制若干关系问题研究》，《理论导刊》2006年第8期。

对事关学校改革发展稳定的重大问题作出正确决策，为学校改革发展指明方向、制定战略、作出规划。再次，使用好干部，就是要按照党的干部路线方针政策，做好干部的选拔、教育、培养、考核和监督工作，抓好干部和人才队伍建设。最后，维护好稳定，就是要加强党的自身建设，做好思想政治工作，维护学校稳定大局。具体来说，大致可将大学党委的领导职责概括为以下五个方面。

1. 把握学校办学方向

办学方向关系到办什么样的大学、培养什么样的人等重大问题，决定着大学的政治属性和社会价值。就中国大学而言，坚持社会主义办学方向，培养德智体美全面发展的中国特色社会主义事业合格建设者和可靠接班人，是大学的首要任务，也是大学党委的首要职责。大学党委要牢牢把握和始终坚持社会主义办学方向，认真宣传和执行党的路线方针政策，宣传和执行党中央、上级组织和本级组织的决议，依靠全校师生员工推进学校科学发展，不断提高办学质量、效益和水平。要坚持把立德树人作为根本任务，把促进学生成长成才作为学校一切工作的出发点和落脚点，着力培养造就符合社会主义现代化建设需要的高素质专门人才和拔尖创新人才。要按照建设学习型党组织的要求，组织党员认真学习马克思列宁主义、毛泽东思想、邓小平理论、“三个代表”重要思想以及科学发展观，坚持用中国特色社会主义理论体系武装师生头脑，引导广大师生坚定走中国特色社会主义道路的信念。

2. 讨论决定学校重大事项

党委作为学校的领导核心，要依法讨论决定学校改革发展稳定以及教学、科研、行政管理中的重大事项。所谓重大事项，主要是指事关办学方向、影响学校全局、涉及多数师生利益、影响学校长远发展的问题。从各大学的实践来看，党委讨论决定的重大事项主要包括以下几个方面：（1）学校的办学方针、办学的指导思想、总体发展规划；（2）党委的年度、学期工作计划和总结，贯彻上级下达的重要工作任务的计划和方案；（3）学校党的建设、思想政治工作、德育工作、统战工作、群众工作、安全稳定工作、精神文明建设的规划、制度和重要措施；（4）学校机构设置、变更、撤销和学科专业调整方案；（5）中层干部的任免、奖惩、调动，师资队伍、干部队伍和后备干部队伍建设和晋职晋级方案，年度增加人员计划；（6）学校基本管理制度和重要规章制度；（7）财务经费预算、决算，大额资金的使用，学校重大基建、维修项目立项，产业发展计划及政策；（8）招生和毕业生就业工作中的重大举措，国内外重大合作交流协议的审定；（9）重大突发事件的处置，学校重大改革方案以及涉及师生切身利益的重大事项。①

3. 领导思想政治工作和党群组织

根据《〈中国共产党普通高等学校基层组织工作条例〉实施办法（试行）》，大学党委负责领导学校的思想政治工作和德育工作，领导学校的工会、共青团、学生会等群众组织。大学党委要认真制定学校思想政治工作总体规划和年度计划及有关制度，大力加强和改进思想政治教育工作，做好马克思主义中国化最新成果进教材、进课堂、进头脑工作，把社会主义核心价值体系教育融入大学生思想政治教育工作和师德师风建设全过程，抓好党务工作和思想政治工作队伍建设，积极探索新形势下思想政治工作的有效途径，提高思想政治工作的针对性和实效性。同时，要认真研究工会、共青团、学生会、学生社团等群众组织工作中的重大问题，支持群众组织依照国家法律和各自章程开展工作，充

① 顾海良、罗永宽主编：《高校党的领导体制建设研究》，中国文史出版社2011年版，第93页。

分发挥群众组织在凝聚人心、化解矛盾、维护稳定、促进民主管理等方面的重要作用。

4. 抓好干部和人才工作

党委要坚持党管干部、党管人才的原则，抓好领导班子和干部等人才队伍建设，保证党的干部和人才工作方针政策全面落实。要制定人才战略，完善人才政策，为各类人才成长发展、发挥作用提供良好平台。要加强学校各级领导班子建设，认真讨论决定学校内部组织机构的设置及其负责人的人选，配好配强各级领导班子，抓好领导班子作风建设，提高领导班子的领导能力和治校理教水平。要抓好干部队伍建设，认真做好干部的选拔、教育、培养、考核和监督工作，特别是要建立健全公开、公正、竞争、择优的用人机制，坚持正确的用人导向，严格按规定程序选拔任用干部，真正把政治上靠得住、工作上有本事、作风上过得硬的优秀干部挖掘出来、选拔上来、使用起来，坚决杜绝选人用人上的不正之风。

5. 维护党的纪律

大学党委要按照党要管党、从严治党的方针，加强学校党组织的思想建设、组织建设、制度建设、作风建设和反腐倡廉建设，坚决维护党的纪律，保持党的先进性和纯洁性，增强党组织的凝聚力、创造力和战斗力，充分发挥学校党组织的战斗堡垒作用和党员的先锋模范作用。

（二）明确校长的作用与职责范围

在党委不能直接处理行政事务的情况下，没有一个职权明确、高效运行的行政指挥系统便难以有效落实党委决策，难以维持大学的正常运转。因此，以校长为首的行政系统对于实现党对大学的领导、推动大学健康发展至关重要。

首先，要充分认识校长负责是落实党委领导的关键。在大学领导体制中，党委是领导核心和决策中心，决定着学校的发展方向和战略重点。以校长为首的行政系统是落实党委决策的主要力量，在处理具体行政事务方面具有执行权。校长和行政系统的执行力直接关系到党委决策的执行效果，关系到学校的教育教学质量和改革发展成效。

其次，要明确校长负责是全面发挥行政职能的前提。校长负责的实质就是校长在党委领导下，充分发挥自身职权，动员和组织行政系统，贯彻执行党委决策，抓好学校日常工作。而校长能否在自身职责范围内独立开展工作，是否具有良好的责任意识和管理能力，直接关系到行政系统的效能，关系到行政管理责任的落实，关系到学校各项工作的正常运转。

最后，建设一流大学离不开一流的校长。“大学校长是学校的灵魂，即大学校长对一所大学的成功创建、平稳运行、革故鼎新、进步发展都具有决定性的影响和作用。”① 一个好校长往往能够成就一所大学，正如蔡元培之于北京大学、梅贻琦之于清华大学、张伯苓之于南开大学、竺可桢之于浙江大学、朱九思之于华中科技大学。因此，建设一流大学需要一批具有先进理念、战略眼光和管理才能的高水平校长。

为充分发挥校长在推动大学发展中的重要作用，必须赋予校长应有的行政管理权限，并支持校长依法独立行使职权。关于大学校长的职责范围，《高等教育法》第四十一条规定，高等学校的校长全面负责本学校的教学、科学研究和其他行政管理工作，行使下列职权：（1）拟订发展规划，制定具体规章制度和制订年度工作计划并组织实施；（2）组织教学活动、科学研究和思想品德教育；（3）拟订内部组织机构的设置方案，推荐副校长人选，任免内部组织机构的负责人；（4）聘任与解聘教师以及内部其他

① 眭依凡主编：《学府之魂：中外著名大学校长教育理念》，江西教育出版社2001年版，第2页。

工作人员，对学生进行学籍管理并实施奖励或者处分；(5) 拟订和执行年度经费预算方案，保护和管理校产，维护学校的合法权益；(6) 章程规定的其他职权。从上述规定来看，校长的职责主要是落实具体的行政管理工作，其权力主要体现为执行权。

关于校长职权行使方式，有人认为“校长负责”就是校长个人负责，校长具有决策的最终“拍板权”。我们认为，这是一种误解。校长负责是校长全面负责行政工作，校长是行政系统的总负责人，但这并不代表大小事务由校长一个人说了算，校长必须按法定工作程序，通过校长办公会等集体形式，进行集体决策，而不能搞“家长制”、“一言堂”。《高等教育法》明确规定，由高等学校和校长办公会议或者校务会议，处理前款规定的有关事项（指校长职权——引者注），校长职权范围内的重要事项应当通过校长办公会议集体研究和协商的方式进行决策，应当坚持民主决策的原则，由校长、副校长等校级行政领导进行民主协商决策。

二、完善党政领导制度

邓小平同志曾指出：“领导制度、组织制度问题更带有根本性、全局性、稳定性和长期性。”① 协调和规范政治权力与行政权力的关系，必须坚持和完善党政领导制度，不断提高大学管理制度化、规范化、科学化水平。

(一) 完善民主集中制

民主集中制是我们党的根本领导制度，也是大学党委领导学校应坚持的基本原则。只有坚持和贯彻民主集中制，才能保证大学党委决策的正确性、科学性和有效性，才能维护学校党委的领导权威。但当前有些大学党委不能正确处理民主与集中的关系，在坚持民主集中制过程中还存在一些突出问题，主要表现在以下

① 《邓小平文选》第 2 卷，人民出版社 1994 年版，第 333 页。

几点。一是发扬民主不够。比如，在学校决策过程中，有的领导存在家长作风，喜欢独断专行，不尊重其他领导意见，不注重深入基层调查研究，不听取师生意见和建议。二是坚持集中不力。比如，有的学校党委在关乎学校长远发展的重大问题决策上缺乏集中的胆略和气魄，不能充分发挥政治核心和领导核心的作用。三是执行效果不理想。比如，有的学校在贯彻落实民主集中制过程中，出现议而不决、决而不行的扯皮现象。如果不能有效克服上述问题，正确贯彻执行民主集中制，就很难有效实现党委对大学的领导。

坚持民主集中制最重要的就是要坚持集体领导。所谓集体领导，就是凡是重大决策，必须经集体讨论作出决定，不允许个人说了算。正如许多发达国家的高校主要实行董事会、理事会或校务委员会制，倚重集体决策，呈现出决策成员集体化、校内校外结合化的趋势。中国大学实行党委集体领导，是符合这一国际潮流的。① 首先，要把握集体领导的基本形式，即重大问题由学校党委集体讨论决定，特别是具有政治性、全局性、战略性、特殊性的重大事项必须经由党委集体研究后作出决定，避免个人拍板决策现象的发生。其次，要遵循党委成员一律平等原则，确保党委成员在发言权、表决权、监督权等方面一律平等，避免“一言堂”现象的发生。最后，要坚持集体领导与个人负责相结合。在坚持党委集体领导的前提下，就贯彻落实党委的决议、决定和做好党委的日常工作方面，对党委成员进行工作分工，确保分工明确、责任到人。②

① 钟秉林：《从理论与实践结合上探索党委领导下的校长负责制》，《中国高等教育》2003 年第 24 期。

② 顾海良、罗永宽主编：《高校党的领导体制建设研究》，中国文史出版社 2011 年版，第 100—101 页。

（二）完善并坚持各项会议制度

大学党政工作会议主要包括以下五种。一是党委全委会。由党委书记主持，是在学校党员代表大会闭会期间讨论决定学校重大事项的工作会议。二是党委常委会。由党委书记主持，是党委全委会议闭会期间，行使全委会职权，主持党委日常工作，对学校重大问题进行集体研究和决策的会议。三是校长办公会。由校长主持，学校行政领导和有关部门行政人员参加，是研究决定学校行政分工范围内重大事项的决策会议，是学校行政方面的最高决策会议。四是书记办公会。书记办公会是党委书记和副书记、纪委书记之间沟通重要情况，分析形势，研究、酝酿、讨论问题，通报工作情况，对学校党群系统日常性重要工作进行集体研究和决策的会议。五是党政联席会。党政联席会是校党政领导及时沟通工作情况、交换意见、统一思想、磋商学校重要问题、协调推动工作的会议，但不是决策会议。完善上述各种会议的议事规则是明确党政权力分工、规范党政权力运行、协调党政权力关系的重要基础。

1. 明确议事内容

完善党政会议议事规则，首先要厘清各种会议的议事内容。大体来说，各种会议的议事内容具体如下。

第一，党委全委会的议事内容主要包括：(1) 传达学习党的路线、方针、政策以及中央、省（自治区、直辖市）委有关文件和会议精神及重要工作部署，审议学校贯彻执行的意见。(2) 研究决定学校办学指导思想、办学方向、发展战略规划，审议学校重大改革方案、重要规章制度，对具有政策性和方向性的重要工作作出部署。(3) 研究决定学校党的建设、思想政治工作、精神文明建设、反腐倡廉建设、统战工作、群众团体等工作中的重大问题。(4) 审议通过学校年度工作安排，听取常委会年度工作报告。(5) 研究确定关于召开学校党代会的有关事宜。(6)审议常委会认为应当提交全委会审议的事项，并作出决定等。

第二，党委常委会的议事内容主要包括：(1)研究决定贯彻党的路线方针政策的重要方案和措施；传达学习中央、省（自治区、直辖市）委重要指示、文件和会议精神及重要工作部署，并结合学校实际提出贯彻执行的意见。(2)研究决定事关学校发展全局的重大问题，包括学校发展规划、基本管理制度、重要规章制度和年度工作要点等。(3)研究决定学校人才培养、科学研究、社会服务、文化传承创新等工作中的重大政策和措施，学校年度财务预算和决算、预算调整变更及追加的专项，重大基本建设项目、重大投资项目、重大对外交流与合作项目、重要资产处置方案、接受和使用大额捐赠等事项。(4)研究决定学校内部组织机构的设置调整及其负责人的任免、奖惩；研究决定干部选拔任用、教育培养、考核评价和管理监督工作的方针、政策及措施；审议决定校学术委员会、校学位评定委员会、校专业技术职务评聘委员会等全校性重要委员会的组成；按照干部管理权限和程序，研究推荐校级后备干部和各级党代表、人大代表、政协委员人选。(5)研究决定学校人才工作规划及人才引进、培养、使用、评价、激励等重大政策，统筹推进学校各类人才队伍建设。(6)研究决定学校党的思想建设、组织建设、作风建设、制度建设和反腐倡廉建设的重要事项。(7)研究决定加强和改进学校思想政治工作和德育工作的重要问题，研究决定精神文明建设、校园文化建设、和谐校园建设方面的重要事项。(8)研究决定教职工代表大会和工会、共青团、学生会、研究生会等群众组织的重大问题。(9)研究决定学校统一战线工作的重要问题。(10)研究决定涉及维护学校稳定的重要问题，决定对重大突发紧急事件的处理意见。

第三，校长办公会的议事内容主要包括：(1)研究贯彻执行党和国家的路线、方针、政策、法律、规定、上级重要指示、决定和校党委决议的重要问题。(2) 研究学校发展规划、年度工作计划及重要工作的实施方案。(3) 研究落实学校教学、科研、学科专业建设、人才培养、教职工队伍建设、人事聘用与管理、学生教育管理、行政管理、后勤、基建、办学用房及资源配置、实验室与设备、招生、就业、国际交流合作、图书馆建设、安全保卫、社会服务等工作的重要问题。(4) 研究学校内部组织机构的设置方案及有关问题，提交党委常委会审定。(5) 研究制订人才引进、调配、使用的方案，讨论决定教师及行政部门科级以下(含科级) 工作人员的聘任与解聘，讨论决定校内其他人事工作事宜。(6) 研究学校年度综合财务预决算并提交党委常委会审定。(7) 审定一定额度范围内的预算调整变更及追加的专项经费的立项与支出。(8) 研究部署全校性行政工作，审议校长工作报告和以校行政名义上报的重要请示、报告和作出的重要决定，以及以校行政名义发表的重要讲话等，听取学院、机关部处、直属单位重要工作的汇报，并作出决定。(9) 讨论处理工会、教代会、团代会、学代会有关行政工作的提案，以及关系师生员工利益的重要问题。(10) 研究决定国有、校有资产和校办产业的重要事项。(11) 研究决定对外合作办学方案、重要外事活动安排及对外签署的重要协议。(12) 研究决定学校行政规章制度的建立、修订和废止。(13) 研究应由学校给予的行政奖励与处分。(14) 研究学生事务管理以及奖励、处分等有关问题。

第四，书记办公会的议事内容主要包括：(1) 传达学习中央、省(自治区、直辖市) 委重要文件和会议精神。(2) 研究准备提交常委会或建议校长办公会讨论决定的重要议题。(3) 讨论干部事宜。讨论酝酿后备干部及拟任免中层干部的建议名单，党群系统科级干部的任免，干部教育、培训、考核、奖惩、挂职事宜。(4) 研究决定学校党群工作中日常性重要工作安排和事项。

(5) 听取、讨论党群部门的工作请示和汇报。(6) 审议党群系统校级先进及奖励和向上级推荐的先进集体和个人。(7) 审批基层党组织的选举结果(如选举结果与所批准的候选人有重大变化,须提交常委会审批)。(8) 通报工作情况,沟通交流信息。(9) 研究党委书记、副书记、纪委书记提交会议讨论的重要问题。

第五,党政联席会的议事内容主要包括:(1) 在对学校改革发展稳定重大问题及涉及党政全局的重点难点工作作出决策前进行研究磋商。(2) 沟通、研究、协调党政日常重要工作和党政共同承担的工作任务。(3) 研究贯彻推动常委会、校长办公会、书记办公会决定的需要党政协调解决的重要问题。(4) 党政领导通报各自分管工作和任务完成情况。(5) 讨论研究需要党政领导班子共同处置的突发紧急事项。(6) 研究需要党政联席会讨论协商的其他问题。

2. 完善议事程序

在明确议事内容的同时,还要科学制订议事程序,提高决策民主化、科学化水平。具体来说,要抓好以下四个环节。

一是准备环节。上会议题一般应事先沟通,会议要严格按照预定议题进行,一般不能临时动议议题或表决事项。列入的议题应由主管领导组织有关部门做好相关准备,于会前进行充分调研、论证和酝酿。对于关系学校长远发展和师生员工切身利益的重大问题,应采取多种形式深入调研,广泛征求师生员工的意见和建议。对于需要会议作出决定的事项,要有明确、具体和可供选择的建议方案。会议议题申请部门应于会前提供有关会议材料。

二是讨论环节。会议在讨论研究有关议题和工作时,应先由分管领导报告情况,其他人员不受委托不得越权代替。与会人员应当充分发表明确意见,在对议题进行充分讨论的基础上,由会议主持人集中讨论意见，提出决策方案或意见，并提请会议决定。

三是决策环节。会议决定事项应坚持民主集中制原则，需要表决的事项，以赞成者超过表决者总数一定的比例（如二分之一）为通过。对于意见分歧较大的事项，除在紧急情况下按多数人意见执行外，一般应暂缓作出决定，并进一步调研论证、统一认识，待意见成熟后，再提交会议决定。

四是落实环节。对于会议决定的事项，应在会上明确负责落实的领导和部门，做到分工明确、责任明晰，避免在落实中因推诿扯皮而造成矛盾。有时限要求的，应一并明确完成任务的时间节点。

（三）完善“三重一大”事项决策制度

1. “三重一大”事项主要内容

（1）重大事项决策。例如，党和国家的路线、方针、政策和上级有关部门的会议和文件精神的贯彻执行；学校党的建设、党风廉政建设、精神文明建设和思想政治工作的重大问题；学校办学指导思想的确定，中长期发展战略、发展规划的制定和调整；学校年度总体工作计划的制订；党政领导班子建设，校级领导班子的分工；年度经费预算、决算及其调整的审定；人事分配制度改革、职务评聘政策、住房制度改革、医疗等涉及群众切身利益的重大事项；涉及学校全局的重大改革方案和改革措施的制订；学校学科、专业设置和调整的审定；学生工作中重大问题的处理和相关政策的制定；群众团体工作的指导思想、原则和重要决策等；纪委的工作汇报，纪委提交审议的重大问题；办学规模、年度招生计划的制订以及相关政策的制定和调整；学校内部组织机构的设置和调整及人员编制；重要规章制度的制定、修改和废除；向上级组织的请示、汇报等重要材料；学校作出的奖惩事项，推选省（部）级以上等荣誉称号的授予及奖励事宜；重大案件涉及党纪政纪的处理；重大人身伤亡、责任事故、突发事件、法律纠纷的处理；基础设施等办学资源的配置和重大调整；校办产业的开发和产权变更；学校投资所形成的产权确定和变更；学校无形资产的授权使用；应当集体研究决定的其他重要决策问题。

（2）重要干部任免。例如，中层干部教育、培训、考核、奖惩、选拔、任免；校级后备干部推荐、选拔；各级人大代表、政协委员会候选人的推荐，民主党派、党外代表人士的职务安排的推荐；校学术委员会、校学位委员会、校教师职务评审委员会、专业技术职务评审委员会等组成人员的任免；学校资产经营公司主要负责人推荐；应当集体研究决定的其他重要干部任免。

（3）重大项目安排。例如，涉及全局的国内外合资、合作的重大项目（含合作办学）以及对外投资项目，基本建设项目、不动产购置、大型房屋修缮项目、大宗物资采购、大批量设备采购和资产转让等，应当集体研究决定的其他重要项目。

（4）大额度资金使用。虽然不同大学对“大额度”的界定有所不同，但在资金使用项目方面基本上较为一致。例如，有的大学规定大额资金使用范围包括：学校年度经费预决算的制定和调整；预算外资金和专项经费 50 万元人民币以上（含 50 万元）的立项和支出；项目资金调整额度超过50 万元人民币（含 50 万元）的立项和支出；预算外资金，单项支出在 50 万元人民币以上（含 50 万元）的资金款项的支出或项目资金调整额度超过 50 万元人民币（含 50 万元）的支出由党委常委会决定，单项支出在 50 万元人民币以下、10 万元以上（含 10 万元）的资金款项的支出或项目资金调整额度在 50 万元人民币以下、10 万元以上（含 10 万元）的支出由校长办公会决定，单项支出总额或项目资金调整额度在 10 万元人民币以下的资金款项由校长决定；贷款规模与用途、还款计划。

2. 集体决策的形式和规则

对“三重一大”事项的决定，应坚持集体决策的原则，可通过以下程序和规则进行决策。

（1）决策的形式。党委常委会讨论决策重大事项。特别重大的情况，应提请党委全委会审议决定。依照《高等教育法》，校长全面负责学校的教学、科研和其他行政管理工作，有关重大问题，可通过校长办公会行使决策权。凡需党委常委会或校长办公会议决的事项，任何人不得以任何其他形式替代。

（2）决策前的准备。应提交教代会、学术委员会等审议讨论的重要事项，在决策前要提交教代会、学术委员会等专门会议审议讨论；中层副职以上干部任免，党委常委会决策之前要按照中央《党政领导干部选拔任用工作条例》及学校相关规定中确定的程序执行；其他“三重一大”事项，在决策之前，要依照法律、法规和学校规章规定的程序，广泛调查研究，充分听取群众和专家意见，深入进行论证和协调，提交书面的论证报告或立项报告。

（3）决策的规则。“三重一大”事项决策应遵循以下规则。①要认真贯彻民主集中制原则，充分听取与会人员意见，确保决策的科学化、民主化、制度化。②集体决策表决事项，出席会议的正式成员都应有表决权，以赞成人数超过应到会人数的一定比例（如二分之一）为通过。③集体决策议决事项，对于带有实质性的有争议事项，如无时限要求，应重新调研，待意见成熟后，再提交会议议决。④会议表决重大议题或重要人事任免事项，必须保证与会人员有足够的时间听取情况介绍，充分发表意见，与会成员对重大议题或重要人事任免事项应当充分发表同意、不同意或者缓议等明确意见。在充分讨论的基础上，采取口头表决、举手表决或者无记名投票等方式进行表决。对意见分歧较大或者有重大问题不清楚的，应当暂缓表决。⑤凡前次会议作出的决策，如需再次复议，必须有一人动议，并在会前征得半数以上应出席会议同志的同意，否则不得复议。⑥在讨论与本人及亲属（夫妻关系、直系血亲关系、三代以内旁系血亲关系和近姻亲关系）有关的议题时，本人应回避。⑦“三重一大”事项决策的情况，包括决策参与人、决策事项、决策过程、决策结论等，要以会议通知、议程、记录、纪要、决定、备忘录等形式存档备查。

（四）建立党政领导班子沟通机制

加强沟通是党政领导班子凝聚共识、增进感情、消除误会、化解矛盾的重要途径，是促进党政密切合作、提高决策质量的重要要求。因此，要建立党政领导班子定期沟通机制，促进领导班子和谐。第一，从沟通的对象上看，主要包括党委书记与校长的沟通、党政正职与副职的沟通、副职之间的沟通、领导班子成员中党内与党外同志的沟通、学校领导班子成员与职能部门以及各单位的沟通。第二，从沟通的内容上看，包括：理念上的沟通，如办学思想、人才培养理念、发展战略、改革思路等方面的沟通；工作上的沟通，如工作情况的交流、重大决策前的协商等；信息上的沟通，如国家和地区发展动态、上级重要指示、与学校学科相关的产业发展情况等方面信息的沟通。第三，从沟通形式上看，可以通过多种形式和渠道进行沟通，除了常规工作会议、民主生活会、谈心谈话等形式外，还可在不同层面建立例会制度，以优化沟通协调机制。例会作为一种非正式的碰头会，能够承上启下，是提高管理水平、增强执行力的一种有效手段。[①] 由于例会具有“非正式”特点，会议内容灵活多样，可以是沟通工作情况，可以是交流看法，也可以是互通信息，因而是各级党政

---

① ［美］大卫·马丁著，源泉译：《赢在例会：开一个高效、严谨、共赢的例会》，国际文化出版社 2005 年版，第 58—59 页。

领导干部之间沟通的一种重要方式。

(五) 建立健全监督检查制度

建立完善的权力监督机制，是保证政治权力和行政权力规范运行的重要条件。一是要加强监督机构建设。加强纪委、监察、审计、工会、教代会、学生会等机构的制度建设和队伍建设，特别是要保证纪委、监察、审计机构相对独立运行，加强对政治权力和行政权力运行情况的监督检查，充分发挥工会、教代会、学生会等组织的民主监督作用，促进权力规范运行。二是要拓展监督内容。对政治权力和行政权力运行的监督，不仅应包括对决策、执行等学校管理各个环节权力运行情况的监督，还应包括对学校党政领导、各部门和学院（系）负责人等行使权力情况的监督。三是要丰富监督方式。应通过党内监督、党外监督、行政监督、经济监督、舆论监督、群众监督等多种方式和渠道，加强对权力运行的监督。① 如常委会每年要向全委会报告工作，校长每年要向党委常委会报告工作，要充分发挥党外人士、离退休老同志的监督作用。

(六) 加强院系领导体制建设

目前，我国多数大学实行校院两级管理，因此大学党政权力关系不仅体现在学校层面，也体现在院系层面。在处理好学校层面党政权力关系的同时，也要加强院系党政领导体制建设，理顺院系党政权力关系，促进二者协调配合。建立健全党政联席会议制度，是当前完善大学院系领导体制的关键。具体来说，要从以下几个方面着力。②

第一，明确划分院系党政权限范围。要在对院系党政工作进

① 崔欣伟：《制度创新：完善高校领导体制与运行机制的内在逻辑》，《学校党建与思想教育》2010 年第 31 期。

② 孙征宇：《完善高校党政联席会议制度的对策研究》，《四川省社会主义学院学报》2012 年第 4 期。

行认真细致梳理的基础上，合理确定党政职责分工，明确政治权力和行政权力的权限范围及边界，促进党政权力协调配合。

第二，科学界定党政联席会决策范围。从一些大学多年的实践经验来看，院系工作中普遍被视为重大事项、需要通过党政联席会讨论决定的工作主要有：学科专业设置及调整、教学计划、科研规划、师资聘任、职称评审、重要改革、机构调整和人事安排、人员奖惩、年度预决算、较大额度资金的使用、贯彻落实学校决定的重要部署等。

第三，适当扩大党政联席会组成人员。通常情况下，参加院系党政联席会人员仅局限于院系行政正副职领导、党总支正副书记。目前，一些大学按照建设现代大学制度的要求，在院系层面成立了教授委员会，负责院系学术决策。教授委员会主任作为院系学术工作的牵头人，应当列席党政联席会。另外，还可根据会议内容的需要，请党总支委员、工会主席、分团委书记等有关人员列席党政联席会。

第四，合理规范党政联席会议事程序。坚持民主集中制原则，对于院系发展中的重大问题或与教职工利益密切相关的问题，决策前应通过教授委员会会议、教职工代表会议等形式征求意见和建议。党政负责人在此基础上经过充分的沟通和酝酿，尽量达成一致意见，然后提交党政联席会充分讨论，并通过无记名投票等方式集体决定，避免“一言堂”和形式主义。如对决策事项存在较大的意见分歧，应暂缓作出决定，并在会后进行进一步论证和酝酿，然后再次提交会议讨论和表决。实在无法达成共识的，则应向学校党委请示。

三、加强领导班子建设

建设一个善于领导、团结和谐的领导班子，是保证学校事业健康发展的重要基础。当前，大学党政领导班子建设重点是要在以下五个方面下功夫。

（一）处理好党委与党委书记之间的关系

按照《党章》规定，党委书记是党委会中的重要一员，在政治工作中起到核心作用，好比班长的角色。要正确处理好党委会与党委书记之间的关系，就要处理好个人与组织、集体之间的关系，这关键在于民主集中制。第一，党委会实行集体领导，在重大问题的决策上采取“少数服从多数”原则。党委书记作为“班长”只是召开党委会的组织者，而不是最终决策者。在表决时，书记跟其他党委会成员一样，具有一票表决权。党委书记必须在平等意识下，尊重每一位委员及其意见，充分发挥党委集体的力量。第二，既然党委书记是党委会的核心领导，是党委会的“班长”，就要承担领导职责，充分发挥领导作用。党委书记必须带领党委会集体领导学校的政治工作，确定学校改革、发展、建设的总体方向与目标。处理党委会与党委书记之间的关系，要掌握好“度”。那就是党委书记要当好“班长”，而不是“家长”。作为“班长”，其职责就是组织领导“班级”成员，在广泛征集民主意见的基础上，尊重集体的决定，科学地作出决策，不可像“家长”那样独断专行，一人说了算。

（二）处理好党委与校长之间的关系

党委是学校最高的领导决策集体，校长是党委领导下的最高行政负责人。党委会是由众多个体组成的一个集体，校长是一个个体。但一般而言，校长作为一个个体，也是党委会集体中的重要成员，通常兼任党委副书记或常委，积极参与到党委的决策中。校长与党委会的职务关系是既相互配合，又互有交叉。校长的双重身份，有利于其更加清楚地了解党委的决策，尊重服从党委的决定，并认真地履行自己的行政职责，积极地组织实施，配合好党委做好学校的教学、科研、行政管理等工作，切实保证党委决定的落实过程不走样，组织工作的开展不走过场。同时，校长要积极地处理好双重身份的关系，处理好个体与集体的关系，如此才能更好地发挥其作为校长、作为党委副书记或常委的重要作用。

（三）处理好党委书记与校长之间的关系

在大学内部的诸多关系中，党委书记与校长之间的关系是十分关键的，也是较难处理的。实践证明，凡是党委书记与校长关系协调，学校的工作运行就好，学校的改革和发展就显出生机与活力；反之，学校工作就会出现矛盾、问题，学校事业就会蒙受不应有的损失。党委书记和校长分别是学校的党政“一把手”，但这两个“一把手”之间并不存在谁领导谁的问题，因为党委领导是集体领导，党委领导校长，并不意味着作为党委“班长”或召集人的书记领导校长，他们作为个人，在政治上是平等的关系。虽然党政领导因为各自分管的工作不同，经常接触的干部也不同，容易产生各自的局限性，对问题的看法有时就有可能不尽相同，甚至于可能出现摩擦和矛盾的现象，但是两者代表的工作目标是一致的，只有分工的不同，而没有根本的利害冲突。因此，在工作中彼此要注意换位思考，相互尊重、相互理解、相互支持，坚持分中有合、合中有分、分合相结合的原则：在领导方向上合，在领导方式上分；在工作目标上合，在工作职能上分；在工作指导思想上合，在工作职责上分；在重大问题上合，在一般工作上分；在工作关系上合，在工作制度上分。党委书记要充分认识党委领导不是书记一人领导，要善于当好领导班子的“班长”，并要诚心实意地尊重校长的职权，支持校长的工作，充分发挥校长的作用，注意及时与校长互通情况、交流思想，努力在重大问题上取得共识。校长要自觉地在党委领导下工作，尊重书记作为学校第一责任人的地位，积极支持“班长”的工作，主动维护党委领导的权威。总之，“书记与校长的关系，要用工作关系来驾驭个人关系；用学校全局利益来约束个人利益；用事业心、责任感来达成理解；用同志的真诚、信任来化解矛盾，淡化以谁为主的观念”①。在这方面，中山大学原党委书记李延保提出的党委书记工作“十二字方针”值得借鉴，即“不抢事、不推事、做实事、抓大事”。不抢事，就是要让行政班子有足够的“负责”空间；不推事，就是要使党委成为行政班子坚强的后盾；做实事，就是党委和行政一起围绕学校发展做实实在在的事情；抓大事，体现在两个方面，一是学校大局的稳定，二是党管干部的原则。②

（四）推进大学校长职业化

当前，推进大学校长职业化，重点是要完善大学校长选拔和退出制度。由于不同国家的大学所处政治、文化和社会环境不同，大学自身传统也不一样，因而不同国家的大学校长遴选制度也存在明显差异。目前，国内外普遍采用的大学校长遴选制度有以下几种。一是选举与任命两段制。校长由大学评议会或理事会选举产生，或由全体教职工投票产生，校长人选产生后由政府任命。法国、德国等欧洲大陆国家及日本的大学往往采取这种形式。二是董事会领导下的学校自主遴选制。由学校董事会负责选拔和任命大学校长，这是美国大学校长遴选的普遍做法。三是学校遴选与行政任命结合制。由学校成立的遴选委员会自行遴选后，确定一定数量的候选人，报上级主管部门，由上级主管部门从候选人中最后确定校长人选。目前，我国台湾地区即采取这一选拔制度。四是政府直接委任制。大学校长由上级行政部门进行考察、选拔与任命。这是我国目前普遍采用的校长选

① 顾海良、罗永宽主编：《高校党的领导体制建设研究》，中国文史出版社 2011 年版，第 211 页。

② 沈道海：《党委领导下的校长负责制：制度演进、内涵界定与实践创新》，《云南行政学院学报》2012 年第 1 期。

拔制度。[1]

我国所采取的由政府直接选拔和任命大学校长的制度，虽然能够保证党和政府对大学的领导权，但也存在诸多弊端。例如，容易造成按照行政标准而非教育标准选拔大学校长的错误倾向，不符合由教育家办学的要求；强化了大学的行政化和官僚化倾向，致使一些大学校长热衷于追逐官位和权力，而不是专注于办学治校；造成一些大学校长更倾向于对上级行政部门负责，而不是对学校和师生负责；大学虽是独立法人实体，但在校长的选拔任用上基本上没有自主权，不利于大学自主办学。哈佛大学前校长德里克·博克指出："中国要想诞生一批世界一流大学，由政府来选择大学校长不是一个好的做法。从世界范围来讲，没有哪所世界一流大学的校长是由政府来决定的。这并不只是哈佛或者说美国的经验，在牛津、剑桥和苏黎世理工这样的大学，校长都不是由政府来定，而是应该由与大学工作关系密切并且熟悉大学情况的人来决定。"[2] 因此，改革大学校长选拔任用制度，已成为落实大学办学自主权、促进大学去行政化的内在要求，成为推进大学校长职业化、理顺大学党委和校长关系的重要举措。2011 年年底，教育部开展了公开选拔直属高校校长试点工作，面向海内外公开选拔东北师范大学和西南财经大学两所部属高校的校长。此后，公开选拔校长试点范围进一步扩大，并且一半以上的教育部直属高校副校长都实行了公开选拔。但目前大学校长选拔任用制度改革还处于初步探索阶段，仍需进一步探究和完善。

---

① 季诚钧：《国内外大学校长选拔制度的比较分析》，《华东师范大学学报（教育科学版）》2007 年第 2 期。

② 熊万曦：《大学校长遴选：美国顶尖大学的经验——哈佛大学前校长德里克·博克专访》，《现代大学教育》2013 年第 5 期。

1. 完善大学校长选拔机制

首先，在选拔标准上，应以教育标准为主，促进教育家办学。大学是一个以教育和学术活动为主要业务的组织，教育性、学术性是其基本特征。作为大学校长，不仅要懂管理、善执行，还要熟悉高等教育规律和学术规律，要有先进的教育理念和办学思想，并能够以自身良好的领导、组织、协调能力，带领师生员工把学校的发展蓝图转变为现实。

其次，在选拔主体上，要坚持学校主导而非政府主导，保障大学办学自主权。大学是独立于政府的自治组织，这就决定了大学校长的遴选主体应是大学而不是政府。例如，美国大学校长遴选通常由学校董事会负责，一般是由董事和教师组成遴选委员会负责校长遴选工作。遴选委员会需广泛征求教师、学生会以及部分校友的意见。根据这些意见得出一份初步的候选人名单，然后由遴选委员会进行二次筛选。在此基础之上，遴选委员会对每一位候选人进行面试并作出审慎的考察，最终确定校长人选。① 我国教育部开展直属高校校长公开选拔时，也采取了成立遴选委员会负责遴选校长的做法，遴选委员会主要由具有丰富办学治校经验、熟悉高校管理的大学党委书记和校长组成。我们认为，在遴选委员会的人员构成上可以更加多样化，吸收多方相关利益群体代表参与，包括政府人员、教职工、学生、校友、校外知名人士及专家学者等。

最后，在选拔程序上，要坚持民主公开原则，确保公平公正。遴选程序、试题命制、评分标准、人选确定等均应由遴选委员会集体研究确定，同时要公开任职条件和遴选办法，公示初选人选、面试人选和拟任人选，充分发扬民主，广泛听取干部师生

① 季诚钧：《国内外大学校长选拔制度的比较分析》，《华东师范大学学报（教育科学版）》2007 年第 2 期。

的意见，确保遴选工作民主化和公开化。

2. 完善大学校长评价和退出机制

由于短暂的遴选过程无法让用人单位全面把握候选人的品德、能力等，因而无法保证所选的人一定合适，所以建立健全校长评价及退出机制尤为重要。目前，我国大学校长评价主要以上级部门考核为主，对大学校长的工作绩效进行专业评价方面还有欠缺。要明确大学校长考核的要素、重点、内容与原则等，明确任期目标和业绩考察指标，构建科学合理的评价体系。在评价方式上，可由第三方或专门机构按评价指标独立进行评价，确保结果的公平、公正、公开，并以评价结果作为续聘、奖惩的依据。如果发现选拔的人选不合适，无论是否到任期都应尽快让其退出校长岗位；而对于胜任岗位、业绩突出的校长，则可适当延长其任期。

（五）加强院系党政领导班子建设

实践证明，中层干部在大学决策的落实中发挥着至关重要的作用。抓好院系党政领导班子建设，才能使院系更好地落实党政联席会议制度，更好地执行学校的决策部署，更好地推进党政权力协调配合。配好配强党政“一把手”，是加强院系党政领导班子建设的关键。党政“一把手”是领导班子的核心，是统率全院系工作的总指挥。院系党政关系是否和谐，与党政“一把手”的素质和能力有着直接的关系。因此，必须选好配强院系党政“一把手”。党政“一把手”必须具有良好的政治觉悟和思想素质，善于把握学校发展大局，善于执行学校决策部署，爱岗敬业，恪尽职守，能够以自身的人格魅力，影响和带动班子其他成员、院系教职工做好院系工作。同时，要具备良好的组织领导能力。党总支书记不仅要熟悉党务和思想政治工作，也要熟悉院系教学、科研、学科建设等工作，提高自身政策理论水平和决策能力。院长（系主任）不仅要懂业务，也必须具有较强的组织观念和良好的管理才能，注重与党组织的协调配合，善于处理院系行政事务。院系党政“一把手”要加强沟通，增进理解，互相信任，互相支持，做到顾大局、讲团结、作表率，促进院系党政领导班子团结和谐。

第三章 行政权力与学术权力

行政权力与学术权力是大学治理体系当中一对重要的权力关系，本章从权力配置的视角切入，研究如何合理划分行政权力和学术权力，实现二者的分化、重组，这对于重新构建现代大学制度视域下的高校内部体制机制具有重要意义。

第一节 行政权力与学术权力的内涵及外延

"行政权力"和"学术权力"是大学权力结构当中的两个核心概念，科学界定行政权力与学术权力的内涵与外延，是深入分析行政与学术二元权力结构，合理划分二者权力边界的基础和前提。

一、行政权力的内涵及其特征

行政权力通常指国家行政机关的权力，即国家行政机关依靠特定的强制性手段，为有效地执行国家意志而依据宪法、法律对全社会进行管理的一种能力。① 因此，一定的社会组织，经过国家行政管理相关部门授权，赋予其管理社会某个群体的权力，而这个组织又依据严格的规章制度，采用科层化体系组织内部人员对自身进行管理，它就具有了行政权力。

① 张国庆主编：《行政管理学概论》，北京大学出版社1990年版，第218页。

大学具有社会组织的一般属性，因此具备这种权力。这是由于：其一，大学具有合法性特点。大学由各级政府举办，通过得到高等教育管理部门的授权，拥有管理大学内部事务的能力。其二，大学具有制度化特点。它拥有一整套严密的组织机构，并且建立有相应的组织运行规范，通过严格的规章制度约束规范管理行为。这种权力表现为通过发布行政指令保证高校各项事务的正常运行，保障高等教育目标的实现。

高校具有严密的行政组织体系，包括三级行政管理体系，第一层为校级，第二层为院系级，第三层为教研室。校级又派生出各个处室来执行校级决策。高校行政权力的主体为行政管理人员，如校长、处长、院长等，而行政权力的客体则是行政事务以及行政活动。但从广义而言，大学的行政权力往往与党委权力耦合，因此从这个意义上讲，大学的行政权力是一个大的范畴，可以看作是党政权力，并且这一特点在实践中表现得比较明显。这样，行政人员的范畴也就拓宽了。据此，大学行政权力可以简单地表述为大学党政管理人员依照严格的规章制度，在一定的组织体系架构中，对党政事务以及党政活动所拥有的控制力。大学行政权力在合理配置高校资源，保证大学各项活动正常运转中发挥着至关重要的作用。

大学行政权力的特征与其他社会机构行政权力的表现具有一定的共性，主要表现为以下四个方面。

1. 强制性

大学由上级政府举办，它的行政权力来自于上级行政部门的授权，在一定程度上代替教育行政部门履行一定的权力，它的实施受到国家法律法规和行政条例的保护，是法定的权力，具有一定的强制性。行政权力通常通过决议、命令等方式，要求被管理者认可、服从和执行，如果被管理者不予服从，就会受到制度的惩戒，因此大学的行政权力从某种意义上讲是一种强制力。

2. 一元性

大学的行政权力系统是一个完整的系统，这个组织系统多采用首长负责制，隶属关系明确，每一层级都是一个首长决策，下一层级执行、反馈的系统。权力的运行是在校长的统一领导下，各部门分工协作，为保证高校教育教学目标的实现而服务。

3. 科层性

科层性是所有行政权力共有的结构特征。大学同样也是以科层化的方式形成自己的结构体系。大学行政权力的运行方式也是自上而下，层层放射而展开的，但与其他组织机构不同的是，大学行政权力的执行者往往与学术权力的主体具有一定的复合性，很多情况下，各级单位负责人也是学术声望很高的学术带头人。

4. 整体性

大学行政权力与学术权力相比具有整体性。这主要是因为学术权力主体往往局限于某一学科某一专业，往往只从本学科本专业的视角出发思考问题，而行政权力则会从学校整体出发，均衡考虑学校整体发展，做到资源合理分配利用，以实现学校中心目标。

二、学术权力的内涵及其特征

20 世纪 90 年代以来，“学术权力”这个名词逐步进入高等教育研究者和管理者的视野，而研究的焦点集中于从重塑学术权力的角度重新审视和梳理大学内部治理结构。对于学术权力的界定，有学者认为学术权力是指专家教授所行使的权力，但这种强调学术权力主体的认识具有一定的片面性和局限性；有学者则强调学术权力的客体，认为学术权力是对学术事务和学术活动的管理。学术权力应是学术人员或学术组织对学术事务和学术活动施加影响和干预、控制的力量。① 学术权力的主体是学术人员或学术组织，学术人员主要指从事教学科研活动的各级教师，包括教授、副教授、讲师、助教等，学术组织即学术委员会、教授委员会以及教学指导委员会、学科建设委员会等一系列专门委员会。学术权力的客体即学术事务，大的方面包括学科及院系专业的设置及调整、学科建设规划、课程设置等，小的方面包括科研课题立项、教学研究课题立项等事务。

大学学术权力的特征与学术人员的特性具有一定的共通性，它的权力植根于学科和专业，具有松散性、自主性、民主性等特点。

1. 学术权力与学科和专业紧密相关

学术权力存在的合理性就在于它在学科和专业中的能力。因其权力实施主体在学科中所具有的控制力，学术权力的基础往往是学术影响力，它来源于学术人员所拥有的知识而带来的内聚力。他们所拥有的专业知识使得其在学术事务的处理中具有一定的权威性，因此，一旦离开其所从事的专业，其学术影响力就会随之削弱甚至消失，也就失去了其判断与决策的合理性和可行性。

2. 松散性

不同于行政权力制度的严明特征，学术权力往往表现为一种软性力量，它通常以一种潜在的、隐性的方式发挥作用。相较于行政权力表现出的层级分明的科层化特征，学术权力的大小通常是由学术人员的学术影响力所决定的。学术组织结构比较松散，学术人员日常从事教学和科研工作，只有在需要处理重要学术事务的时候，才会集结形成特定的组织，依照相应的制度，决策相关学术问题。

---

① 李立国：《学术权力的特征与运行机制》，《学术界》2004 年第 1 期。

3. 自主性

学术权力的自主性和学术自由、学术自治是休戚相关的，大学之所以称之为大学，首先要倡导的就是学术自由。学术自由是大学生存之本，教授治学、学术人员自主管理学术事务是大学的基本特征，学术权力只有具有了自主性，学者们才能不受任何事务干扰地独立思考、自由研究。

4. 民主性

学术的性质决定了学术权力具有民主性，教师之间不能将个人的学术观点强加于他人，即便是学术权威，他人对其观点的接受也具有强烈的主观性特点。专家、教授与讲师、助教在讨论学术问题、论证学术观点时，他们的地位是平等的。因此，民主性是学术权力的基本特征之一。

学术权力的这种松散性、自主性和民主性的特征，就决定了学术权力缺乏较强的控制力，因此，在权力运行中也缺乏刚性的约束力，这在一定程度上影响了学术权力作用的发挥。

三、行政权力与学术权力的比较

大学内部有不同的权力关系，即院系各层次纵向维度和横向维度的权力关系交织在一起，构成高等学校内部的权力网络。作为高校内部管理中最重要的一对权力关系，行政权力和学术权力是一对内在的矛盾，任何一方相对于另一方都有其特殊意义。二者既有差异性，又有共同性。

其差异性主要表现在以下四个方面。

1. 权力的来源不同

行政权力主要来自于社会组织的权力赋予，通常以任命的形式授予不同人不同的职位，以使他们具有行使某种职能的权力，是一种制度化的法定的权力；而学术权力则来源于学术人员对知识拥有的程度，来自于其专业能力、学识修养。有学者言简意赅地将其归纳为：行政权力表现为权大力大，学术权力则表现为力大权大。

2. 权力的实施方式不同

行政权力在组织结构上表现为层级分明，隶属关系明确，一级对一级负责，因此在实施过程中，多通过决议、命令等方式，使下级服从上级的安排；而学术的性质就决定了学术权力的运行方式多为民主协商，虽然学术地位高的学者往往具有更高的影响力和发言权，但学术本身自由、平等的特征使得学术权力必须以民主的方式达成学术共识。

3. 权力的运行目标不同

行政权力从学校整体利益出发，着眼于学校的长远发展，往往会抑制某些学科的发展；而学术权力则着眼于学科、专业的建设和学术标准的执行，因此常常同行政权力发生冲突。

4. 权力的监督途径不同

行政权力强调下级对上级的认同和服从，它的实现有赖于规章制度的制定与完善；而学术的发展本身就是对既有规制的质疑与挑战，因而学术权力往往是在比较宽松和自由的氛围中运行。因此，对两种权力的监督方式明显不同，行政权力主要依赖于制度的监督，而学术权力则主要来自于学术自律。

在对行政权力和学术权力进行比较的过程中发现，二者不仅具有明显的差异，也存在广泛的联系。具体表现在以下三个方面。

1. 终极目标是一致的

二者虽然在短期目标上表现为明显的差异，甚至发生一定的矛盾与冲突，但终极目标却是统一的，二者都是为高校这个组织能够良性运转而服务的。

2. 权力主体是交叉的

在大学当中，行政权力和学术权力的实施主体不能严格区分，不是非此即彼的关系，而是相互交叉的，行政权力的实施者校长、副校长、处长等有很多又是某些学科的学术带头人、专家、教授，在学术事务的决策中也拥有发言权。

3. 权力都具有层次性

行政权力的层次性不言而喻，这里不再赘言。学术权力虽具有民主性和平等性，但一般来看，也具有层次性，教授、副教授、讲师、助教所拥有的权力是逐层递减的。

四、行政权力与学术权力共存的合理性

高校的行政权力与学术权力是高校表现最为突出的一对权力关系，二者的良性互动对高校的健康协调发展具有重要的意义。近些年来，行政权力屡遭诟病，学界多认为行政权力时常出现错位、越权的现象，挤占了学术权力的生存空间，阻碍了学术权力的有效发挥，有的甚至对行政权力持全盘否定的态度。但学术权力本身也存在着局限性，这种局限性就使得行政权力与学术权力在高校当中并存成为必然，具有合理性。

在学术组织中，学术权力是由于某些个体、某些群体具有知识的专度和深度达到一定程度，而被自然而然地赋予处理学术事务的权力。它不同于行政权力的任命、委托或授权，具有它存在的独特的合理性基础，知识在权力当中处于核心地位。当前，知识的不断分化形成了诸多学科门类，知识的专业化程度越来越深，不同学科之间具有不同的特性，使得不同知识范畴的专家对其他学科几乎不具备发言权。另外，同一学科的专家在学术造诣上程度的不同，也使得他们在学术问题上的把握程度不同，因而决策的权力也存在差异。因此，学术权力存在的合理性毋庸置疑，即知识在学术决策中的作用保证了拥有知识的学术人员在学术事务处理中的作用。

随着大学不断地社会化、复杂化，它与外部世界的关系越来

越密切，非学术性事务也逐渐分离出来，行政事务相应变得异常复杂，需要专门人员和机构对其进行管理和规范，这样就形成了大学的行政管理机构，行政权力也就应运而生。虽然教师始终是大学学术活动的主要承担者，但在应对大学其他职能时却呈现出非专业特征。因此，大学行政权力存在的合理性主要是由学术权力的局限性所决定的。学术权力的局限性主要表现为以下两方面。

1. 学术权力过于关注学科的具体利益

从微观层面看，学术组织由各个学科的专家、教授组成，学术组织内部的人员往往更关注本学科的发展。在实际运行当中发现，优势学科始终强调学校要不断加大投入，以保证优势学科的不断发展，打造品牌学科，而弱势学科也不断强调要重点对弱势学科进行扶持，避免学科发展的严重不平衡。在学术组织当中，各学科的代表往往在经费投入、课题立项、职称评审等方面意见不一，皆是由于学术权力实施者所占的视角专而不广。这就需要行政权力的介入和统筹，行政权力往往在资源的全盘统筹、配置和使用方面发挥着不可替代的作用。

2. 对科学研究的社会责任关注度不够

知识经济的快速发展使得高校内部的学科结构日趋复杂，高校在社会发展中的作用也越来越明显，与社会的联系也愈加紧密。而学术人员通常都立足于本学科，对自己的专业不断进行探究，拓展其研究的深度和广度，但对学术事务以外的事务就无暇顾及，对学术成果的运用和转化关注度不够。而实际上学术研究最重要的功能就是为生产、生活服务，为社会发展服务。行政权力在这方面就发挥了巨大的作用，行政权力着眼于高校的内外部关系，在与社会沟通协调、搭建平台方面作用巨大。

高校存在行政权力和学术权力这一对权力，并且二者互为关系，本身就说明了二者的存在既有合理性又有局限性，一方的合理性恰是另一方的局限性，反之亦然。行政权力的存在保证了高校这个组织机构协调有序地运转，而学术权力的存在则保证了大学人才培养、科学研究基本功能的实现，因为强调一方而偏废甚至否定另一方都是不科学的。

第二节　我国大学行政权力的规范化行使

大学行政权力是学校管理体系的重要组成部分，大学行政权力的有效和规范行使，是大学治理能力的重要体现。在透析行政权力运行现状的基础上，将科层制行政体系优势最大化，是高校行政体系构建的重要目标。

一、大学行政权力泛化的弊端及成因

（一）大学行政权力强势的表现形式

新中国成立后的几十年，大学发展方向基本由政府主导，虽然近些年大学自主权得到逐步下放，但总体上看，理念革新带来的制度完善和重构还需进一步深化。由于大学长期处于政治化的大环境中及行政化的小环境中，官本位思想固化，等级制观念较强。大学中仍存在行政机构取代学术机构、行政规律替代学术规律的现象。具体表现在以下几方面。

一是行政人员掌握着学校重大事务的决策权。在我国大学当中，学校重大事项的决策权基本掌握在行政管理人员手中，其中不仅包括学校发展规划、财政分配等行政事务，还包括学科、专业发展规划、教师评聘、科研项目审定等学术事务。虽然各高校均设有学术委员会、教师职称评审委员会等学术权力机构，但都存在发挥作用不明显的弊端。学术组织机构多被定义为咨询、审

议机构，缺少决策的职能，因此他们所提出的建议是否被采纳、被采纳多少仍缺乏制度、机制的保障。

二是学术管理的泛行政化。学术管理应以自由、民主为原则和导向，采用自下而上的对话反馈机制，但行政权力泛化的现状导致了学术管理泛行政化，行政管理渗透到学术管理当中，行政管理者将自己的意志和追求强加于学术事务当中，自上而下进行管理，导致教师话语权的缺失。学术评价是学术管理中重要的组成部分，学术评价本应由本专业、本学科的学术人员来完成，但现实是，学术评审过程通常都是由行政人员所操控，评价标准也由行政人员制定，行政权力在与学术权力的对抗中占据了主导地位。

三是学术人员的行政化。在国外，高校的行政职位是校方委任，教授不得不做的一些职位。而在我国大学，更多的教授倾向于拥有一定的行政职位，而在行政干部选拔当中，也倾向于将学术水平作为选人用人的重要标准，因此，“学而优则仕”的观念在大学教师当中普遍存在。这种倾向使得一些教师认为具有一定的行政职务，就可以在学校资源调配当中处于优势地位。这在一定程度上导致了学术浮躁、学术功利化等不良倾向的滋生，最终伤害到学术研究本身。

四是等级意识过强。科层制的一个重要特征就是等级制。我国大学行政管理普遍采用科层制的结构方式，行政机构的等级制特征明显。校内各个层级的职务都对应国家各级领导的各个级别，下级服从上级，上级领导下级。这种情况也影响到学术组织，学术职称级别高的学术人员掌握资源比较多，决定着下层学术人员的发展机会，容易导致“学术寡头”、“学阀”的出现。

（二）我国大学行政权力泛化的成因

大学行政权力的泛化是行政权力在高等教育领域的扩张，其中既有历史的原因又有现实的原因。这里主要从制度的层面加以探讨。

第一，大学行政权力的强势来源于中国单位制度的影响。新中国成立以后，各个群体被交由各个社会组织进行管理，即单位。单位具有终身制的意义，离开了单位，个体就失去了生存的依靠。虽然目前我国市场经济的发展已经使“单位”的观念逐步弱化，但在大学依然存在这样的观念。大学教师对学校的依赖意识比较强烈，即使学校的各项规定有碍于学科的发展，也是教师们可以“容忍”的，因为他们赖以生存的基础是单位，而不是学科。这样就导致了他们要受制于单位，而单位的控制力即行政权力。“国家管制大学，国家给你拨钱，给你分项目，这些都要靠行政人员去争抢，教授有谁愿去争的？所以自然就造成了有些行政人员的权力大。”① 这样，国家的资源主要掌握在行政人员手中，由行政人员分配，这就进一步增加了行政权力的筹码。

第二，我国大学制度的设计导致学校资源主要掌握在行政人员手上。我国通行的惯例是，大学的各项资源，包括国家财政拨款、社会资源、学费以及其他资源均掌握在行政管理层。谁掌握资源，谁就在决策中居于优势地位，具有主动权。资源如何分配、如何使用均由行政管理层决定，这就使得行政权力在与学术权力博弈的过程中处于强势地位。在大学，职工在职称、薪酬、项目等稀缺资源方面总是处于竞争的状态，一方得到就意味着另一方失去，因此就要采用行政手段进行调节，实现资源的优化配置，但这往往就会改变固有的利益结构，对某些群体造成伤害，进一步加大了学术人员对行政权力的偏见。

第三，行政权力与制度建设是相辅相成的，行政权力的行使有赖于各项制度的建设和保障，行政权力的运行有各项制度予以

---

① 张维迎著：《大学的逻辑》，北京大学出版社2004年版，第105页。

规范。而学术权力的运行是非制度化的，学术组织的存在总是显得可有可无，其机构组成、运作程序都是一些笼统的、含糊的规定，缺乏现行的、规范的界定。学术权力的非制度化也导致其自身始终处于弱势的地位。

第四，从宏观层面来讲，大学行政权力都是政府所赋予的，因而政府的政治权力始终渗透于高校的行政权力之中，政府的每一项决定都涤荡着高校的运作和发展。从微观层面来讲，大学的政治权力和行政权力具有天然的联系，很容易发生结合，许多行政管理人员既代表着政治权力又代表着行政权力，在某些时候，很难将二者截然分开。因此，政治权力与行政权力的结合渗透也使得行政权力大大增强，更导致了行政权力的强势。

二、大学行政管理体系的科学化运行

近些年来，在关于学术权力和行政权力的争论当中，始终存在着一种极端的观点，认为当前中国大学的种种问题都是由行政权力泛化所导致，存在一种以学术权力代替行政权力的论调，对“去行政化”有片面的理解。在打压行政权力高扬学术权力的同时，也就逐渐形成了一种“学术权力万能论”。事实上，目前大学行政权力运行中的问题不是因为存在行政管理体制，而是因为没有建立高效的科层制管理体系，存在权责不清、机构臃肿等现象，因此，不能简单地以民主的名义弱化行政权力，而要建立现代化的、高效率的行政管理体制。

（一）推进高校管理队伍职员制度改革，建立高效管理干部队伍

要有效行使行政权力，首先要建立高效的管理干部队伍，职员化制度改革则是高校管理队伍建设的重要路径之一。《中华人民共和国教育法》第 35 条规定：“学校及其他教育机构中的管理人员，实行教育职员制度。”《中华人民共和国高等教育法》第 49 条规定：“高等学校的管理人员，实行教育职员制度。”《关于

深化高等学校人事制度改革的实施意见》再次明确："高等学校管理人员实行教育职员制度，教育职员实行聘任制。"2000 年，教育部在武汉大学等五所高校开展了教育职员试点工作。2007 年，国家出台《关于高等学校岗位设置管理的指导意见》，明确提出："要积极探索符合高等学校特点的高校职员制度。"按照指导意见要求，高等学校管理队伍陆续实行职员制度。

高校职员制度是国家专门为高等学校管理人员设计的人事管理制度。它明确了职员等级、任职条件、各级岗位设置情况等，将高校职员服务者、支持者的角色明确化、制度化。教育职员制度，使得高校管理人员有了属于自己的职务等级序列和发展通道，让从事管理工作的人员有了工作的归属感和认同感，有利于稳定管理队伍。同时，职员制理顺了高校管理人员、专业技术人员和工勤人员三支队伍的关系，体现了对高校管理工作和管理人员的专业化、职业化要求。

施行职员制度改革，建立专业化的管理队伍，要从以下几方面入手。

第一，科学设置工作岗位。要对工作岗位承担的工作进行细致的分析。工作分析结果可以提供两大基础信息：根据高校培养目标和办学理念而确定的部门与部门内各岗位的工作职责，胜任特定岗位所需要具备的任职资格。在此基础上，清晰地确定承载各类（尤其是关键）职责所需的岗位类别和岗位数量。在改革中，要本着尊重历史、立足现在、着眼未来的原则，科学设岗。在设岗时，应基于高校办学理念、培养目标、校园文化建设，确定学校及各部门的核心功能及关键绩效领域，严格将部门核心功能落实到关键岗位和各辅助岗位上，进一步明确岗位职责、任职资格和关键绩效指标，以此为依据制定岗位管理、人员配置及绩效管理制度。

第二，建立分类管理的体系。管理队伍主要包括两部分。处

（副处）级及以上的任职人员通过干部聘用制选拔上岗，其任期和绩效管理也按照中组部对处（副处）级干部的管理办法进行。处（副处）级以下的岗位，则按照日常行政岗位人员空缺的情况随时填补，也可根据工作需要随时进行岗位调整；其绩效管理，按照一般行政人员的绩效指标及管理办法进行，考核结果只对所在部门及学校负责。可见，目前被列入“管理系列”的岗位，实际上包含了区分度明显的两类岗位与人员，一类是处（副处）级及以上的管理岗位，另一类是处（副处）级以下的行政事务类岗位。参照高校教师所属的“专业技术系列”，暂且将行政事务类岗位命名为“专业行政系列”，该系列包含主管、科员、文员及教务秘书等岗位。当前高校，处级（副处级）及以上的岗位才最接近于“管理”，尽管不排除他们的日常行政事务活动，但他们的首要职责是统领下属共同服务于绩效目标，而处级（副处级）以下的岗位应属于另一个不同系列，其职责主要指向完成各项日常行政事务。这两类岗位的任职资格也显著不同，前者要求其任职者有更强的统领、协调和沟通能力，后者倾向于要求执行力、理解力和服从意识。显然，这两类岗位的考核重点、考核指标明显不同。因此，有必要参考职员制思路，实行职员分类管理，将职员岗位划分为领导管理岗位和事务类管理岗位，明确不同类别的岗位职责。

第三，拓宽管理人员的发展通道。应开辟独立的专业行政职业发展通道，促进行政人员职业成长。建议参考职员制思路，将处（副处）级及以上岗位设立为管理系列，将现有其余岗位纳入专业行政系列。建立各系列内部不同职级岗位的任职资格及晋级条件，明确跨岗位系列发展的条件，实现行政人员即使不承担领导职务，凭借其专业素质和工作实绩也可以逐级晋升的职业发展通道。其中，只要管理干部具备好的工作态度和较强的执行力，能够按照工作要求，完成岗位职责，凭借一定的年资，就可以得到逐级晋升，工资就可以得到保障，甚至一些资深的普通管理干部，薪酬可以超过年轻的处级干部。这就从根本上打破了“官本位”思想，淡化了干部的行政身份，拓宽了职业发展路径，从而形成鼓励管理干部走专业化、职业化之路的良好氛围。同时，还要做好各岗位系列的横向平衡与协调工作，解决内部公平问题。

第四，开展绩效管理。坚持科学设岗、竞争上岗、以岗定人、以岗定薪、岗变薪变的原则，在同一部门，也要按照工作性质和强度的大小，设置关键岗，并且设置合理的薪酬结构，形成一定的激励效应。重年资，更要重绩效。要明确各岗位绩效指标，重视绩效的实现过程与指标的行为导向作用，加大对岗位聘用人员的考核力度，完善绩效评价制度，落实薪酬与绩效挂钩，人才任用与综合业绩挂钩，从多种渠道激发各层级教职员工的工作热情和责任意识，提高敬业度和专业化服务水平。

第五，建立校内管理人员合理流动的机制。要以绩效考核为手段，建立起人员岗位调整和流动的有效机制，破除目前教师向管理队伍单向流动的既有体制，形成双向动态流动的新体系。同时，要建立科学选拔使用新机制，部门内部要实现关键岗和普通岗的有效轮换和合理调整，部门之间也要形成人才互换培养新机制，形成管理干部队伍能上能下、能进能出的动态调整态势。

（二）推进依法治校，对行政权力予以制度规范

实施依法治校，首先要建立完善的制度。制度是开展一切管理活动的依据，高校工作从教学到科研、从人事到财务、从行政到后勤等各个方面无不需要一套完整的制度作为基础，用以规范日常工作。因此，大学的当务之急就是要依法建立健全各项校规、制度，在制度制定时要广泛征求民意，使制度规范师生行为又为师生服务，要使行政权力完全在各项制度的框架中运行。在具体实践当中，总会出现一些问题是现行的制度无法解释和依照的，要发挥民主协商的办法予以解决，在发现问题之后，要及时

地完善和修订现有的制度。制度不仅仅是对下级管理人员的约束，是下层管理人员的行为准则，在领导层面更要完善制度建设，如加强领导层面议事制度的建设，且制度建设不能只停留在理论和框架的规定，要做程序性规范，要使制度具有强操作性，成为实践活动的指导。

在依法治校当中，不可忽视的是大学章程的建立。章程是一个学校的大法，是大学实行“善治”的需要。章程作为大学的基本法，决定了大学的基本关系和基本资源配置，对大学各部分的基本职能都予以明确。目前，各高校都纷纷致力于章程的制定，章程的制定不仅仅要解决大学发展目标、大学功能的问题，还要明确学校的组织结构、组织结构的基本定位、教职员工的权利义务，包括经费、资产、后勤等问题，就是要解决资源归谁所有、由谁支配等诸多相关问题。建立全校师生共同认可的章程，可以使行政权力在基本框架之中受到约束和规范。

当前，国家正在推动大学章程的建立和完善。2011 年 11 月，《高等学校章程制定暂行办法》颁布，并于 2012 年 1 月 1 日起施行。随后，教育部办公厅颁发通知要求高等学校全面启动章程建设工作，并明确了“章程建设在完善现代大学制度，推动高等学校依法治校、科学发展中的基础性地位和重要作用”。《高等学校章程制定暂行办法》对大学章程制定的依据、原则、内容、条目等进行了比较详细的规定，可以成为大学章程制定当中具有纲领性和指导性意义的文件。依据《高等学校章程制定暂行办法》，各高校启动了大学章程的制定工作。2013 年年底，中国人民大学、东华大学、东南大学、武汉理工大学、上海外国语大学的章程通过教育部核准，成为教育部首批核准的大学章程。至 2015 年 10 月教育部已完成 62 所大学章程的核准工作。这是国家在推进大学立法方面的重要举措。

当然，大学章程的建立必须符合合法性原则，要依照《中华人民共和国教育法》、《中华人民共和国高等教育法》、《中华人民共和国教师法》等上位法，要在遵循上位法的前提下，突出学校自己的办学特色。根据已经核准的章程，以及正在制定当中的一些情况，可以看出，此次章程制定，各高校都将权力划分作为一个重要的切入点，重点在于梳理各学校的治理结构。如《武汉理工大学章程》中的一个重点章节就是“治理结构”，其中分为“学校领导体制”、“学校决策机制”、“学术管理”、“民主管理”等六个章节，比较明确地划分了党委、校长、学术委员会和教职工代表大会的职责。其中对党委和校长的权力进行了细致的规定，对党委会、党委常委会以及校长的职权范围进行了逐条的规定。可以说，章程的制定可以作为有效保障权力规范行使的手段和方式。

（三）构建大学行政权力制约监督机制

大学行政权力制约监督机制包括校务公开相关制度、民主管理制度（包括教代会、学代会等）、社会监督等。

要进一步完善校务公开制度。所谓校务公开制度，就是高校通过以教师为代表的教职工代表大会等组织形式，公开关乎学校发展改革、教职工利益的各项重大事项，接受教职工的管理和监督，以此为基础建立起来的具有约束性的制度。校务公开是大学民主管理的一种有效途径，随着高校的不断发展，日常工作也愈加繁复，因此校务公开也具有了更重要的意义。校务公开不仅有利于保障师生的知情权，而且增强了师生的主人翁意识，学校的各项事务只有在广大师生的参与、监督下，才能实现真正意义上的民主化、透明化、合理化。实行校务公开制度，可以使权力透明化，使权力置于阳光之下，置于群众的监督之中，防止行政权力的越权和滥用；同时，校务公开不但是一个信息输出的过程，也是一个信息反馈的过程，是广大职工集思广益的过程，通过公开，可以凝聚全体教职工的集体智慧，避免个人主义倾向，使决策更加科学化、民主化。在新时期，校务公开要逐步扩大公开的范围，学校各方面的事项都要做到公开，尤其是比较敏感的问题，如招生录取、财政分配、人事变动等。学校应建立一系列制度保障校务公开规范化，要规范校务公开的内容、形式、实施机构等，同时还要完善监督机制，保障校务公开实施的有效性。

另外，要在校务公开的基础上设立、落实民主接待日制度，广泛征求师生的意见；要实行校务透明化制度，随时向师生员工公布学校发展改革中的重大决策、学校的财务情况等事项，自觉接受师生监督；继续坚持校长信箱制度，通过网络，如校园 BBS 专门设置相应的板块，由专人解答师生提出的问题。同时，进一步深化教代会、学代会制度，广泛地吸收各层次的教师、学生进入教代会、学代会。要健全奖学金制度和学籍管理制度，学生的奖惩要做到清楚、公开、合理，符合程序，保障师生的知情权和申辩权。

加强对大学行政权力的制约，就要充分发挥社会监督的作用，而社会监督则主要通过舆论监督来实现。在信息时代，舆论发挥着越来越重要的作用，具有巨大的能量，对行政权力具有巨大的威慑作用。许多行政权力的问题都是通过第三方媒体报道出来校方才出来应对解决，也说明了大学信息沟通渠道不畅。大学要加大信息沟通渠道，自觉接受社会的监督，同时，学校师生也要作为社会舆论监督的一个重要部分，自觉主动实施监督，保证行政权力的规范有效运行。

第三节　我国大学学术权力的制度化建设

在我国大学二元权力结构中，学术权力相较于行政权力，一直处于弱势的一方，其中很重要的原因在于缺乏完整的制度保障体系，因此加强学术权力的制度化建设是有效行使学术权力的重要路径。

一、我国大学学术权力制度化建设的动因

当前在教育界，许多学者认为我国大学的内部管理结构中存在着行政权力代替学术权力的现象，认为行政权力在学校管理中处于主导地位，而学术权力处于从属地位；更有学者提出要“建立一种新型的以学术权力为主导的权力机制”①。要求合理划分行政权力和学术权力范围，加快学术权力制度化建设，切实提升学术权力的效力，已成为学界的共同诉求。

（一）我国大学学术权力运行的现状

要透析我国大学学术权力运行中存在的问题，必须了解我国大学学术人员参与学术管理的状况。针对这一问题，张德祥②教授和毕宪顺③教授均做过相关调研。总结相关专家的一些研究成果，可以看出我国高校学术人员在参与学校管理方面主要具有以下几个特征。

从参与类型来看，学术人员主要参与学术事务的咨询审议活动。整体而言，高校学术人员参与学术权力的决策类活动较少。在学科设置与调整、重点学科建设、专业设置与调整、专业课程建设、教学大纲审定以及师资队伍建设等学校重大决策类学术事务中，学术人员的参与率不高。而在教学研究课题立项及成果评定、科研课题立项及成果评定等具体的学术活动中，学术人员参

① 夏再兴：《什么是学术权力？读〈学术权力——七国高等教育管理体制比较〉》，《咸宁师专学报》2001年第1期。

② 张德祥著：《高等学校的学术权力与行政权力》，南京师范大学出版社2002年版，第31页。

③ 毕宪顺著：《权力整合与体制创新——中国高等学校内部管理体制改革研究》，教育科学出版社2006年版，第74页。

与率也比较低。

从参与形式看，学术人员参与学术事务管理多采用座谈会等松散的组织方式。在我国高校中，学术人员多以座谈会的形式参与重要学术事项的决策活动，但由于座谈会本身具有临时性、松散性、不稳定性等特征，因此参与质量难以得到保障。此外，座谈会本属决策前的一类咨询活动，因此学术人员以此种方式参与学术事务管理实质上还未进入到最后的决策阶段。目前，虽多数学校都成立了学术委员会等学术组织，但权力归属不明晰，运行机制不健全，人员流动性比较大，因此，在学校重大学术事务的决策中实际效用不明显。

从参与人员来看，具有高级技术职务的学术人员参与学术决策类活动的比例高。我国高校学术人员参与学术事务管理的比例随技术职称的高低而表现出显著性的差异。技术职称越高，参与率越高，反之亦然。因此教授的参与率最高，这也与大学管理的要求和发展是相一致的，符合大学管理的客观要求，体现了教授的学术权威性。而教授参与学术决策的形式也比较多样，除参加各类座谈会，参与各类学术组织外，还有部分教授以行政人员的身份参与到学校管理当中。

无论从参与类型还是参与形式来看，我国大学学术人员参与学术事务管理的现实不容乐观，在决策层面的参与力度不够。而事实上，学术人员十分关心学校的发展，希望以固定的形式参与到学校的学术事务决策当中，同时也肯定了常设性学术组织的作用，希望可以加强常设性学术组织的建设，这就为学术权力制度化建设提供了可能。

（二）制度建设在学术权力运行中的意义

1998 年颁布的《高等教育法》第四十二条对学术委员会职责予以了明确的界定，学术委员会拥有学术方面的最高审议权，承担着“审议学科和专业设置以及教学、科学研究计划方案，评定教学、科研成果等有关学术事项”的职责。① 而在2010年下发的《国家中长期教育改革和发展规划纲要（2010—2020年）》中也重申要“充分发挥学术委员会在学科建设、学术评价、学术发展中的重要作用。探索教授治学的有效途径，充分发挥教授在教学、学术研究和学校管理中的作用”。这些相关文件的出台说明，伴随着高等教育的发展，学术自治的理念已经逐渐以法律文献的形式予以明确，转化为具有约束性质的规制，这在一定程度上使学术权力得以强化，但学术权力在实际运行当中还存在诸多困难，学术权力在制度建设层面还停留在一般性、原则性、理念性的规定上。这样的现实无疑制约着学术权力的作用的发挥。

伴随着我国高等教育的发展进程，大学内部管理制度也得到不断完善，针对学校管理的各个方面，大学拟定了各项规章制度用以规范和指导行政权力的实施，而学术权力的制度化建设则明显滞后，非制度化的学术权力使其不能够获得独立的权威地位，因而无法与行政权力相抗衡。要使学术权力获得其应有的地位，发挥出学者们预期的作用，就要使它的运行体现出一种高度模式化、规范化和具有稳定性的状态，这就必须依赖于制度化的建设。学术权力制度化建设的实现和实践对“去行政化”的改革具有重要意义，学术权力制度的植入也将会成为我国大学发展的强大内驱力，现代大学制度建设也有赖于这一制度的实施。

二、我国大学学术权力制度化建设的基础

在探讨学术权力时，往往侧重于对国外二元权力的相关研

① 劳凯声主编：《高等教育法规概论》，北京师范大学出版社2000年版，第267页。

究，但在借鉴发达国家高等学校成功经验的同时，要充分结合中国高等学校的具体实际。我国高等教育的发展历史和现实都要求学术权力制度化建设要在一定的前提下进行和调适，一是要在中国特色现代大学制度的视域下展开；二是要在坚持党委领导、校长负责的同时，解决行政权力与学术权力的制衡问题。我国高等学校实施党委领导下的校长负责制是《高等教育法》中明确规定的，因此关于学术权力的探讨也必须在这个范畴内进行。

（一）明确学术权力实施的主体

要在大学多元权力结构的相互制衡中，保障学术权力的发挥，首先需要解决的问题是学术权力的主体归属问题，即谁拥有学术权力。从“学术权力”的字面解读，学术权力应归属于在高校中从事学术活动的人，但从事学术活动的人群庞大，权力需集中在少数人手中用以决策某种行为，因而就要对高校学术人员这个特定人群进行遴选，而遴选的基础很大程度上决定于是否具有学术权威。何谓学术权威？在某些学科、某些专业领域，总会有一些学者相对来说学术水平高深，学术影响力巨大，在自己的研究领域具有较高的学术声望和众多的追随者，具有强大的号召力，这些人就被称为学术权威。学术权威是大学学术组织当中的带头人，能够通过自己的研究成果和感召力带动整个学科的发展，同时，他们还是保障学术组织稳定运行的重要因素，只有拥有了学术权威，学术组织才会自然而然地形成一定的向心力和内聚力。

一般来讲，学术头衔越高的人，其学术造诣和学术水平就越高，在学术权力的行使中也越容易发挥作用。因此，无论在国内还是国外，所有的学术组织都是以教授为主体，教授要占到很大的比例。在这种情势下，对教授的遴选和监督就显得至关重要。要注重对其决策行为的规范，建立良好的监督机制，这样才能在提升教授治学效用的同时，使学术事务的管理更加科学、规范、合理。

近年来，多个知名大学的校长以退出学术委员会的行动彰显大学学术权力的回归，受到教育界的认可。笔者认为，这一做法有待商榷，应根据学校自身实际和发展阶段，具体对待。目前我国多数大学的校长以及副校长，同时也是相关研究领域的知名专家，具备加入学术委员会的质素，且由校长或副校长担任学术委员会的主席，有利于学术权力与行政权力的协调，有利于贯彻学术委员会的决议，也有利于学术委员会的咨询意见被采纳并付诸实施。这在地方普通高校当中更具有建设性的意义。这些院校发展程度相对较弱，学科实力层次不一，学术委员会的建设程度也相对较差，高校对学术组织放权，学术组织的学术治理能力也需要提升，以担当起学术管理的职能，因此，有一些具有管理经验的专家参与，可以保障学术组织职能的有效发挥。而在发展程度较高、综合实力较强的重点院校，各学科实力相对较强，学术组织建设比较完备，且具有较好的学术管理能力，大学就应更多地放权，实施学术自治。

（二）合理界定学术权力执行机构的权力范围

在我国，以教授为主体组成的学术委员会是我国大学学术权力的主要执行机构，另外一些学术组织还包括教学委员会、科研委员会、教师专业技术职务评审委员会、教材委员会、图书情报委员会等。但总体来讲，学术委员会是我国高校学术权力运行中常见的组织形式，且具有一定的权威性，可以说我国高校的学术权力执行机构采用的是以学术委员会为主要形式的一主多元的组织模式。

《高等教育法》将学术委员会定性为“咨询机构”和“审议机构”。但随着我国高等教育内部体制改革的不断推进，学术委员会等学术组织应包含以下几项功能：咨询、审议、决策。因此，可以把学术权力执行机构的所辖事项分为两类：一类是咨询、审议事项，包括学校发展规划、学科以及院系专业的设置与调整、学科建设规划、专业建设规划、科学研究规划、教学计划和课程设置等。这类事项要由学术委员会审议，经校长办公会研究决策后方能生效执行。另一类是审议、决策事项，包括科研课题立项、教学研究课题立项、教材基金项目审定、科研成果奖评审、教学成果奖评审等。这类事项经学术委员会审议后即形成决议并执行。

开展学术权力制度化建设必须首先明确学术权力执行机构，而要使学术权力执行机构的权威性得到保障，首先要明确学术组织的人员和职权范围，这是探讨学术权力制度化建设的先决条件。

三、我国大学学术权力制度化建设的路径

在大学学术权力制度化建设进程中，要高度重视规制性规则的建构和规章制度的制定和完善，要在法律法规和学校制度的层次上阐明学术权力的组织形式、权力范围和运行方式等核心问题。

当前，从制度上规范学术委员会的运行，保障学术权力的有效实现，实现高校权力的合理配置，是国家教育改革中的一项重点工作。经过了反复酝酿和征求意见，2014 年 3 月教育部颁布了《高等学校学术委员会规程》（以下简称《规程》）。这是国家层面的、具有一定法律效力的文件，对高校学术委员会的建设具有基础性和指导性的作用。《规程》首次明确界定了高校学术委员会的性质，将学术委员会认定为“校内最高学术机构”，它具备的职能是“统筹行使学术事务的决策、审议、评定和咨询等职权”，而高等学校的建设发展方向则是“健全以学术委员会为核心的管理体系与组织架构”。这是首次明确赋予高校学术委员会以决策的权力，相比较《高等教育法》中的界定，是一个质的飞

越。虽然相对于《高等教育法》来说，《规程》的效力还不是那么有力，但随着学术委员会的不断实践，《高等教育法》的修改完善也只是时间的问题。

具体到学校内部的规章制度，首先要在学校章程中明确学术权力的地位及组织方式，在此基础上颁布学术委员会章程等学术组织章程，规定其组织成员的选拔、任用和退出机制，职权范围和运行程序等事项，并且建立行使学术权力的保障机制。这样，可以促使学术权力得以初步确立，并在运行过程中不断予以调适，使学术资源逐步趋于合理，学术权力也愈加巩固。

（一）建立学术组织人员的选拔和退出机制

要使学术权力得到有效保障和运行，就必须建立相应的学术组织机构。其中，建立一套科学、民主的学术组织人员选拔、任用规程至关重要。应建立开放的参与机制，如学术委员会成员的产生不应由行政权力派生而来，而应经由一定的民主程序，使不同的学者代表可以表达各自不同的意愿。委员应具有一定的代表性，可通过多种渠道产生，既包括校长提名的学校知名学者和学术带头人，也包括各学院、学科推举的教授，最广泛的成员则应由全体学术人员选举产生，但基本都要具备一定的任职条件。首先，委员必须取得突出的教学、科研成果，在各自研究领域具备一定的影响力，学术权威是学术权力行使的基础。其次，要有参与学术议事的热情和能力，能够坚持原则、客观公正，这是学术权力有效行使的保障。

学术组织机构应实行聘期制，且任期应以 3～4 年为宜。任期过短，易造成人员的不稳定，影响学术组织决策的连贯性；任期过长，也不利于优秀学术人员补充到学术组织中来，从而在一定程度上削弱了学术人员参与学校管理的积极性。学术组织成员除按聘期实现定期流动外，还要建立日常的准入和退出机制，对一些不积极参加学术事务管理、管理能力欠缺，或受到学术规范和教学事故处理的，要及时予以调整。

新的《规程》就对学术委员会人员的选拔作了明确的规定："学术委员会一般应当由学校不同学科、专业的教授及具有正高级以上专业技术职务的人员组成，并应当有一定比例的青年教师。学术委员会人数应当与学校的学科、专业设置相匹配，并为不低于 15 人的单数。其中，担任学校及职能部门党政领导职务的委员，不超过委员总人数的 1/4；不担任党政领导职务及院系主要负责人的专任教授，不少于委员总人数的 1/2。"其中，有几点值得注意：一是学术委员会要具有一定的学术水平，因此成员必须具有正高级以上职称；二是必须有一定比例的青年教师，这保障了各个年龄层次的代表性，也保证了以年龄为区分的各个利益群体的平衡；三是要求构成人员代表的是不同学科和专业，一所学校当中必然有优势学科和弱势学科，学术委员会的构成应由各个学科的代表组成，不能有所偏废；四是明确规定了具有党政职务人员的参与比例，这是高校去行政化的一项重要举措，也是保障学术权力独立行使、有效管理的重要手段。

同时，《规程》还规定学术委员会委员要由校长聘任，一个任期为四年，但最多只能连任两届。由校长聘任保障了学术委员的合法性和权威性，而任期的规定则可以防止学术霸权的形成，也使更多新鲜的血液和思想得以灌注于学术组织当中。

（二）建立学术委员会制度保障下的学术权力运行机制

我国目前还处于现代大学制度建设的探索和实验时期，在处理学术权力与行政权力关系时还存在诸多的问题，学术权力弱化的现象还普遍存在，究其原因，一个很重要的方面就是以学术委员会为主要形式的学术组织没有发挥其应有的作用，尚未形成完整的、具有约束力且操作性强的运行制度和规则。

要明确学术委员会不依附于任何决策体制中的其他系统，是独立存在的一个系统。在此基础上健全科学的议事规程。要对学术组织的召集方式予以明确，每年应至少召开两次全体会议，审议学校重大学术事务。同时，要较频繁地定期召开常设的主任委员会会议，且根据工作需要，可随时召开主任委员会会议；如遇重大事项，经学术委员会主任委员或者校长提议，或者三分之一以上委员联名提议，亦可临时召开全体会议。学术委员会主任委员要负责召集和主持学术委员会会议，必要时，可以委托副主任委员召集和主持会议。学术委员会委员全体会议应有三分之二以上委员出席方可举行。学术委员会全体会议应当提前确定议题并通知与会委员。经与会三分之一以上委员同意，可以临时增加议题。

要规范决策程序，凡提交学术组织大会审议的议案，要预先进行认真的调查研究，预备翔实的说明材料，并提交主任委员会审核。决议的通过应采取少数服从多数和无记名投票的原则，重大事项应当经与会委员的三分之二以上同意，方可通过。学术委员会会议审议决定或者评定的事项，一般应当以无记名投票方式作出决定；也可以根据事项性质，采取实名投票方式。学术委员会审议或者评定的事项与委员本人及其配偶和直系亲属有关，或者具有利益关联的，相关委员应当回避。决议内容也要在全校范围内公示后下发执行。学术委员会会议可以根据议题，设立旁听席，允许相关学校职能部门、教师及学生代表列席旁听。学术委员会作出的决定应当予以公示，并设置异议期。在异议期内如有异议，经三分之一以上委员同意，可召开全体会议复议。经复议的决定为终局结论。另外，再严密的程序也会与预设存在一定的差距，因此，要健全相应的监督和申诉程序，以保证学术事务决策尽可能地公正、科学。

随着学术委员会的逐步完善，学术委员会的职责也得到进一步的明确。当前，学术委员会的决策、审议、咨询的职权已经有了比较细致的规定，成为各高校学术委员会构建的依据。规定学校以下事项在决策前，应提交学术委员会审议，或者交由学术委员会审议并直接作出决定：学科、专业及教师队伍建设规划，以及科学研究、对外学术交流合作等重大学术规划；自主设置或者申请设置学科专业；学术机构设置方案，交叉学科、跨学科协同创新机制的建设方案、学科资源的配置方案；教学科研成果、人才培养质量的评价标准及考核办法；学位授予标准及细则，学历教育的培养标准、教学计划方案、招生的标准与办法；学校教师职务聘任的学术标准与办法；学术评价、争议处理规则，学术道德规范；学术委员会专门委员会组织规程，学术分委员会章程；学校认为需要提交审议的其他学术事务。

规定学校以下事项，涉及对学术水平作出评价的，应由学术委员会或者其授权的学术组织进行评定：学校教学、科学研究成果和奖励，对外推荐教学、科学研究成果奖；高层次人才引进岗位人选、名誉（客座）教授聘任人选，推荐国内外重要学术组织的任职人选、人才选拔培养计划人选；自主设立各类学术、科研基金、科研项目以及教学、科研奖项等；需要评价学术水平的其他事项。

规定学校作出下列决策前，应当通报学术委员会，由学术委员会提出咨询意见：制定与学术事务相关的全局性、重大发展规划和发展战略；学校预算决算中教学、科研经费的安排及分配使用；教学、科研重大项目的申报及资金的分配使用；开展中外合作办学、赴境外办学，对外开展重大项目合作；学校认为需要听取学术委员会意见的其他事项；学术委员会对上述事项提出明确不同意见的，学校应当作出说明、重新协商研究或者暂缓执行。这些规定基本上涵盖了学术事务的各个方面，对各项学术事务进行了分类，并规定了在各类学术事务处理当中分别具有决策、审议、咨询和监督的权力。

我国大学多采用一主多元的学术权力组织模式。即以学术委员会为主，多个学术组织分别行使学术权力的组织模式。就目前我国高等学校的现状来看，今后的一个时期内，绝大多数大学的任务是建立和完善这种一主多元的权力组织模式。因此，在学术委员会的基础上设立多个专门委员会是具有可操作性且实际有效的方法。

可由学术委员会为主体，设置学位评定委员会、教师职务聘任委员会、教学指导委员会、科学研究委员会、学科建设委员会、学术道德委员会等若干专门委员会。各专门委员会都应具有各自的章程，具有各自不同的职责，负责审议其相关领域的事项。专门委员会的设立，可提高学术事务管理的针对性，使学术权力的行使更加高效。

特别需要强调的是，如遇到专业性较强的学术事务，可先由专门委员会认真、充分讨论并提出议案，给出合理化建议和可行性方案再提交学术委员会讨论和审议，从而保证学术委员会决策的科学性和合理性。

（三）建立以教授委员会为主要形式的学术权力基层决策机制

在西方国家，特别是以德国为代表的一些欧洲国家，学术权力在学校决策当中处于主导地位，它们赋予教授更多的学校管理权，教授不仅在学术事务上具有充分的发言权和决策权，在学校其他事务的处理当中也发挥着巨大的作用。我国施行党委领导下的校长负责制，在党和政府的双重监督下，行政权力和学术权力在各自的系统中行使权力。教授委员会就定位于学术权力的一个子系统。这里，将学术委员会定位于学术权力当中校级权力机构，而将教授委员会定位于基层学术组织，它主要在院系一级发挥作用。

从高等教育发展规律来看，学术权力的基础在底层，学术权力越大，底层权力越大。因此，在基层学术管理活动和学科建设紧密结合，可发挥专家在本领域学术事务决策中的作用，使决策更具科学性；同时，院级学术组织的参与人员范围较广，有利于实现最大范围的民主。

从权力边界看，教授委员会应是基层学术事务的决策机构以及非学术事务的审议机构，应具有实实在在的学术领导权。教授委员会的设立和运行具有两项重要意义：一是可以提升基层单位教学和科研工作水平，充分调动教授的工作积极性；二是学术民主、学术自由、学术自治的充分体现。从职能范围看，教授委员会应在院一级的学科发展规划、专业发展规划、教师队伍建设、教师科研项目立项推荐、教师职称评审、教师聘任以及教学大纲制定等方面拥有决策权，在学院发展规划、教学科研组织形式、经费投入使用等方面具有审议权。

目前，我国各高校几乎都设有学术委员会，但作为基层学术权力体现的教授委员会建设几乎不可见，在强调学术权力时，往往将视角集中在校级层面上，对基层学术权力的运行重视程度不够，而只有保障基层学术权力的正常有效运行，高校学术权力才能平稳有序行使职能。教授委员会是大学学术权力组织的重要组成部分和重要载体，是大学学术事务的重要管理机构，必须从制度的角度赋予其应有的决策权和监督权，才能保障大学学术权力的良性运行。

（四）建立学术权力监督和制衡机制

任何权力都需要监督和制衡，缺乏制衡的权力都是一种极端的权力。权力失去制约就会导致权力的滥用和权力的异化，从而影响到组织内部的健康运行。近年来，“学霸”、“学阀”、“学术腐败”等现象时有发生，滥用学术权力的事件也屡见不鲜，可见，学术权力也并非一片净土，必须加以规范和约束，才能保障它沿着规范化和程序化的轨道运行。这就需要建立监督和制衡体系。建立权力监督和制衡机制的目的就是为了防止学术权力的滥用和腐败。

在对学术权力的监督上，要重点防止两个倾向。一是学术行政化的倾向。某些学术人员一旦进入到学术决策体系当中，便滋生出官僚化倾向，在自己不熟悉的领域内充当权威，将个人的意志强加于他人。二是学术管理量化的倾向。这在我国高校当中普遍存在，学术业绩的考核容易被量化，如果在质和量之间，偏量而废质，必然会引发学术浮躁和学术平庸。

从具体操作来看，目前对学术权力的监督还没有形成完整的体系和机制。我国大学常设的监督机构，如纪检、监察、审计等部门对学术权力的监督作用不明显，教代会等民主管理机构发挥的作用也微乎其微。因此，在保障学术权力有效行使的同时，必须加大力度完善它的制衡机制。主要应从以下四个方面开展工作。第一，权力制衡权力。大学行政权力和学术权力互为关系、互为矛盾，同时也互相制约。因此，我们要在防止行政权力泛化的同时，注意保障行政机构的权威，通过行政权力在一定程度上制约学术权力的功利化倾向，防止学术垄断等现象的发生。第二，以法规制约权力。建立各项内部规章制度约束学术权力的行使，以法律法规的形式确定权力的范围、权力行使主体的构成、权力的行使程序、对超越权力行为的处罚等。第三，建立相应的监督机构。主要是对权力主体的监督和约束，保证他们正确地使用权力。另外，监督机构也要建立一整套制度，对监督的内容、范围、形式以及处理结果等予以规范。第四，完善群众监督。要加大力度，增强群众监督的意识，扩大群众监督的渠道，增加权力的透明度。校务公开不仅仅局限于行政管理事务的公开，学术事务管理也要予以公开，保证群众监督的有效性。

学术权力的运行操作是否有效是学术权力地位的具体体现，而学术权力的制度化建设则是保障学术权力实施的重要路径，也是先决条件。学术权力的行使必须经历制度建立、制度调适、制度完善以最终实现制度化，目前，我们的理论研究和实践探索可能仅停留在制度建设的层面，但随着我国高校内部体制机制改革力度的加大，学术权力的制度化建设也将不断趋于完善并推向深入。

第四节　构建合理的行政权力与学术权力的关系模式

行政权力和学术权力共存于高校管理体系当中，在大学管理体制中发挥着重要的作用，二者既矛盾又统一，因此，要厘清二者的权力边界，明确其权力范围，构建起行政权力和学术权力的合理关系模式。

一、行政权力与学术权力关系模式构建的原则

大学行政权力和学术权力在高校权力关系当中处于一个重要的位置，研究二者之间的关系，在二者之间构建合理的关系模式，对大学的发展具有重要的意义。二者的关系处理不好，彼此阻碍，就会严重妨碍到大学的正常运行。在试图构建这对二元权力关系时，首先要明确几个原则。

（一）合法的原则

合法是所有行为的前提，在构建行政权力和学术权力二者关系模式的过程中，首先要坚持的就是合法的原则，而合法的原则又可以从实质合法和形式合法两个方面来看。

实质合法是指所有的制度都必须在国家大的法律法规、方针政策的指导和规范下进行。我们所有的变革和设计都要在马列主义、毛泽东思想、邓小平理论、“三个代表”重要思想、科学发展观等指导下进行，要以此作为我们开展研究和实践的世界观和

方法论。同时要以国家各项法律法规特别是《教育法》、《高等教育法》等为准则，一切行为都要贯彻国家的教育方针，为社会主义现代化建设服务。这是我们社会主义现代大学制度建设的基本原则。

同时，要特别关注大学章程，各个高校的活动必须按照学校章程来开展各项办学活动，特别是大学章程已经对大学的办学活动、决策机制、学术管理、民主管理、资产管理等进行了比较严格和详细的规定，对各个权力主体的职责也有了比较切实的划分和界定，便于学校作为法人单位在开展各项活动中有法可依，也成为学校开展各项活动必须遵循的行为准则。

形式合法的原则是指我们在构建科学的行政权力和学术权力的进程中，要坚持民主和法制的原则。如果说实质合法偏重于守法的话，形式合法就偏重在法律的范畴内去立制、立法。一是要在高等教育系统和大学内部建立一套结构严谨、涵盖广泛、科学完整的法律体系，使大学治理能够有法可依；二是要在民主的原则下，使各项制度程序化、规范化，使权力行使能够有章可循；三是要在具体的实施过程中，真正做到依法治校，保证权力的归属和行使都在法律的约束和规范中进行，任何人都没有超越法律之上的权力，否则将会遭到惩罚。

（二）借鉴的原则

全球一体化的发展，使得社会各领域的建设发展都不能孤立地进行，同样，中国大学的发展也不能脱离世界大学的发展主流，必须以改革的意识、开放的姿态加强中外互动，学习借鉴国外一流大学的先进建设经验才能使中国大学实现快速发展。学习是多方面的，但从原则的角度来讲，应该主要关注两个方面。

首先，是权力适度分离的原则。在西方大学运行当中无论是学术权力占主导还是行政权力占主导，都坚持权力适度分离的原则。保持适度的分离有助于各自在自己的职权范围内行使权力，避免权力被互相侵占。如美国大学采用学术权力、行政权力两权分立的管理模式，学术权力的权力机构即评议会，而行政权力的权力机构则是董事会，二者各司其职又相互合作。其次，是权力中心下移的原则。教师是大学的主体，教师大部分是在基层，因此，大学是一个重心靠下的组织，相应地，权力重心也应该适度下移。在欧洲和日本的高校当中，越靠近底层，权力越大。要赋予基层更多的自主权，加强基层管理的活力和能力，增强他们的适应性，设置好各个层级的权力范围，明确各个层级的责、权、利，同时在各个层级之间保持长效性的监督和反馈。

借鉴不只是对西方的借鉴，还要保持对传统的借鉴。因为任何改革都要建立在“本土性”的基础之上，脱离了本民族文化的改革都是无本之木、无源之水。要结合本国宏观教育背景，在构建二元权力结构的过程中，注重保持凝结于大学精神中的民族文化。在大学演进的过程中，独特的民族文化才是大学理念的不竭动力。

二、行政权力与学术权力的权力范围

要构建合理的行政权力与学术权力关系模式，重要的一点就是合理划分二者的权力范围，只有厘清二者的权力边界，才能使现代大学制度建设落到实处。权力的边界来源于对权力的设定，主要是明确权力的主体及其作用对象，而在现实当中，行政权力和学术权力在面对某些个案的时候，不可避免会出现权力的交叉和冲突。

大学作为社会组织，拥有一般社会组织所具有的管理职能，而不同于其他社会机构，大学又是一个学术组织，因此要开展各项学术活动，这就需要不同的权力对其进行支配。在划分行政权力与学术权力职能范围时，我们可以简单地表述为行政权力管理行政事务，学术权力管理学术事务，这么看来，客体的不同是我们区分不同权力类型的基础。因此，要认真分析和归总高校事务。这里，我们以教师和学生为两条主线，对高校的权力主体学术组织和管理组织所负责的事务进行划分。从权力主体入手，高校事务可分为学术事务、行政事务和综合性事务。

第一类是学术事务。高校不同于一般社会组织，它具有人才培养和科学研究两大职能，学术性是其基本属性。学术事务在高校事务当中占有很大的比重。这类事务以学生为主线看，包括专业设置、课程设定、培养方案制订、教材选用等教学前期工作，以及教学当中的教学内容、教学考核等；以教师为主线看，包括教师的科研立项、职称评定、考核培训等。

第二类是行政事务。主要包括为教师开展教学、科研提供服务的相关工作，维持高校正常运转的后勤、基建等方面的工作。为教师、学生提供服务的工作主要包括教学活动的组织安排、过程监控、信息发布等教学辅助工作以及对科研立项、结题全过程管理、产学研用平台构建等科研服务工作。

另一方面行政事务则与学术事务关联不大。以学生为主线看，主要是招生、就业、安全、卫生等工作；以教师为主线看，主要是教师的工资福利、人事变动、入职离职等。另外，还包括学校的校园建设、后勤保障等。

第三类是综合事务。这类事务主要是关系到学校发展的重大事项，如学校的总体及各类规划设计，包括学校中长期规划、短期规划、学科发展规划、人才队伍建设规划、基础建设规划等。这些事务综合性高、层次高，需要行政权力和学术权力共同参与，在具体的实践当中，根据事务的具体性质，主导方有所侧重。

表 3-1　行政事务与学术事务的范围（以学生为主线）

过程	环节	学术事务	行政事务
入学	招生		制订招生计划，开展招生宣传，审核入学资格
	报道注册		学生注册、安排住宿、入学教育等
	贷款申请		制订贷款标准，审核材料，发放贷款
	军训		组织人员开展相关活动
培养	选课	专业设置、制订人才培养计划、课程设置	组织制订培养计划，制订课程表，组织网上选课，发布信息
	教材购买	选编教材	安排集体购买教材
	上课	制订教学计划、教学大纲，授课，开展教学改革	安排各类教学设施，维持教学秩序，组织教学检查
	考核	选定考试方式和内容，评分	考试组织、成绩汇总、安排补考等
	教师评价	设计评价指标	组织评价，反馈评价结果
生活	学术活动	安排内容，开展活动	联系组织，安排时间、地点
	奖助学金		确定标准，审核材料，发放
	纪律		组织学习，进行违纪处罚
	卫生		卫生维护，组织评比
	文体活动		硬件保障，组织开展活动
	餐饮		硬件建设，后勤保障

续表

过程	环节	学术事务	行政事务
毕业	毕业	毕业论文（设计）指导、答辩	审核毕业资格，发放证书
	就业		发布信息，搭建平台，提供服务

表 3-2　行政事务与学术事务的范围（以教师为主线）

过程	环节	学术事务	行政事务
入职	应聘		制订标准、计划，发布、接受信息
	考核	负责人员考核、排序	安排考核时间、地点，参与考核
	签约		签订合同，办理各项手续
教学	备课	专业设置、课程设置、制订培养计划	组织制订培养计划，信息发布，组织选课，购买教材等
	上课	组织教学改革	安排教学设施，组织教学检查
	考试		安排时间、地点，成绩汇总发布
	教学设施		教学设施建设，购置仪器设备
科研	立项	专家立项评审	信息发布，组织相关人员评议
	结题	专家结题评审	信息发布，组织审核
	成果转化		信息沟通，搭建平台
发展	考核	考核标准的制订	考核标准的执行
	职称评聘	制订标准，评定等级	组织保障
	培训	人员遴选	制订计划，联系单位

续表

过程	环节	学术事务	行政事务
生活	工资福利		制订各类等级标准，审核、发放各项福利薪金
	文化生活		组织开展各类文化活动
	校园建设		进行校园各项硬件设施建设
离职	离退休		办理离职手续，为离退休人员开展服务

表 3-3 综合事务

综合发展事务	高校的办学定位、发展目标等
	高校的组织机构设置
	高校学科、专业设置
	高校基本规章制度建设
	师资队伍、管理退伍建设规划
	学科、教学、科研发展规划
	学校预算、资金分配、基础建设等
	高校与社会沟通联系
	其他重大事项

三、行政权力与学术权力关系构建的依据

（一）我国大学管理的历史传统和现实特点

学术界在对行政权力与学术权力构建的研究当中，多从研究西方各国管理模式入手，国外大学的先进管理经验对我国现代大学制度的建设确有很强的借鉴意义，但同时要结合中国大学的管理传统和现实状况。二元权力结构的构建是一个循序渐进的过程，包括管理人员观念的转变，学术人员权力意识的回归都需要

一个相对长的过程。

在许多国家，教授的权力是非常大的，在高校管理当中处于主导地位，在我国却缺乏这种传统。在西方一些国家，董事会作为学校的最高权力机构对调节学术权力与行政权力起着重要的作用，而在我国的公立高校，引入董事会制度仅仅是一些尝试，受到很多体制上的限制和阻碍，并不能真正发挥作用，多表现为形式上的探索。

我国公立高校为政府办学，长期以来一直采用国家教育机构统一集中宏观管理的方式，只是在近十多年间，办学自主权才逐步下放，大学才逐渐拥有了一些自主办学的权力。大学办学各方面都受制于政府的政策和指令，且政府和高校都习惯于此种模式，如果制度上完全颠覆，也会使高校无所适从。另外，高校学术权力弱化是当前的现实，要使学术权力得到彰显，除了从制度上保障以外，更重要的是学术自治、学术自由氛围的培育。而这种观念和传统又是需要长期积淀的，不是一朝一夕可以形成的，但观念一经确立就具有很强的稳定性和内聚力。因此，学术权力与行政权力的构建要借鉴吸收，但更要立足于我国的国情和高等教育的现实，探索出一条适合我国大学教育的模式。

（二）大学的职能与组织属性

大学作为一个以学术性为基本属性的社会组织，具有其独特的职能——人才培养、科学研究、社会服务、文化传承与创新。大学通过其教学、科研、社会服务、文化辐射等功能为社会服务。而随着社会发展的需要，大学的职能有望得到进一步拓展。但无论怎样扩展，都离不开知识的传授、更新、应用，大学的职能都是围绕着“知识”这个关键词而展开的，对知识的追求和传播是大学存在的第一要义，因此学术性是大学的基本属性。学术性就决定了大学是一个以学术研究为基础的平坦组织，权力分散于各个层次的学术人员当中。同时，大学的功能又在不断丰富，大学的规模也在不断扩大，因此，必须有一个有秩序的科层制结构对其进行管理，为其提供服务，才能保障这个机构的有序、高效运行。职能决定了大学的组织结构，而他们同时又都是大学权力划分的重要依据，任何权力模式的构建都要考虑到这个因素，将其作为权力分配的出发点。

（三）权力关系理论

行政权力和学术权力是性质完全不同的两种权力，他们在来源、实现方式、运行方式等方面都存在巨大的差异，但在某些方面又具有趋同性和一致性，但最根本的一点就是他们都是为同一组织目标的实现而服务的。我们不能将他们独立地看待，更不能简单地将二者对立起来，要在关注他们之间差异性的同时，分析二者的联系，辩证地看待二者的关系，认识到他们之间既相互制约，又可相互协调，从而达到相互促进。要研究和构建行政权力与学术权力关系模式，就要正确地看待二者的关系，以二者的辩证关系作为权力调整和分配的理论依据。

（四）民主管理理念

民主管理是现代管理的重要手段之一。管理民主化是实现决策科学化的前提。在高校实现民主管理就要求学校各个阶层的人都有权利平等地参与到学校管理当中，高校教师是知识的拥有者和缔造者，具有很强的管理素质，充分发挥其参与学校管理的积极性和主动性，使其自觉地加入到学校管理当中，具有很强的现实意义，有利于高校的稳定发展和组织目标的实现，也为构建理想的二元权力关系模式提供了保障。

四、行政权力与学术权力关系构建的途径

（一）行政权力与学术权力关系模式构建的外部保障

大学不是独立存在的一个社会组织，它与国家、政府、社会具有千丝万缕的联系，要构建合理的行政权力与学术权力关系模

式，也不能孤立地看待。要使行政权力与学术权力在各自的权力范围内有序运行，就要优化高校的外部环境，主要从三个方面入手。

1. 修改完善相关法律法规，为权力行使提供依据

对权力最好的约束和保障就是法律，没有法律约束的权力必然会导致权力的滥用和权力行使的无序。因此，对权力的研究首先要从法律的层面展开，高校不具有立法权，高校内部的规章制度也都要在国家大法的框架之内进行，否则也不具备可行性和说服力。

我国高等教育的基本法即《高等教育法》系 1998 年颁布，于 1999 年正式执行，从高等教育的基本制度、高等学校的设立、高等学校的组织活动、高等学校教师和其他教育工作者、高等学校的学生、高等教育投入和教学保障等几个方面对高等教育的法律地位、管理体制、领导体制等方面都作出了规定。近十年是我国高等教育飞速发展的十年，教育环境和现实已经对高等教育提出了更高的要求，《高等教育法》当中的一些规定已经无法很好地指导当前的办学实践。国家在 2010 年 7 月发布了《国家中长期教育改革和发展规划纲要（2010—2020 年）》，提出了许多理念的改革和创新，但还没有以法律的形式予以明确，执行力度上还有所欠缺。针对《高等教育法》存在的一些问题，立法完善要从几个方面展开。一是对权力机构的权力范围要具体化。《高等教育法》赋予了高校七项办学权力，但权力归属不清晰，也没有具体的实施措施，党委与行政之间的权力界限不清，权力落实存在困难。二是应保障学术权力的行使。《高等教育法》只在第四十二条涉及学术权力的组织机构——学术委员会，但对它的性质仅仅定义为咨询和审议机构，并没有决策权，这严重阻碍了学术权力的发挥，应该赋予其应有的权力，提供相应的法律保障。三是要明确学术权力和行政权力的定位。《高等教育法》当中缺乏

这部分内容，应该从法律的角度对学术权力和行政权力进行定位，对他们在高校当中的性质、地位予以明确，这样才能保证二者各司其职，平等地参与学校管理。而在法律修订当中，要注意两个方面的问题。一方面是要对原则性、概括性的条款加以具体化，规定权力行使的主体、程序、对象，明确权力的范围，使权力行使具有可操作性。二是要强调监督和权利救济原则，使权力有所制约。由于法律的设立和修订往往需要一段时间，但教育的发展时不我待，国家应考虑出台一些补充条文或单行条例作为新法与旧法过渡时期的解决办法。

2. 加大大学办学自主权，减少政府干预

落实大学办学自主权是高校自主协调权力的前提，只有拥有充分的权力，高校才能自主决策，进行权力分配。大学办学自主权一般包括：教学自主权、研究自主权、学习自主权、人事任免权和财务使用自主权。① 大学只有拥有了办学自主权，才能充分发挥教师和学生的主体意识，使师生共同参与到学校的管理当中，积极开展教学研究和科研探索。只有在大学拥有充分办学自主权的前提下，大学的各权力系统才能够在相互作用下逐步协调、平衡，以达到一个相对稳定和合理的状态。在我国，大学自主权的落实不仅仅是政府放权的问题，大学也要逐步加强自己的权力观念，在掌握权力的同时，增强自己的责任意识。政府对大学的管理要逐步从微观层面过渡到宏观层面上来，主要在教育方针政策、发展战略、组织协调、监督检查上开展工作，而将具体的管理权下放给学校。

3. 建立权力监督机构，完善权力制衡机制

在大学当中，如果行政权力过于强大，就会滋长官僚主义作

① 姚启和著：《办大学的若干理论和实践问题》，华中科技大学出版社 2003 年版，第 213 页。

风，对学术权力造成倾轧，抑制学术自由，限制学术自治的发挥，打击教授们的积极性；如果学术权力过大，就会滋生学术腐败，萌生学术霸权主义，容易形成学术垄断，也不利于学校的发展。因此，防止权力的僭越和滥用，就要建立权力的监督机构，形成权力制衡机制。

权力的监督机构应该独立于行政权力与学术权力体系之外，否则容易成为二者的附庸和代言人。要建立一个权力仲裁机构，接受双方的申诉和建议，而负责人既要有一定的学术地位，也要有一定的行政职位，这样才能较好地发挥职能。另外，教育管理部门也要加大力量建立社会监督和评价机构。社会评价脱离于高校内部管理系统，评价和监督更为客观、理性，且具有很强的威慑力。现在的评价机构多为社会自发组织，不具备权威性，社会监督也多为舆论监督，具有分散的特点，不具有系统性。政府要建立一个常态化的机构，开展权力监督和效果评价，这样会对权力运行起到一定的约束和规范作用。

（二）行政权力与学术权力关系模式构建的内部保障

1. 建立“校长治校，教授治学”的大学内部管理模式

“校长治校，教授治学”是行政权力和学术权力关系的经典表述，言简意赅地对权力的作用对象进行了划分。要做到这一点，就要合理划分二者的界限和职责范围。要合理分权，就要建立起两套作用力平均的系统，由行政权力和学术权力分而治之，使二者之间相互制约，达到相互平衡。美国高校是公认的两权分立的典范，实行董事会领导下的校长负责制，学术、行政权力两权分开、各司其职、相辅相成。董事会将它的大部分权力授权给校长以及校长以下的管理人员，即行政管理系统。而学术权力的行使则通过教授评议会来实现，它在教授、学部部长的选聘等学术事务方面具有决定性作用。在我国，提倡教授治学，是把学术地位提高到一个新的高度，强调学术权力的作用。以校长为代表

的行政管理系统负责学校的日常运转以及与外部的沟通联系等行政事务，而以教授为核心的学术组织则负责学校学科、专业等学术事务的审议和决策，使二者各自发挥专长。权力要在各自的权力范围之内行使，在一些需要二者参与的学校重大事项当中，也要根据事务的性质明确主导方，另外一方具有参与和发言权，但不具备完全的决策权。在我国高校，实行“校长治校，教授治学”就是将权力重新划分，人员重新整合，事务重新理清，以达到各类资源的优化组合。

2. 建立高层行政主导、基层学术自治的大学管理模式

行政权力与学术权力的划分在各个管理层面上侧重应有所不同。大学是一个“底座沉重”的组织体，学术人员多集中于基层。根据这一特点，大学应建立一个高层行政主导、基层学术主导的权力结构模式。这样的模式要求权力重心下移，在校院两级管理当中，将校级功能定义为决策，而院级功能则为管理。学校层面的管理对象主要涉及学校各方面的发展规划，手段主要是统筹、组织、协调和监督，为中下层实施学术权力提供人事、财务、后勤等方面的保障。而学院是学术活动的实体，拥有人事使用权、一般项目的决策权、经费使用权以及课程教学改革等权力，而校级又对院级权力进行监督和约束，避免权力放任自流。院级权力主要体现为学术权力，越往基层，学术权力发挥作用应该越明显。发挥基层学术权力自我控制、自我约束、自我发展的作用，是二元权力关系构建的重要方面。

3. 建立决策民主协调的高校管理模式

在行政权力与学术权力关系当中，分而治之是一个基本原则，但大学事务的复杂性以及大学人员身份的多重性又决定了将行政权力与学术权力完全割裂看待是不可行的。而在面对学校综合性事务方面，单纯依靠一方的力量进行决策是不科学的，因此，要在相互区分的基础上，协调二者之间的关系，使二者共同

参与决策。

在西方国家，行政权力和学术权力的运行也不是完美的，它们也在不断地思考如何才能使二者更好地协调，减少相互之间的冲突，它们的制度也在不断调整当中。两权分立做得比较好的美国，也在不断地改革它们的制度。近些年来，美国有的高等学校的评议会成员逐渐增加了行政管理人员代表、学生代表等非教学科研人员，两种权力在各司其职的前提下有相互渗透的趋势。在二元权力独立的基础上适度渗透之外，还要建立多元群体参加的委员会，学校的重大事务需通过这类组织进行决策，这是民主制度的一个重要体现，在我国的主要表现形式就是教代会。要发挥集体性代表机构在决策中的作用，对各个领域中的事务进行审议和决策，是保证决策科学化、民主化的重要举措，也是对行政权力和学术权力的规范和约束。

行政权力和学术权力是大学的两种基本权力结构形式，它们共存于高校权力结构体系当中，它们之间的冲突与协调对高校的有效运行和组织目标的实现发挥着巨大的作用，因此研究二者之间的关系，对构建一个合理的关系模式具有重要的理论和现实意义。而且这种研究现在不仅仅局限于理论层面上，在实践层面上也开展得较为广泛。为保障学术权力的运行，我国一些高校先试先行，通过制度改革不断在实践中探索一套行之有效的方法，如中国人民大学设立的“责任教授制度”、沈阳师范大学的“教授研究室制度”，以及多所大学对大学章程、学术委员会章程的制定和修改，都反映了大学在调适二者关系方面的自觉意识。制度的完善总是需要实践的论证，理论研究也需要在实践当中不断充实，当前的研究不可避免地只能局限于目前的认知，却也必将随着实践的推进而不断深入。

第四章 学校权力与学院权力

从纵向上看，大学内部权力关系主要体现在校级层面的学校权力和基层的学院权力之间的关系。理顺大学纵向权力关系，对于优化大学内部权力结构、实现有效治理至关重要。本章将在比较分析国内外大学纵向权力分配模式的基础上，探讨我国大学纵向权力配置存在的问题，并提出协调学校权力与学院权力关系的可能路径。

第一节　大学权力的纵向分配

在大学中，不论是政治权力、行政权力，还是学术权力，都是在学校、学院等不同平台上运行，因而权力分配具有层次性。了解大学权力的纵向分配，是认识学校权力和学院权力关系的前提和基础。

一、外国大学的纵向管理及其特点

由于各国大学在发展历史、管理制度等方面存在差异，国外大学纵向管理模式也不尽相同。

在英国的大学中，学校一级的管理机构一般包括董事会、校务委员会、学术委员会等。董事会是大学的最高权力机构，校务委员会一般是作为董事会的执行委员会，学术委员会是学术事务的最高管理机构。在学部层面，部务委员会是决策机构。在英国的一些新大学中，学部一级组织体系出现了一些变化，用学群取代学部或学院，以加强跨学科教学。系是大学最低一级的机构，一个系设一门学科，这门学科的权力通常掌握在一名讲座教授手中，一般由这名教授担任系主任。与德国大学的研究所相比，英国大学的系所拥有的权力相对小些。大学对所属学院的管理主要体现为宏观上的管理和指导，学院通常有权自主决定招生、课程设置、学术决策、经费使用等事务。由于大学非学术事务日益增多并复杂化，英国大学的权力结构也在不断进行调整，专职行政人员的影响力随之扩大。特别是在学部一级的组织中，行政人员所占比例较高，他们拥有相当大的影响力。

在德国，公立大学实行大学、院系、讲座及研究所三级管理模式。校代表大会是大学的最高权力机构，评议会是学校的主要管理机构，部务委员会是二级机构学部的管理组织，学部下设的基层教学科研组织为研究所。研究所这一组织是建立在讲座基础之上的，通常一个讲座只有一名教授，这名教授同时也是研究所的负责人。作为学科带头人和研究所负责人，教授在基层拥有相当大的学术权力，并且有权参与大学行政事务的管理。从德国大学内部权力分配来看，处于最基层的教授权力很大。这既是德国大学重视学术研究的一种体现，也与大学和学部层面权力不大直接有关。德国政府给予大学的拨款通常直接拨给研究所，而不经过学校；对于研究所的发展问题，通常也由教授直接与政府教育部门进行研究；同时，研究所之上的学部也很少插手研究所的事务，教授拥有开展科研、设置课程、安排考试等方面的充分自由。德国大学内部也有一套成熟的行政组织体系，但其权力却存在倒置现象，如由于学部直接负责人员任命、课程安排、授课资格授予等事务，因而它比校评议会更有实质性权力。

在美国，大学组织结构体现出典型的科层化特征，美国学者马克斯·阿伯特甚至认为大学是“可以确切地被描绘为高度发展的科层组织”，其组织体系由校、院、系三级组织构成。董事会是大学的最高权力机构，在学校大政方针方面拥有最高决策权。大学中学院主要分为文理学院和专业学院（如医学院、法学院、商学院等），学院由一个或几个团体机构（如教授评议会等）负责决策。系是大学最基层的教学、科研和行政单位。在行政权力配置方面，美国大学赋予院和系较大的权力，强有力的中层行政管理普遍被认为是美国大学内部管理的显著特点。学院是一个经济和行政实体，是学校行政管理的重心所在，在设置课程、学位颁发、教师聘任、学术活动的开展等重要事务中拥有相当大的自主权。同样，系在课程安排、教师聘任、研究经费预算以及教师职称晋升等方面具有决定性的影响力，系主任拥有重要的发言权，但重大问题由本系所有教师共同决定。

从英、德、美三国大学的纵向管理来看，尽管各层次管理机构及其权限大小等存在差别，但分权治理是其共同特点，各利益群体通过自身的集体代表机构参与学校或学院的管理，各种权力通过一定的监督机制实现制衡。

二、我国大学的纵向权力分配

新中国成立之前，中国大学的组织体系基本上是仿照欧美大学建制，组织结构一般由校、院、系（所）三级组成。1929 年颁布的《大学规程》和《大学组织法》规定，大学可以设置文、理、法、教育、农、工、商、医等八类学院，名为“大学”的必须设立三个以上学院。当时，学院有较大的自主权，系和研究所为大学的基层学术组织，二者在教学、科研方面各有侧重。新中国成立后，我国高等教育主要借鉴苏联模式。为适应当时国家经济建设的需要，从 1952 年开始，中央政府大规模调整了全国高校的院系设置，将原来的综合大学调整为文理大学、单科性大学和单科性学院。院系调整后，在学校之下直接设系，系下设置专业，专业下设教研室。这一时期，受计划经济体制影响，大学实行高度集权的管理体制，校一级独揽大权，系一级权力微弱，学院通常没有实质性权力。改革开放以来，我国教育行政体制和大学内部管理体制改革逐步深入，改革的主要方向是向下放权，即在政府与大学关系层面体现为政府逐步向大学放权，在大学内部体现为学校一级向院系放权。不少大学开始探索基层学术组织改革，学院、研究院、产学研联合体、科技园等组织形式逐步出现，基层学术组织更加多元化，特别是学院制逐渐成为各大学普遍采用的管理模式。

20 世纪末以来，随着大学规模的不断扩大和学科专业的不断增加，实行学院制成为各大学的普遍选择。在学院制下，大学以学院为管理中心，学院具有实体性、主体性、自主性等特性。① 经过学院制改革，大学的基层管理重心由系级上升到了院级，纵向管理模式也由“校—系”两级管理转变为“校—院”两级管理。学院的权力主要来源于两个方面：一是学校授权，即学校在人、财、物等方面赋予学院一定的权力。但不同学校在权力下放方面差别较大，有的学校基本上只赋予学院事权，有的则赋予一定的人事权和财务权。二是从系、专业中收权。实行学院制后，院系之间的关系形成了“院实系虚”的格局，过去系所拥有的大部分权力被学校收回并赋予了学院。尽管大学内部管理体制呈现出由高度集权的学校集中管理向校院两级分权管理转变的趋势，但从目前实际运行情况来看，大学校院两级之间的权力分配仍然存在诸多问题与困境。比如，相当一部分过程管理仍停留在学校层面，集中在职能部门，管理重心依然过高，学院作为办学主体的作用仍未得到充分发挥。

---

① 杨如安：《学院制的内涵及其特性分析》，《教育研究》2011 年第 3 期。

第二节 学校权力与学院权力关系现状与问题

随着大学内部管理体制改革的深入推进，中国大学内部纵向权力分配模式逐步确定下来，但目前学校权力与学院权力之间的关系仍有待进一步理顺。

一、学校权力与学院权力关系现状

在我国，不少大学在推进学院制改革的同时，忽视了管理运行机制的完善，导致校、院、系权限不清和权力丢失等现象。①

一方面，校级权力无处不在。截至目前，我国规模较大的大学大都进行了学院制改革，建立了校院两级管理模式，但其中许多学校校院两级职权划分不合理，一些本应由学院承担的管理职能仍集中在学校一级，学校权力过分集中和学校过多介入学院过程管理的问题仍较突出。由于对基层院系办学行为干预过多，大学高层和校部机关常常疲于应付琐碎事务，从而影响了学校领导层对学校整体战略、发展规划、重大决策等的思考和把握。在市场经济条件下，学院作为教学和科研实体在人才培养、科学研究、社会服务等方面都面临许多挑战，集权的结果常常是学院责大于权，这不利于发挥学院和教师的积极性与主动性，也不利于学院灵活应对市场和社会的变化。随着学校规模不断扩大和大学与社会之间合作日益密切，这种高度集权的管理体制所带来的弊端越来越凸显，成为抑制学院办学活力、影响学校持续发展的制度障碍。

① 阎光才：《对我国学院制改革的几点认识》，《高教探索》1999 年第 3 期。

另一方面，学院自主权不足。在学院制管理模式下，学院是作为教学活动与管理的主体，其管理职能将由现在单纯教学活动的执行者向具有综合管理职能的相对独立的办学实体转变。但总体上看，目前学院自主权普遍不足，在人事、科研、教学等方面矛盾突出。职能部门不了解各学科的具体情况，用一套方法管理不同学科，经常出现“外行指挥内行”的现象，行政干预过多，学术权力难以彰显，引起教职工的普遍不满。基层学院了解学科发展的前沿，了解教师和学生的情况，但在相关事务决策中往往缺乏“话语权”，只能被动接受学校和职能部门的指示。

二、校院两级管理改革存在的问题

校院两级管理体制是国外大学普遍采用的内部管理制度。近年来，随着中国高等教育改革的不断深入，校院两级管理体制改革逐步被列入大学内部管理体制改革的重要日程，并已在许多大学得到不同程度的实践。但从实际情况来看，校院两级管理体制改革还存在一些亟待解决的问题。

一是校院两级职责不清。由于在校院两级责权利问题上存在认识差异、对校院两级管理职责缺乏细致梳理等原因，一些大学校院两级职责仍不明确，导致学校管理权力失效、宏观调控能力削弱和学院履职不力、管理不到位等现象。同时，由于缺乏两级管理的可操作性制度和工作流程，使已经明确的一些职权执行起来仍然比较困难。

二是学院权责不对等。目前，一些大学在扩大基层自主权上已有所尝试，但不少学校只向学院下放事权，而没有下放人、财、物等方面的权力。人员聘任、经费使用、资源配置等实质性权力仍主要掌握在学校手中，学院依然缺乏自主权和对人财物的支配权，学院的办学主体地位总体上没有得到很好的体现。结果造成院系工作量大幅增加，琐碎的事务增多，学院运转面临诸多困难，学院办学的积极性和主动性仍然不高。

三是学院领导体制不明确。关于学校一级的领导体制，《高等教育法》作了明确规定，即实行党委领导下的校长负责制。但对于学院一级的领导体制，却缺乏明确的法律依据，一些学校在学院一级实行行政首长负责制、党政共同负责制等制度。由此造成校院两级领导体制不顺，上下关系不协调，学院管理效能不高，同时也为行政权力干预学术事务创造了条件，学术权力在管理中没有得到充分体现。

第三节 学校权力与学院权力关系的调整

理顺学校与学院之间的权力关系，是大学优化内部权力结构、提高内部治理水平的重要要求。优化学校权力与学院权力的关系，不仅要在权力的纵向分配上进行适当调整，而且要在健全组织架构、完善管理机制等方面下功夫，确保权力规范运行。

一、学校权力与学院权力配置的基本原则

从权力配置的方向来说，可以分为横向分配和纵向分配两个方面。前者是权力在同级机构或部门之间的配置，后者是权力在不同层次的机构或部门之间的配置。学校与学院之间权力配置属于纵向分配的范畴，总体来说应遵循以下基本原则。

（一）合理分权、系统优化的原则

为优化组织整体功能，确保组织纵向管理顺畅高效，组织内部纵向权力分配必须遵循合理分权、系统优化的原则，使权力在不同层次机构间合理配置，实现不同层级机构协调运作。一方面，权力不能过度集中在学校层面，以免造成院系办学积极性不

高、活力不足等问题；另一方面，学校也不能一味放权而放松监管，以免造成基层院系各自为政、学校整体控制不力以及资源重复建设等现象。因此，应充分考虑学校权力和学院权力的协调与制约。

（二）职责明确、权责对等的原则

为保证学校和院系之间合理分工，必须细致梳理学校、校部机关和院系的权责范围，理清哪些事务、哪些环节由学校或校部机关负责，哪些事务、哪些环节由院系自行处理，哪些事务、哪些环节由学校、校部机关和院系协同处理，并通过规章制度明确这种分工。同时，学院作为学校管理的重心和相对独立的办学实体，承担着一定的教育管理、学术管理和行政管理职责，因而学校在进行权力配置时，必须遵循权责对等的原则，在赋予院系职责的同时，应给予其相应的权力，如人事、财务、分配等方面的权力，实现权、责、利统一，充分调动院系的办学积极性，促进学院更好地履行职责，从而提高教育质量和办学效益。

（三）简政放权、重心下移的原则

"高等学校是一种以学科、专业为基础的'底部沉重'的学术组织，教育教学、科学研究和为社会服务等职能活动都是由广大教职员工在学校基层组织中进行的，基层的自主权是职能活动健康发展、兴旺发达的重要前提。"① 针对当前大学内部权力过度集中在学校层面的状况，大学应当简政放权，推进管理重心下移，既使学校能够将精力集中于战略层面的宏观管理，又激活基层院系的办学活力。一方面，要推进学术管理重心下移。大学是以教育和学术活动为核心业务的学术组织，学术权力的存在是其区别于其他社会组织的重要特征。学术权力是扎根于学科、专业

① 潘懋元主编：《多学科观点的高等教育研究》，上海教育出版社 2001 年版，第 342 页。

的权力，它具有“底部沉重”的特征，主要通过大学基层的院、系、教研室等组织发挥作用。基层院系能否拥有并合理行使学术权力，直接关系到大学教学科研的质量与效益。因此，大学要积极推进学术管理重心下移，明确应赋予院系哪些学术权力，各院系又应当如何正确行使这些权力。同时，要推进行政权力重心下移，明确学校与学院、学校职能部门与学院的责权利关系，逐步调整和优化纵向行政权力结构。

二、学校权力与学院权力关系的协调路径

当前，协调学校权力与学院权力的关系，关键是要进一步完善校院两级管理体制，理顺校院两级权责关系，优化组织体系和管理机制。

（一）明确权责范围

只有明确权责范围，才能保证各级权力各安其位、各司其职、各尽其能。同时，要做到责、权、利相统一，有责无权则影响职责的履行，有责无利则不利于调动积极性，而责、权、利相统一应该体现在事、人、财、物的管理上。

1. 学校的管理权限

学校层面应当主要负责宏观上的管理和监督，包括制定总体战略、重大事项决策、创新体制机制、筹措办学经费、统筹学科专业发展、监控教育质量、实施监督考核等，一般不应直接干预二级院系行政、教学、科研等方面的具体工作，而要通过指导、协调、服务、监督等对学院进行目标管理。

2. 学院的管理权限

学院作为在学校宏观管理下承担教学、科研、党务、行政等工作的实体机构，其主要任务是根据学校制定的总体战略和工作部署提出学院的发展方向和计划，开展各项具体工作，即通常所说的进行过程管理。其职能主要有：（1）协助学校管理教学、科

研、学科建设、党建、行政等方面事务；（2）根据学校总体规划、战略目标和工作部署，制订本学院发展规划和工作计划；（3）统筹调配本学院的人、财、物等资源，使各种资源得以综合利用；（4）负责学院和下属系、所、中心的主要行政管理工作，使系、所、中心能够专注于教学和科研工作；（5）组织开展跨学科的科研攻关；（6）帮助下属各系争取资源，协调各系、所之间的相关业务，平衡各系、所的发展。

（二）合理下放权力

根据世界银行的观点，教育分权主要包括三种形式：一是权力的分散（deconcentration）。它是分权程度最低的一种方式，是指把运作责任而不是决策责任交给下级部门，而中央部门还是对其保持严格的控制。二是权力的委托（delegation）。它是一种更全面的分权方法，中央当权者把职权“借贷”给较低层级的政府或自主组织，但委托出去的职权是可以收回的。三是权力下放（devolution）。它是分权中最彻底的一种，如把国家的职权从上级政府转移到下级政府，或把资源和政治权力移交给对上级政府保持很大独立性的下级政府。[①] 当前，中国大学中学校和学院权力关系失衡，权力过于集中在学校一级。在这种情况下，大学内部纵向权力分配，应该更加强调权力下放，而不是权力的分散和委托，以促使权力真正归位。评价分权程度的标志主要有决策的频度、幅度、重要性和受控制程度。组织中较低管理层次决策的频度越大、数量越多、范围越广、重要性程度越高、受控制程度越低，则分权的程度越高。[②] 据此来看，大学中学校向学院分权的重点在于事、人、财、物等方面决策权的下放。

一是学术决策权。目前许多大学的学术决策权主要集中在学

① 许杰：《教育分权与大学自主》，《高等教育研究》2004 年第 4 期。

② 周三多、陈传明、贾良定编著：《管理学——原理与方法》，复旦大学出版社 2014 年版，第 297 页。

校一级的学术委员会等机构，学术委员会主要由各学科的专家学者组成，但每个学科都有自身的特点，校学术委员会难以做到对全校各个学科都了如指掌，只有本学院的教授才最清楚本学科的研究现状和发展趋势，最清楚本学科教师的学术水平，最清楚如何设置和调整学科专业、如何设置课程、如何培养本学科专业的学生。因此，应当提高学院在学科专业建设、教学管理、师资聘任等方面学术决策中的话语权，提高学术决策的针对性和科学性。

二是人事权。主要包括：在学校政策规定和下达指标范围内，设置和调整学院内部教学、实验、科研、行政及服务等机构，设置和调整具体工作岗位、职责及任职条件；根据学科专业建设的需要，制订人才队伍建设和师资培养计划，抓好人才引进与培养、师资调配与流动、职称评定等工作；自主选聘院级以下组织的负责人，自主聘任副高职称以下专业技术人员和科级以下人员；按照效益优先原则，建立以岗定薪、按劳取酬、优劳优酬的学院内部分配制度，充分发挥激励和导向作用；等等。

三是财务权。学院在遵守学校财务管理制度的前提下，自主编制经费使用预算，自主制定财务分配政策，自主管理自创资金。特别是对于学院通过横向科研、产品开发、对外合作、技术培训、校办产业等途径获得的自创资金，学院应有更多的自由支配权，以调动学院的积极性。有权对为学院教学科研等工作作出突出贡献的集体和个人给予一定奖励。

四是资源配置权。根据教学科研需要，加强学院实验室建设，制订和实施教学、实验设备购置计划。对学院的教学设备设施、行政办公设备、实验仪器设备等具有管理、使用和合理调配的权力。

（三）健全基层组织

组织是权力的载体。学校在向基层学院放权的同时，要进一步完善基层组织体系，特别是要建立健全教授委员会等院级学术机构。教授委员会成员经民主选举产生，校长委托教授委员会管理学院的教学、科研、师资聘任、学科专业建设等学术事务。这样，在学院组织中就产生了两种决策机构：一是教授委员会拥有学术决策权，主要负责处理学院的学术事务；二是党政系统拥有行政决策权，主要负责处理学院的党务、行政等事务。从机构性质来说，教授委员会不是新的官僚组织，而是一个“学术共同体”，是实现学术自治和学术自由的一种组织形式。在学院组织的职能定位上，应坚持以学术管理为核心，行政管理应服从学术管理的需要，减少行政力量对学术事务的干预，真正发挥学术权力和专家学者在处理学术事务方面的作用，形成校长治校与教授治学、行政权力与学术权力协调配合的管理架构。

（四）强化目标管理

为了更好地适应在市场经济条件下大学面向社会自主办学的需要，学校层面要加快转变职能，使对学院的管理由过程管理、直接管理为主转变为目标管理、契约管理为主，发挥学校统筹规划、组织协调、督查指导等宏观职能，激发学院的积极性和创造性。学校要根据全校总体发展目标，将各项任务分解到各学院，并与学院签订《目标管理责任书》；学院应根据承担的目标任务，制订具体的实施计划，并报学校审核后实施。学校要建立目标管理考核和奖惩机制，根据各学院不同特点，有针对性地制定考核指标体系。考核指标既要包含对目标完成情况的考核；也要包含对资源使用效益的考核；既要有定量的指标，也要有定性的指标；同时要严格落实目标责任制，加强督查指导，根据考核结果进行适当奖惩。

第四节　关于大学大部制改革的探讨

实行大部制改革，是当前一些大学调整完善组织机构、协调内部权力关系、建设现代大学制度的一项重要探索。大部制改革所体现出的一些理念和做法，对于理顺大学学校权力和学院权力具有重要的借鉴意义。大部制即大部门体制，是指在政府的部门设置中，将那些职能相近、业务范围类同的事务相对集中，由一个部门统一进行管理。① 大部制是西方发达国家普遍采用的一种政府管理模式，近年来也在中国政府管理体制改革中得到一定程度的实践，并成为中国行政管理体制改革的一个重要方向。在高等教育领域，北京大学、浙江大学、北京师范大学等院校对学部制改革进行了探索，山东大学、沈阳师范大学、襄樊学院等院校开展了职能部门大部制改革。但总体来看，当前关于大学大部制改革的研究和实践都还处于初步探索阶段，尚有许多重要的理论和实践问题有待澄清。

一、学部制改革的必要性和关键点

进入 21 世纪以来，北京大学、浙江大学、吉林大学、北京师范大学、中国传媒大学、大连大学等至少二十余所大学对学部制改革进行了探索。特别是 2009 年 6 月 29 日《人民日报》报道了北京师范大学组建教育学部并产生较大影响之后，大学学部制改革步伐进一步加快，越来越多的大学加入学部制改革的行列，

① 汪玉凯：《中国的“大部制”改革及其难点分析》，《学习论坛》2008 年第 3 期。

还有一些大学也正积极开展改革的准备工作。学部制改革逐渐成为大学内部管理体制改革研究和实践中的一个热点问题。但总体来看，目前大学学部制改革仍处于探索阶段，尚有一些重要的理论和实践问题有待深入研究，在改革的必要性、学部职能的定位等关键问题上还存在诸多争议。基于此，我们试图就大学学部制改革探讨四个问题，即“改革是否必要”、“学部职能如何定位”、“改革成功的关键是什么”以及“改革需要克服哪些障碍”。①

（一）改革之必要性

目前所谓学部制改革，是指在大学内部学校和学院两个层次之间增加“学部”一级学术性组织或管理机构，以促进学科交叉融合和相关院系的资源整合。② 例如，浙江大学成立了工学部、理学部、人文学部等7个学部，囊括全校22个学院、15个院级系和1个教学部；北京师范大学整合6个学院或研究院、8个研究所和10个综合交叉平台，组建了教育学部。从理论研究者和改革实践者的观点来看，学部制改革的动因可归纳为两个方面。一是促进学术发展的需要。我国大学二级实体院系设置数量普遍较多，不少学校在20个以上，有的甚至在40个以上。而在国际上，大学内的学院，除个别比较特殊的学科专业外，绝大多数都是建在学科“门类”层次上的。③ 美国大学教学科研实体学院平均数为9个以下，英国大学不超过10个。④ 通过学部制改革整合教学科研机构，有利于打破学科壁垒，促进学科交叉融合，实现资源共享；同时也有利于组建大的跨学科科研团队，改变传统

① 林祥柽、李旭炎、范丽娟：《大学学部制改革四问》，《中国轻工教育》2014年第5期。

② 严蔚刚、李德锋：《我国高校学部的基本权力、分类及相关思考——基于我国学部制改革的调查研究》，《中国高教研究》2012年第7期。

③ 周川：《新一轮院系调整的特征与问题》，《高等教育研究》1998年第2期。

④ 储召生、唐景莉：《学部制：高校“大部制”改革掀起盖头》，《中国教育报》2009年7月7日第6版。

的以个体为主的作坊式研究，以适应日益综合化的科学技术发展趋势。所以，从构建跨学科组织体系层面考虑，综合性大学特别是研究型大学，实行学部制改革具有非常重要的意义。① 正如美国著名高等教育学者伯顿·克拉克所言，如果许多相互分离的群体富有意义地联结起来，形成更大的团体，那么它们就能实现更大的具有跨学科性质的目的。② 二是优化大学内部管理的需要。当前，大学内部权力结构失衡仍较严重，主要体现在：纵向上，权力过度集中在学校层面，基层单位办学自主权不足，办学积极性不高；横向上，行政权力过于强势，常常干预甚至包办学术事务，学术权力的地位和作用没有得到应有体现。人们期盼通过学部制改革，进一步理顺学校和基层单位、行政权力和学术权力的关系，促进大学去行政化。

以上对改革动因的阐述，展现了学部制改革的美好前景，使学部制改革获得了很高的呼声。但也有少数研究者对学部制改革持谨慎态度甚至表示质疑，主要有三种代表性观点。一是认为学部作为学校和学院之间的一类组织或机构，增加了管理层级和管理成本。③ 二是认为学部制改革可能带来风险和矛盾。比如，可能对大学既有内部学术生态环境造成冲击④，学部主任与院长间容易由于权责利问题产生矛盾和误解⑤，等等。三是认为只要完善现有学院制，尽量按照学科门类或学科群设置学院，就能够减少学院数量，提高学校的管理效率。⑥

---

① 邹晓东、吕旭峰：《“学部制”改革初探——基于构建跨学科研究组织体系的思考》，《高等教育研究》2010 年第 2 期。

② ［美］伯顿·R. 克拉克著，王承绪等译：《高等教育系统——学术组织的跨国研究》，杭州大学出版社 1994 年版，第 23 页。

③④ 严蔚刚、李德锋：《我国高校学部的基本权力、分类及相关思考——基于我国学部制改革的调查研究》，《中国高教研究》2012 年第 7 期。

⑤ 李玲：《高校“学部制”改革探析》，《当代教育理论与实践》2011 年第 2 期。

⑥ 崔民日：《实施学部制必要性的几点质疑》，《学理论》2012 年第 21 期。

上述第一种观点一针见血地指出了当前学部制改革存在的主要问题，特别是在那些把学部作为一级管理实体的学校，管理层级增加的问题更加突出。但该问题的出现，与当前学部制改革处于初步探索阶段有关，随着改革的逐步深入，可以也应当通过合理的组织结构调整，使大学保持原有管理层级数量。对于上述第二种观点，虽然对改革的一些担忧不无道理，但任何改革都要面对风险，不能因为存在风险就否定改革本身的意义而止步不前，各大学也完全能够通过采取有效措施，使改革风险降到最低。上述第三种观点所述方案固然简单，但看似通过简单途径就能解决的问题，却要大费周章地进行学部制改革加以解决，恰恰体现了我国大学内部管理积弊之深，对现有制度进行小修小补，恐怕难有成效。大学只有拿出“革自己命”的勇气，探索一些重大改革，才能达到“猛药去疴”之功效，使大学摆脱困境、走向繁荣。总体来看，大学是有可能通过学部制改革达到促进学科融合、优化内部治理结构等目的的。从这个意义上讲，学部制改革不失为推动学科专业发展、建设现代大学制度的一项值得尝试的探索，改革确有其必要之处。

但需要指出，学部制改革也有一定的前提和条件。第一，学部制改革必须以学科整合需求为基础才有实际意义。正因如此，目前实行学部制改革的多为“985 工程”和“211 工程”的综合性大学，而那些院系数量不多、学科交叉性不明显的大学大可不必费此周折。第二，增设学部之后，学校要通过组织结构的重新设计确保管理层级不增加，以保证管理效率。第三，大学在改革的过程中要根据自身情况因校制宜，不可盲目模仿。比如，有的可以开展全校性改革，有的只需进行局部改革。

（二）学部职能的定位

目前，在不同大学乃至同一大学的不同学部，学部职能都可能有所区别。总的来看，各大学对学部职能的定位大致可分为两大类：一类是虚体，即学部仅承担学术职能。例如，东南大学将学部定位为学术性组织，其基本职能是统筹相关学科发展、协调和处理相关学科建设与学术性事务，不具备行政管理职能。浙江大学人文学部、信息学部等学部虽设立党工委配合学校进行学院党委领导班子选拔任用等工作，但其定位是进行学术分类管理的平台，主要承担学科规划、专业建设、学术评价等学术职能，因而也可归入虚体一类。另一类是实体，即学部同时具有行政职能和学术职能，是一级管理实体。例如，北京师范大学教育学部，兼具相对独立的行政管理职能和学术管理职能。

虽然多数学部采取虚体型模式，但也有部分大学坚持采取实体类型，还有大学明确提出，将支持虚体型学部向实体发展。那么，学部职能到底应当如何定位，改革的走向是虚体还是实体？目前学术界对该问题的看法尚且存在争议，要回答这个问题需考虑两个因素，一个是改革效果，一个是管理效率。从改革效果看，由于虚体型学部不具有行政权力，容易导致学部对学院的影响力下降。[①] 并且，没有人、财、物的配置权，学部决策在落实中恐怕将遭遇许多困难。同时，与实体型学部相比，虚体型学部不能解决二级管理实体过多、管理跨度过大的问题。所以，为了保证改革效果，应当建立实体型学部。从管理效率看，由于减少管理层级，将面临领导岗位减少、人员安置困难等问题，目前采取实体型学部的大学在组织架构上，通常只做“加法”，不做“减法”，即只增加学部这一管理层级，而没有相应减少一个管理层级，这必将影响学校的管理效率。为保证管理效率，一些大学只能退而求其次，采取虚体型学部模式。由此，便产生了这样一个悖论：要保证改革效果，应采取实体型学部模式；要保证管理效率，则应采取虚体型模式。导致这一悖论出现的症结在于当前

① 李福华著：《大学治理与大学管理》，人民出版社 2012 年版，第 269 页。

进行学部制改革的大学通常没有同步进行组织结构调整，以保持原有管理层级数量。组织的管理层级越少，管理效率便越高，发达国家大学的管理结构普遍是扁平化的。因此，学部制改革的方向应当是设立实体型学部，并相应减少一个管理层级，确保在缩小管理跨度的同时，不延长管理链条，以同时保证改革效果和管理效率。当前采取虚体型学部应当说只是一种权宜之计和过渡办法，随着改革的深入推进，学部应从虚体向实体发展。

（三）改革成功的关键

大学大部制改革的核心在于权力结构的重组和优化，不论是学部制改革还是职能部门大部制改革，其主要目的都是通过组织结构的调整，实现权力的合理分配和权力结构的相对平衡。① 因此，就学部制改革而言，学科整合是“表”，权力重组是“里”。只有实现权力结构的合理调整，才能真正实现学部制改革的目标，避免改革徒有其“表”，这也正是学部制改革成功的关键所在。具体来说，要重点抓好以下四个方面。

1. 完善组织体系

推进学部制改革，首先要优化大学组织体系，明确各种权力的载体，从组织结构上保证各种权力相对分离和相对独立。一方面，要完善学校整体组织架构。目前多数实行学部制改革的学校形成了“学校—学部—学院—系”四级建制，浙江大学理学部等个别学部下只设系，为“学校—学部—系”三级建制。尽管有管理实权的通常只是学校、学部或学校、院（系）两级，但如上文所述，层级过多必将影响管理效率，不符合大学组织扁平化发展趋势。随着学部制改革的深入，大学在组织结构上可向“学校—学部—系”三级建制转变，即取消学院一级，以学校、学部两级

① 范丽娟：《大部制改革与高校内部权力结构的优化》，《中国轻工教育》2013 年第 4 期。

为管理实体，对系级组织进行重新整合和划分，真正实现学科专业有机融合。

另一方面，要优化学部内部组织架构。实体型学部由学术组织、教学科研组织、党组织、行政组织、群众组织等构成，其中学术组织是学术权力的基本载体。加强学术组织建设，充分发挥学术组织作用，是壮大学术权力、改变行政权力与学术权力失衡状态的重要途径。① 但目前大学在基层学术组织建设方面还较为薄弱，必须完善基层学术组织，才能更好地提高学术管理的针对性和有效性，提升学术权力的地位和作用，彻底改变学术权为行政权所取代的局面。因此，学术组织建设是学部制改革中组织结构调整的重点。当前各校学部内学术组织设置不尽相同，但通常都成立各类专门委员会，分别承担相应领域的规划、标准制订、评审、决定、推荐和审议等职责。例如，北京师范大学教育学部成立了学术委员会、人事工作委员会、学位评定委员会、教学指导委员会等机构，分别负责有关学术事务。同时，各学术组织成员应以教学科研人员为主，突出学者与教师在专门委员会中的作用，强化他们的话语权力与决策权力，保证专家学者有效参与学术管理。

2. 优化权力结构

大学内部权力结构体现为两个方面：一是纵向结构，即学校、学部、学院权力关系；二是横向结构，主要是行政权力和学术权力的关系。完善大学内部权力结构，应推进向基层组织和学术系统的“双向分权”。②

一是纵向分权。出于学校规模不断扩大的现实和由此增加的

---

① 范丽娟、李旭炎、林祥柽：《高校学术权力和行政权力的冲突与整合》，《教育与职业》2013 年第 14 期。

② 范丽娟：《大部制改革与高校内部权力结构的优化》，《中国轻工教育》2013 年第 4 期。

信息沟通成本，以及适应大学的分权组织特性和学术自治要求，大学管理重心下移已成为一种发展趋势。① 这就要求将部分权力从学校层面（包括校部机关）下放给学部和院系，扩大基层管理自主权，充分发挥基层单位的积极性。大学内部纵向分权的重点在于两个方面。其一，学校向学部下放学术权力。比如，学校将科研项目评审、学术评价、职称评定、学科专业及课程设置和调整、重大科研平台建设等部分学术权力交予学部，以促进学科整合和协调发展。其二，学校和校部机关向学部下放行政权力。即按照权责对等的原则，在下放事权的同时，向学部下放人才引进、一般人事调整、人员聘任考核等人事权，经费使用、经费审批等财务权以及人事分配、教学科研奖励等分配权，理顺学校和学部两级权责利方面的关系，避免有责无权的现象。

二是横向分权。学术权力是学部制改革中的关键权力。学部制改革的一个重要目标是解决大学发展中行政权力过于膨胀的问题，正确处理行政权力与学术权力的关系。这就要求行政系统向学术系统分权，将本该由学术组织负责的学术事务管理权从行政系统转移到学术系统，发挥教授在学术管理中的主导作用，改变教授在学术决策中的失语或半失语状态，实现行政权力和学术权力各归其位、各尽其责、协调配合。

3. 厘清权责边界

要实现有效管理，权责的合理划分是一项基础性的工作。要对大学学术事务和行政事务进行系统的归纳和梳理，详细划分哪些事务、哪些环节由哪个或哪些机构通过哪种程序进行决策和管理，厘清学校、学部、学系、职能部门、学术组织等的职责，构建清晰明确的职责体系，明确各种权力的行使主体、主要职能和

---

① 卢威、邱法宗：《论高校管理机构的“大部制”改革》，《国家教育行政学院学报》2011 年第 3 期。

权限范围，做到权责一致、权责对等。同时，要通过大学章程等规章制度把这种职责分工确定下来，作为学校管理应循序的基本原则和权力行使的依据，最大限度地避免权力“缺位”、“越位”、“错位”等问题，促进各类机构、各种权力各司其职、高效配合。特别是学校行政机构应明确自身职能定位，强化服务意识，把为教学科研服务作为首要职能和中心任务，实现从注重管制向注重服务、注重微观管理向注重宏观管理转变。

4. 规范权力运行

学部制改革应注重通过机构重组，促进决策、执行和监督三个职能相对分离、相互制约和相互协调，从而规范各种权力的运行，确保决策科学、执行有力、监督有效。学部建立后，可通过部务委员会、党政联席会议等对学部重要事项进行集体决策，并建立健全重大事项公示制度等有关制度，使决策更加科学化、民主化。要构建科学的绩效考核体系，对学部领导实行任期责任制，加强对学部工作绩效、用人情况、财务支出等的评估检查，并根据评估结果，采取必要的奖惩措施，提高学部执行力。要充分发挥教代会、学代会、工会等群众性组织在学部管理中的民主监督作用，对学部发展规划、年度工作计划、经费预算、分配方案等进行审议与监督，维护师生员工的合法权益。

（四）改革需要克服的障碍

任何改革都会遇到阻力，学部制改革也不例外，因为学部制改革不仅仅是机构的调整，它还涉及权力重组、人员岗位变动和利益重新分配。当前，大学学部制改革至少面临如下五大障碍，只有克服这些障碍，才能为学部制改革创造有利条件。

一是思想障碍。有的人对改革还存在一些顾虑，比如有的担心改革达不到预期效果，有的怕影响学校整体稳定。同时，教职工已习惯于原有的组织归属、管理制度、运行机制等，组织变革会打破原有心理的平衡，使他们感到不习惯。针对这些问题，开展学部制改革的学校不妨先在局部进行改革试点，待试点经验成熟并得到足够的舆论支持后，再将改革扩大至更大范围。同时，要把改革的理由、理念、做法、前景等向师生员工讲清楚、讲透彻，赢得广大师生员工的支持和认同。

二是体制障碍。长期以来，我国大学一直实行以行政权力为主导的内部管理体制，学术权力参与学校管理的体制机制还不健全，这无疑制约着学部制改革的成效。同时，因对原有制度的依赖而形成的制度惯性，也将阻碍着改革的进行。因此，要逐步完善大学内部治理结构，形成多元共治的大学内部管理体制机制，完善学术管理制度，为学术权力更好地发挥作用提供制度保障。

三是利益障碍。学部制改革必然涉及利益格局和利益关系的调整，将触及既得利益者的利益，面临既得利益者的阻挠。比如，学部在整合原有院系之后，在资源分配上必然要打破原有状态，以实现资源共享，而资源相对丰富的强势院系是否愿意分享自身资源是个问题。再比如，权力结构的调整必然使大学管理者对人、财、物等资源的配置权发生变化，由此带来的利益变革和调整也是学部制改革的重要障碍。只有平衡好各方利益，学部制改革才能顺利推进。

四是权力障碍。权力之所以具有魔力，并不仅仅是由于附着在其之上的利益，还在于它高高在上的权威性。权力行使者对权力本身的眷恋，将使放权成为一件困难的事情。特别是在行政权力独大的情况下，向基层和学术系统分权就意味着校部权力和行政权力要削减自身权威，这不是轻而易举就能做到的。学校管理层必须具有推进改革的坚定决心和巨大魄力，才能克服权力障碍，推动学部制改革走向深入，避免改革浅尝辄止或半途而废。

五是人事障碍。学部制改革涉及人员及人员关系的变动。人员的重新安排是学部制改革最大的难点之一，特别是原有学院领导的重新安排，是颇费斟酌的事情。为确保改革平稳进行，学部制改革应坚持循序渐进的原则，经过一个时期的努力，逐步进行机构调整和人员分流，最终实现机构和人员的合理匹配。

二、职能部门大部制改革的目标与方案

目前，在大学职能部门大部制改革研究方面，学术界对改革的目标和原则还缺乏系统的阐述，对基于职能合理划分的大部门组织架构还有待进一步探索，对大部制模式下大学职能部门运行机制的研究基本上还处于空白状态。我们从这些方面入手，对大学职能部门大部制改革进行新的探索。①

（一）大学职能部门大部制改革的目标与原则

所谓大学职能部门大部制，可理解为大学通过合并职能相近部门以拓宽单个部门管理职能，并向基层和学术组织分权，推进管理重心下移而建立的内部管理模式。② 大学推行职能部门大部制改革，主要目的是在对管理机构进行职能调整和机构整合的基础上，优化内部权力结构和运行机制，实现从“权责不清”到“权责明确”、从“多头管理”到“集中管理”、从“政出多门”到“统一决策”、从“利益分割”到“利益整合”、从“管理为主”到“服务为主”的转变，形成分工合理、权责一致、决策科学、执行有力、监督有效的内部管理体制。具体来说，大学职能部门大部制改革应遵循以下目标和原则。

1. 厘清职能，划清权责边界

职能是一个组织所承担的职责和功能，机构则是职能的载体。不能简单地把大部制改革理解为部门合并、机构精简，它必须建立在职能合理调整的基础之上，并以职能整合为重点带动机

① 林祥桎、范丽娟：《高校职能部门大部制改革的目标方案与运行机制》，《高校教育管理》2014 年第 4 期。

② 卢威、邱法宗：《论高校管理机构的“大部制”改革》，《国家教育行政学院学报》2011 年第 3 期。

构整合。“责任划分不清，会造成部门间的责任推诿与扯皮；职责重叠，会造成冲突，会浪费精力并会产生非故意的冗员。”①因此，要对现有部门的具体职能进行分解和整合，弄清哪些职能应当合并、哪些职能需要增加、哪些职能需要剥离等，并按照“大职能”的理念，对各项具体职能进行整合，优化职能结构，划清职能边界。在此基础上，进行机构重组，对职能相同或相近的部门进行整合，建立大职能、宽范围的综合性部门，从而理顺部门之间的职责关系，解决职责不清、职责交叉、职责划分过细等问题，提高职能部门的运行效率和管理效能。

2. 合理分权，优化权力结构

目前，我国大学内部权力结构失衡问题较为严重，主要体现在以下两个方面。一是学校权力与院系权力的失衡。大学内部管理权过于集中在学校和校级机关，院系管理自主权较为有限。而综观世界一流大学，二级院系一般都具有充分的管理自主权。二是行政权力与学术权力失衡。行政权力过度膨胀，常常干预甚至包办学术事务，管理过度行政化问题较严重。

大部制改革的实质，是一种权力结构的重组和再造。② 大学应以大部制改革为契机，推进向基层和学术系统的“双向分权”，实现管理重心下移，促进教授治学。要约束行政权力和学术权力的行使，避免彼此间的不正当干预和冲突。同时，要促进学校和大部门内部决策权、执行权、监督权相对分离和独立，确保决策科学、执行顺畅、监督有力。

3. 强化服务，转变管理职能

实现管理职能转变是大部制改革的重要目标。大学实施大部制改革，必须推进管理部门职能的转变，使职能部门更好地服务

---

① [美] 李·G. 鲍曼、特伦斯·E. 迪尔著，桑强等译：《组织重构——艺术、选择及领导》，高等教育出版社 2005 年版，第 60 页。

② 许耀桐：《如何把准大部制改革的实质》，《人民论坛》2008 年第 7 期。

于教学科研活动。这是因为，学术性是大学的根本特性，为学术服务是大学职能部门的根本价值所在。高等院校所承担的基本功能和我国高等教育所发生的一系列变化都要求大学行政工作必须以“服务”为中心，这也是整个社会行政管理思想变革趋势的必然要求。① 大学在推行职能部门大部制改革过程中，应坚持“学术本位”的管理原则，对内部管理职能进行重新定位，强化职能部门和党政权力的服务职能，实现从管理型机关向服务型机关转变，形成职能部门为教学科研机构服务、党政权力为学术权力服务、管理人员为师生服务的“大服务”格局。

4. 加强协调，提高行政效率

从管理角度来看，建立大部制结构主要是想解决因职能部门划分过细导致的部门和部门之间协调困难的问题，降低协调难度与成本，以提高管理效率。在大部制改革中，要充分发挥大部门职能广、机构大的优势，将部门之间的协调转化为部门内部的协调，从而避免因部门之间长时间的讨论磋商、讨价还价甚至利害冲突而使学校工作受到影响，加快内部信息传递，提高工作效率。

5. 精简机构，降低行政成本

精简机构、裁减冗员是大部制改革的基本目标之一。但在被称为“计划经济的最后一块堡垒”的大学，精简机构、裁减冗员却并非易事。这是因为，机构数量的减少必然伴随着领导岗位的减少，原有部门领导的重新安排是一件颇费斟酌的事；并且，大学职能部门往往是安排教师家属等“特殊人员”的地方，这些“必要照顾对象”是难以裁减的。可以说，人员安排是大学大部制改革的最大难点之一。但可以考虑先将大部门建立起来，再结

① 范丽娟、林祥柽：《高校服务型行政管理体系探析》，《中国轻工教育》2009 年第 3 期。

合事业单位改革和全员聘任制的实施，不断完善“能上能下、能进能出”的用人机制，逐步进行人员调整，经过一个时期的努力，循序渐进，最终实现机构设置和人员编制的合理匹配。

（二）大学职能部门大部制改革方案

按照大部制的要求，首先应当对组织承担的职能进行梳理，然后按照“整合相近职能，避免职责交叉”的原则进行机构重组。综合考虑大学承担的基本职能、内部领导体制的特点、组织运行的实际需要等方面因素，尝试对大学内部管理职能体系进行重新划分，构建一个“大职能”结构，即把大学内部管理职能划分为党群工作、综合协调与后勤保障、教学、科学研究、学生教育与服务、对外交流合作六大方面。根据这一职能结构，可将现有基本职能部门整合为党群工作部、总务部、教务部、科学研究部、学生综合服务部、合作发展部六个大部门。具体方案如下。

一是党群工作部。该部门主要负责党务工作和群众工作，可整合组织部、宣传部、统战部、纪委办公室、党校、机关党委、离退处、工会等部门的职能。由于监察处、审计处与纪委办公室在职能上具有密切关系，因而也将监察处、审计处并入该部，与纪委办公室共同组成纪检监察审计工作组。

二是总务部。该部门主要负责综合协调、资源建设、后勤服务、安全保障等工作，可整合党委办公室、校长办公室、发展规划处、人事处、财务处、基建处、资产管理处、后勤处、保卫处、网络中心、图书馆等部门的职能。

三是教务部。该部门主要负责本科教学、研究生教学、学科专业建设等工作，可整合教务处和研究生处的教学管理职能，一些大学设立的学科建设办公室也可并入该部。

四是科学研究部。该部门以原有的科技处为基础，主要负责科研管理工作，一些大学设立的社科处、出版社、期刊社等部门亦可并入该部。

五是学生综合服务部。该部门主要负责学生日常管理与服务工作，可整合招生就业处、学生处、团委等部门的职能和研究生处的招生、思想政治教育、学生日常管理等职能。

六是合作发展部。该部门主要负责对外交流与合作工作，可整合国际交流处、校友办、基金会等单位的职能。

原有部门合并成大部门后，如再根据原有部门的形制来设置科室，则容易出现部门内部的隔阂与利益分割，而影响大部门的整体性。应根据大部门承担的具体职能，对内部机构进行重新划分，按照工作内容和工作流程的不同，设置各个工作组，以打破原有部门的壁垒，促进部门成员沟通融合、形成合力，并减少职能部门的行政化色彩。例如，学生综合服务部整合了原有的学生处、招生就业处、团委和研究生处负责招生、思想政治教育、学生日常管理等科室后，可下设思政工作组、奖助工作组、招生工作组、就业工作组、团务工作组等工作小组。除设立常设的工作组外，如遇特殊任务，还可从各小组抽调人员，组成临时性的工作小组。通过职能整合和机构合并，学生综合服务部基本上涵盖了从招生到在校管理再到就业的全部学生事务工作，使学生工作责任主体更加明确，避免了职责不清、多头管理、互相推诿等现象，同时也解决了原有部门间协调难的问题。

上述方案，是构建大学职能部门设置的一种“理想模型”。虽然这一“理想模型”只是在现实经验基础上所做的一种构想，但其对于认识大学职能部门结构，探索大学职能部门大部制改革具有一定的借鉴意义。需要说明的是，上述方案并非大学大部制改革的唯一方案，不同大学应根据自身发展历史、办学规模、管理理念等方面因素，探索符合自身实际的职能部门设置模式。

（三）大部制模式下大学职能部门的运行机制

大学大部制改革是一个包括职能调整、机构重组、机制创新、流程再造的系统工程。大部门建立起来之后，还需要构建一套包括科学决策机制、沟通协调机制、弹性运行机制、综合服务机制、监督评估机制在内的行之有效的运行机制，不断完善部门工作流程，以保证大部门高效良性运转。

1. 科学决策机制

在大学现有决策模式中，虽然学校重大决策基本上都是由书记办公会、校长办公会或党政联席会审议通过，但一项决策从酝酿到提出再到成形往往都是由相关职能部门具体负责，职能部门对决策的操控空间较大，这既不符合大部制对决策权、执行权、监督权相互分离的要求，也为行政权力干预学术权力创造了条件。职能部门是执行学校决策的机构，其主要角色是执行者，应当将学校重大决策的制定权从职能部门剥离出去。在学校层面，可借鉴国外大学的委员会制度，完善或组建教学指导委员会、职称评定委员会、校园规划建设委员会等各类专门委员会，分别负责学校有关领域的重大决策，并由相关职能部门负责具体执行。在部门层面，可吸收有关方面代表组成部务委员会，由其负责部门决策，并由部门内的相关工作小组负责执行。同时，还要建立健全重大事项公示制度、听证制度、决策咨询制度等有关制度，提高决策科学化、民主化水平。

2. 沟通协调机制

在大部制模式下，随着部门数量和部门间业务交叉的减少，部门之间的沟通协调变得相对简单。但由于每个部门都合并了多个部门，部门业务工作更加复杂多样，部门内部沟通协调难度加大。除了召开常规性工作会议之外，还可以考虑建立例会制度，以优化部门之间和部门内部的沟通协调机制。例会，作为一种非正式的碰头会，它能够承上启下，是提高管理水平、增强执行力的一种有效手段。[1] 实行例会制度，需要注意以下几点。第一，参加人员。为保证例会效果，参会人数一般应控制在十人左右。可分别召开由部门负责人、部门内工作组负责人、工作组成员参加的不同层面的例会。第二，例会周期。考虑到不同层面的例会在会议目的、人员召集难度等方面各有不同，工作组例会可每周召开一次，部门例会可每月召开一次，部门间例会可每个季度召开一次。第三，例会内容。由于例会具有“非正式”特点，会议内容可灵活多样，可以是汇报工作进展情况，可以是针对某项工作展开研讨，可以是就工作中存在问题交流看法，也可以是业务学习和交流。通过例会，不仅可以有效推动工作开展，也可以促进部门之间和部门内部的沟通、交流与合作。

3. 弹性运行机制

职能部门的工作量“半径”在不同阶段一般是不同的，如按最大“半径”定编，一到“淡季”人员闲置，如不按最大“半径”定编，一到“忙季”人手不够。而在大部门中，A 工作组的“忙季”可能恰好是 B 工作组的“淡季”，此时 B 工作组的成员便可补充到 A 工作组中来。因此，在保持各工作组成员基本稳定的前提下，可根据工作任务、工作量等的变化，对部门内各工作组人员构成进行适当调整，或组建新的工作组，这不仅有利于减少虚设岗位和闲置人员，也有利于部门内部各工作组之间的沟通融合。此外，大部门之间同样可以采用这种弹性化的运行机制，当遇到教学评估、校庆等重大任务或紧急任务时，可从各部门抽调精干力量，组成临时性的工作团队，共同协作完成工作任务。

4. 综合服务机制

① [美] 大卫·马丁著，源泉译：《赢在例会：开一个高效、严谨、共赢的例会》，国际文化出版社 2005 年版。

小部门体制下的公共服务职能基本上是一种碎片化服务，因而提供的公共服务具有典型的不完整性和非连续性。① 而大部制具有“大服务”的特点，要更好地发挥大部制的综合服务优势，服务流程的优化至关重要，应对职能部门的服务工作进行流程再造。信息化建设是流程再造的技术前提，也是新的服务流程运行的技术平台。因此，要加强数字化校园建设，充分利用网络技术、移动通信技术等技术手段，推进管理和服务现代化，实现由传统的文件式、串联式、部门分散化的服务方式向电子化、并联式、部门集成化的服务方式转变，从而优化服务流程，提高服务效率和质量。例如，在科研经费管理中，教师认领项目汇款，通常要先到科研主管部门审核、盖章，然后再到财务部门办理入账手续。而通过网上办理流程，就可以将流程变为“教师网上认领—科研主管部门审核—财务部门入账并返回信息”，审核和入账两个环节就可以由科研主管部门和财务部门在网上快速协作完成，不仅使教师免于在不同部门之间来回奔波，也加快了科研经费下拨速度。②

5. 监督评估机制

大部制下，职能部门业务范围扩大，部门权力也随之加大，对职能部门的监督愈显重要。但由于职能集中，责任清晰，避免了多头管理和推诿扯皮等现象，对部门的监督和评估也更加便利。一方面，要加强对职能部门权力运行的监督。大学要保证纪委、监察、审计机构相对独立运行，加强对部门权力行使情况的监督检查，确保部门权力规范运行；要充分发挥教师代表大会、工会、学生代表大会等群众组织的民主监督作用，更好地维护师

① 李院林、陈国权：《大部门体制改革的实质与突破》，《中国行政管理》2009 年第 1 期。

② 谢素萍、刘沐、尹世学等：《高校科研经费管理流程的研究与实践》，《中国管理信息化》2011 年第 5 期。

生员工的合法权益。另一方面，要加强对职能部门工作绩效的评估。对工作绩效进行评估，是提高职能部门执行力的有效途径。但目前大学中，职能部门的工作绩效基本上只是通过撰写部门工作总结或由部门领导向校领导汇报来呈现，对部门的考核也缺乏科学的绩效考核标准。大学应当建立职能部门一把手负责制，实行目标管理，并成立评估委员会或评估办公室等专门评估机构，完善绩效评估方法体系及操作程序，对职能部门工作情况进行专业评估，并根据评估结果给予相应奖惩，以推动职能部门更好地履行职能。此外，各职能部门也应建立完善的内部监督机制，加强对各工作小组权力行使和任务完成情况的监督检查，以更好地实现部门整体目标。

第五章

教师与学术权力

教师是学术权力的主体，但是教师权利又不能完全等同于学术权力。本章在分析教师权利的基础上，厘清教师权利与学术权力的关系、将研究的重点放在教师作为学校学术管理主体的意义和作用，为教师的学术权力的有效实现提供一个合理的路径。

第一节　教师权利的内涵与基本范畴

在大学权力结构当中，研究的焦点多集中在党委权力与行政权力的关系、行政权力与学术权力的关系，但认真分析大学管理的主体，不能忽视的一部分就是教师。教师权利与学术权力有着天然的联系，教师是学术权力的拥有者，只有保障了教师权利，大学的学术自由与学术自治才有可能。大学不同于一般社会组织，其具有特殊性，这决定了大学的功能也具有特殊性，使得教师不同于一般自然人，而是特殊的权利主体。谈及教师权利，学者们从法律、教育、管理的角度都有所涉及，多数人认为教师不仅具有作为一般权利人所拥有的权利，作为特殊权利所有人，还拥有与教学和科研相关的权利。但研究视角多将教师作为大学管理的客体，而忽视了教师作为大学学术权力实施主体的重要作用。

一、权利的概念

权利是现代法哲学当中的一个基本概念。关于权利的学说很多，但都不能脱离两个基本范畴，一是权衡，二是利得。[①] 主体的权衡是权利的第一要义，表现为主体可以根据自己的意愿进行选择，这样权利的主体拥有了其存在的价值；利得是权利的客体，是主体依照自己意愿进行选择的结果，是客观的利益所得。权利随着主体的变化，其表现出的类型也不尽相同，权利主体不同，其利益诉求就不同，权利范围也有所区分。因此，作为行为人，具有一般权利与特殊权利两类权利。一般权利指法学范畴内所说的“世权”，它的权利主体不是特定的，而是针对所有的社会成员，是全体社会成员所平等拥有的权利；特殊权利为法学范畴内所指的“对人权”，权利主体限定为特殊的群体，对应的人是明确的、具体的，权利的客体也是特定的。权利的实现是最终目的。在法律上，权利的实现主要通过两条途径：第一是确定权利的实体法，指权利要通过法律予以明确；第二是维护权利的程序法，它可以保障权利的实现并对权利实施有效监控。实体确认和程序保障不仅仅是法律范畴的规范，也是教育管理领域实现教师权利的基本准则。

二、高校教师的一般权利

教师作为一个特殊的社会群体，既具有一般社会成员共同享有的权利，也具有教师这个特殊职业赋予他们的特殊权利。

一般权利是国家宪法和法律规定的公民所共同拥有的权利。《中华人民共和国宪法》规定：公民有选举权和被选举权；有言论、出版、集会、结社、游行、示威的自由；有宗教信仰自由；

① 谢晖著：《法学范畴的矛盾辨思》，山东人民出版社 1999 年版，第 188 页。

有人身自由不受侵犯等权利；有通信自由和通信秘密受法律保护的权利；有对任何国家机关和国家工作人员提出批评和建议，并对他们的违法失职行为向国家机关提出申诉、控告或者检举的权利；有劳动的权利和义务；有休息的权利；有受教育，进行科学研究、文学艺术创作和其他文化活动的权利等。另外，除了上述政治权利，公民还享有民事权利，包括财产所有权、债权、知识产权、人身权（生命健康权）等。

高校教师与一般行为人一样，共同享有上述权利。上述权利类型，在高校教师当中表现得较为广泛的主要有四类：人身权、报酬权、话语权、受救济权。

人身权包括人格权和身份权。高校教师是知识分子的群体，相较于其他一些社会群体，他们的人格权表现得更为明显。有研究表明，知识分子只有在自己的努力被承认和获得充分尊重的时候，他们的效用才会最大化。知识分子群体对知识的占有使其具有一种天然的优越感，对社会也具有更大的责任意识，他们对人格的要求远高于其他社会成员。从身份权来看，我们一般可以将其定位于社会的中层，他们衣食无忧，对社会的主流价值观念和主流文化具有较强的认同感，比较满足于当前的社会秩序。社会中层的这个定位，使他们既不具有上层的强权意识，也不具有下层的盲目的反抗意识，同时又兼具知识性特征的优势，使他们往往具有民主的、理性的改革意识。

劳动报酬权。高校教师在收入分配当中处于怎样的一个群体历来是一个颇具争议的话题。劳动报酬一般分为三个层次，第一个层次是维持人们的生存所需要的报酬，第二个层次是满足人们休闲、娱乐所需的报酬，第三个层次是实现人们自我完善和自我发展所需的报酬。高校教师的收入应属于第三个层次，可见高校教师在社会群体当中，应该属于一个较高的收入层次。另外，社会的一个普遍规律是社会声望越高，相应获取的报酬也越高，文明社会对教育的重视和尊重程度越来越高，这也使得高校教师的地位也得到逐步提升。时至今日，高校教师特别是大学教授已经成为社会上一个广受尊重的社会群体，从这个意义上看，其也应该享有相应的、合理的劳动报酬。高校教师的收入主要从两个方面获取，一是工资性报酬，二是知识转化类报酬。因此，保障高校教师的知识产权，也是保障其收入以及报酬权实现的重要方面。

话语权。高校教师享有的话语权是其他社会群体不能比拟的。从外部来看，高校教师的职业属性决定了他们是知识的传播者、缔造者，而教师在课堂上传播的往往不仅仅是知识，也是他们个人的理念和对世界的认识。从历史上看，大学往往是新思想、新观念的萌发地和播散场。因此，在保障其话语权的同时，也要防止话语权的滥用。从内部管理的角度看，教师的话语权又集中表现为学术自由。学术自由是大学的根本要义，但由于一些历史和现实的原因，教师的内部话语权又往往被弱化，不能有力地发声也是目前一个普遍存在的现实。

受救济权。受救济权是指高校教师的权益受到侵害时，法律对其权益进行补偿和救济的权力。受救济权可以说是高校教师最终的法律保障。从劳动关系来讲，教师与学校存在着雇佣关系，是被雇佣者。另外，由于教师的职业特殊性，他与学校的纠纷往往存在于行政和民事之间，界定存在一定的困难。他的劳动救济主要通过三个方面进行，一是通过司法程序获取保障，二是通过行政申诉的行政救济方式，三是通过仲裁进行协调。

三、高校教师的特殊权利

高校教师以教学和科研为其基本工作内容和工作对象，他的权利自然而然就围绕教学和科研展开。高校教师的特殊权利包括自主教学权、学术自由权、专业发展权和参与学校管理权。

自主教学权。高校教师在所开展的教学活动中，拥有很大的教学自主权。高校教师所进行的不是一般的基础教育，而是与专业相关的具有创造性的教学活动，一般没有固定的教材，专业课教师可自由选择适合的教材，教学大纲也多为原则性的规范，因此教师可以自主选择教学内容，采用自己的教学方式组织教学。教学的开展是一个独立的个体的活动，高校教师不再是简单的单向输出，而是注重与学生的互动和交流，独特的教学方式更有利于学生潜力的发挥。从教学评价来看，虽然多数学校采用了学生评教的方式，但教师互评也是一个不可或缺的环节，相同或相近学科的教师进行评价能够运用自己的专业素养认真分析，更具科学性和客观性。

学术自由权。学术自由是指教师可以根据自己的专长和意愿独立开展学术研究，不受任何其他因素的干扰和阻碍。学术自由是高校教师的核心权力。高校教师在组织教学活动之外，必须开展的一项工作就是学术研究。他有权利自主确定研究课题并运用自己的方式独立开展科学研究。随着学科和专业的细化和深入，高校教师也被细致地划分，分属于不同的学科领域，知识的平等性决定了没有人可以决定其他领域的事务。而学术自由也不是一个封闭的概念，它不可避免地与政治、法律等范畴发生交叉甚至存在一定的冲突。因此，对于学者而言，学术自由也要在自己特定的范畴之内进行，要正确处理好学术与行政的关系，恪守自己的边界。另外，学术自由还表现为学术评价的问题，学术评价由谁来完成也决定了学术自由权能否真正落实。学术评判体系的行政化也是我们目前存在的一个重要问题，需要不断地改善和优化。

专业发展权。教师是个专业化程度很高的职业，不只是教师这个职业类别的专业化，而主要表现在个体教师从事专业的深度和广度上。众所周知，知识的更新是很快的，知识的专业化程度不断加深，就要求知识的传播者——教师要不断提升各自的专业化水平，要想获得发展就必须获得培训和进修的机会。拥有培训和进修的权利是专业发展权的重要体现。只有不断地加深学习，在与同行的交流和学习当中，才能促使个人的成长，从而实现学科的发展和进步。从终极目标来看，教师的专业发展与学校的发展是同步和一致的，但二者之间又往往存在着矛盾。由于学术资源和物质资源是有限的，而教师大多又需要学校这个中介或平台完成专业提升，这样就存在着一定的矛盾和冲突。如何科学地对有限的资源进行配置，规避二者之间的冲突，是专业发展权实现的重要途径。

参与学校管理权。民主管理是现代大学的一个重要特征，大学民主管理的主体就是广大教师。首先，大学作为学校的权力主体，拥有学术事务的管理权，即学术权力。缺乏教师的参与，大学的管理就会变得狭隘、僵化，最终与公众的目标完全脱节。①其次，教师也有参与学校重大事务管理的权利，在各种规划、政策制定方面具有广泛的参与权，在学校各类权力行使当中具有广泛的监督权。教师对学术事务的管理主要通过各类学术组织来实现，而对行政管理事务的参与则多通过教代会等民主管理形式来完成。可以看出，参与学校管理的权利是一种集体权利，而非个人可以完成的，因此加强集体、组织的建制是首先要做的。随着专业程度的加深和学生规模的扩大，教学科研人员的作用会越来越大，教师权利也会得到保障和更好的实现，教师参与学校管理的权利意识也会越来越强烈。

四、高校教师的一般权利和特殊权利的关系

高校教师的一般权利和特殊权利的关系也是一个辩证统一的

① ［美］约翰·S. 布鲁贝克著，王承绪等译：《高等教育哲学》，浙江教育出版社2001版，第37页。

关系，它们既相互联系又相互区别。它们的联系体现在一般权利是特殊权利的基础，高校教师的特殊权利是一般权利在与教师这个职业结合时的特殊表现。特殊权利中的自主教学权、学术自由权、参与学校管理权都是一般权利中话语权的特殊表现。一般权利作为世权，是人生存的保障和基础，而特殊权利则保障了人的社会价值，只有高校教师的特殊权利得到保障，他的社会价值才有实现的可能。由此可以看出，高校教师的一般权利可以通过法律得到保障，而特殊权利则没有明确对应的法律予以规定，需要大学内部权力结构的不断协调优化、内部规章制度的长期构建才能逐步得到实现。

第二节　教师权利与学术权力的关系辨析

谈到教师“权利”，往往用的是“权利”二字，而非“权力”，而作用于“学术”时，则用的是后者。权力和权利二者从本质上具有不相容性，但在教师权利与学术权力的关系中却需要作另一番探讨。权力的本质是权力主体用强制性的手段支配他人的能力，而权利的本质则是权利主体作为或不作为的自由。一旦当权利的主体成为权力客体的时候，二者就表现为对抗，这在教师权利和学术权力当中也不例外，但由于教师权利和学术权力又具有主体一致的特征，因此，二者表现出极大的兼容性。厘清二者之间的关系对于理顺大学权力结构，确立合理的大学分权机制具有重要的意义。

一、个体权利——教师权利

前文已经对教师权利的基本内涵和范畴有了基本的认识和了

解，明确了教师权利包括一般权利和特殊权利，而在探讨大学内部权力体系当中，我们着重探讨的就是教师这个职业的特殊性而产生的特殊权利。特殊权利主要表现为话语权的具体形式：专业发展权、专业自主权、学术自由权以及参与学校管理的权利。抛开参与学校管理权这种民主管理形式，前两种权利都是学术权力的体现。毫无疑问，教师权利和学术权力在权力主体上具有一致性，权力主体都为教师，教师是拥有权利、行使权力的主体，但权利的归属在个人，无论是探讨学术自由，还是权利救济，我们都是将教师作为个体来进行探讨的，不能因为一部分教师或者大部分教师的权利得到保障就认为教师权利已经完全实现了，也不能因为某个人的权利受到侵害就认为教师权利被完全侵占了，这都是不科学的。因为权利的主体是个人，教师群体不是一个无差异的整体，高校教师也存在各种差异，有地域的差异，有大学之间的差异，大学内部也存在层次间的差异，必须分门别类地进行探讨，当某些个案、个例出现时，则需要进行个体的探讨。

有的人认为教师权利也可以看作一种权力，在文献当中看到诸多“教师权力”的字眼，但多探讨的是中小学教师的课堂教学的权力，如果将其放在大学治理结构的背景当中，表述为“教师权利”更为恰当和合理。

高校教师的特殊权利当中有一项权利是基础性的，那就是学术自由权。学术自由体现为在民主和自由的氛围中探寻真理和获得学术尊严。而权利的本质就是权利主体可以自主决定为或不为，它的核心体现为自由，而非强制和支配他人。这与高校教师权利的实质在本质上是趋同的，因此我们认为将高校教师的权定义为“利”而非“力”更为准确和恰当。

二、集体权利——学术权力

学术权力是学术人员或学术组织对学术事务和学术活动施加

影响和干预、控制的力量。当中的学术人员自然是意指教师，但综合考虑我国的现实，学术权力更多的是以组织的形式予以行使，且学术组织也有逐步规范化的趋势。学术组织则是对学术人员进行整合而组成的，它有一定的遴选和准入制度或方式，大部分教师不直接拥有权力，而是通过代表的方式行使自己的权力，虽然在具体操作当中存在各种问题，且从制度设计的层面看，学术权力不是个人的权力，也不是个人意志的体现，它作为一个组织的权力拥有其决策和议事的规则，且由于学术性、知识性与生俱来的客观性和民主性，学术组织的决策更能体现集体的意志。

当前国内教育界比较流行的说法，是将学术权力上升为与国家教育行政主管部门以及以教育行政体系派生而来的高校行政管理体系相对抗的一种权力，但学术权力有其不同于其他权力形式的特殊性。它虽然也有权力本身的属性，但从与其他权力结构的关系上看，它弱化了对他人的侵占和支配，着眼于对自我领域的治理，同时是一种自治权利的体现。

三、教师权利和学术权力

如果我们把学术权力看作学术人员的集体力量即教师的集体力量，而教师权利则是教师作为每个个体的权益，就可以清楚地认识到二者的基本关系。那就是二者存在兼容的关系，如果仅将其局限于学术事务的范畴当中，教师权利和学术权力就可以看作一个个体和集体的关系，但学术权力不能有效平衡教师权利时，二者又表现出对抗性，因此二者是矛盾统一的辩证关系。

首先，二者具有同一性。教师权利作为个体的基本权利得到保障，学术权力才能有效实施；反之，也只有学术权力能够正常行使权力，教师权利才能够得到实现。教师权利的话语权与学术权力对学术事务的管理和支配权是统一的，二者的主体一致，目标也一致，都是为了获得学术自由，创造良好的自由氛围，努力提升教师从事学术研究的主动性和积极性。这样它们就必须对自身的资源进行管理，使其合理分配，从而获得教师的发展，使教师的专业发展权、专业自治权受到保护，得以实现。

同时，二者之间矛盾的一面表现得也十分突出。学术组织并不是所有学术人员都可以参与管理的组织形式，大多数教师都处于一个“被代表”的境地，而代表的遴选往往又受限于教师的职称以及学术研究水平，专家、教授的参与比例高，甚至处于垄断的地位，而下层学术人员在其中较少具有参与管理的权力。专家、教授对事务的决策往往受到自己所处地位乃至学科的局限，缺乏站在下层教师的角度去思考、分析问题的意识和立场，会不自觉地出现资源的占用，这在客观上就导致了学术权力的异化。异化是指主体发展到一定程度，分裂出对立面，成为限制主体发展的异己力量。在学术权力被少数人占有这个现实中，不可避免地导致教师权利的部分实现，即一部分人权利的实现建立在另一部分人的权利被侵占的基础之上，这必然会导致矛盾和对抗。基于人性的非完美型，学术权力这种公共权力在非完美的组织系统内就容易诱变为个人私权，即使不涉及个人品性，学术权力的异化也会滋生。从这个角度看，作为公共权力的学术权力不可避免地与教师权利发生激烈的碰撞与冲突。

教师权利与学术权力的这种对立统一关系，要求我们必须认识到教师权利实现的意义和路径。教师权利是学术权力的基础，个体的权利得到保障，公共权力才有行使的可能，从这个角度看，国家必须从法律规范以及学校内部治理两个方面保障教师权利。另外，学术权力又制约着教师权利的实现，因此要在弘扬学术权力的同时还要规避学术权力异化的风险。

第三节　我国高校教师权利的现状

近些年来，国家对多年来的教育体制不断地进行着反思，在制度设计和指导原则的层面上也在不断地改革，高校逐步获得了更多的自主权。各高校在近几年，特别是《国家中长期教育改革和发展规划纲要（2010—2020年）》颁布以来，采取各种措施，探索建立符合我国国情的现代大学制度。在这种新的情势和大环境下，教师权利也被提到了一个很高的位置，教师权利的彰显对高校学术权力的构建具有基础保障性作用，只有教师的权利得到保障，具有充分的参与管理权，学术权力才能有效实施。

一、教师收入相对偏低

一个国家对教育的重视程度，在一定意义上表现了这个国家的文明程度，对教育重视程度的一个重要指标就是看教师的受重视程度，而教师收入又是它的重要表现。随着国家及社会对教育重视程度的增强，我国高校教师的收入水平也在不断提高，特别是《教育法》和《高等教育法》颁布以来，国家对高校教师的工资给予了一个原则性的指导，即比照公务员工资，原则上不能低于公务员工资。在这个原则下，国家多次提高高校教师的工资，但由于基础较低，加之社会高收入群体的逐步扩大，教师的待遇问题还需进一步落实和解决。另外，高校教师的工资水平受地域影响较大，各地区高校的收入水平具有明显的差异，且差异化程度较高。这在一定程度上导致了教师特别是专家的流动性较大。教师收入除工资外，还有一部分来自于科研经费，学校的科研保障和科研经费受到国家及地方财政投入的影响，也因学校间的差异而有明显的差别，即使在同一学校之内，教师之间总体上也因职称的差异而有明显区分，往往职称高的教师能够获得较多的科研经费支持，而职称较低的教师则受支持程度低，甚至没有科研经费支持。

二、专业发展受制约

前文谈到教师具有专业发展的权利，而专业发展的权利则主要表现为教师的专业培训和学术交流。高校教师要想很好地履行教书育人的职能，就必须在专业上有所进步、有所发展。科技的迅猛发展和经济水平的不断提升，使得社会对高校人才培养的要求也越来越高，而人才培养质量的高低又主要受制于教师的学术水平，刚刚走出校门几年的教师也常常感慨知识更新速度之快，获得或者说谋求专业发展既是高校教师的权利也是他们的义务。但专业发展权又不可避免地受到学校有限资源以及配置方式的制约，从而形成矛盾和冲突。这就需要合理的配置方式，建立使大多数教师认同的选拔和平衡机制。冲突是不可避免的，如何使矛盾弱化甚至消除也是教师权利保障的重要一环。必须有完整的选拔和培训制度，在重点培养的基础上平等地给予大多数人机会才能兼顾到绝大多数人的利益，只有使利益的获取相对公平和规范，才能使矛盾最小化。

三、参与管理缺乏保障

教师参与学校管理有两个层面的含义，一是作为学术权力的主体对学术事务进行管理，二是作为学校的成员参与学校民主管理。首先，从第一个层面来看，学术权力笼统地来说可以认为是一种专业自主权，就是在本专业之内享有充分的自主权利，包括在专业设置与规划、学科建设规划、教学计划调整与课程设置等方面享有自主的权利。在这个方面，由于我国高校普遍存在学术权力缺失的现象，学术权力的构建还处于探索和初步实践的阶段，学术组织不完善、学术决策不规范是这个阶段的主要特点，因此，教师在这方面的作用发挥受到很多行政管理方面的制约和阻碍，权利行使不够顺畅，教师在这方面的权利意识也不够明晰，权利的保障还需要从制度和程序的角度不断构建。从第二个层面来看，学校的民主管理形式相对比较单一，且关注度较低，民主管理主要通过教师代表大会的形式实现，但教代会的形式和程序相对比较固定，校级教代会每年召开次数少，虽对学校重大事项进行通报，但涉及的方面比较笼统，发挥作用存在一定的局限性。二级教代会组织虽在逐步完善，但教师参与意识还不够，二级教代会组织发挥作用不明显也在很大程度上影响了教师的主动参与意识。工会作为教师民主管理的重要组织，在学校中的地位和发挥的作用有限，也在一定程度上影响了教师参与民主管理的热情。

四、权利救济途径不畅

高校教师的权利救济主要通过三种方式，一是司法，二是行政申诉，三是仲裁。但高校教师的工作内容具有特殊性，存在着举证困难的问题，且高校教师这个人群的心理特征也使得他们不愿意采用司法的程序。高校教师的权利救济多采用第二种方式，即行政申诉。大部分教师当遇到权利倾轧时，会通过找校内相关行政管理部门、领导以及工会进行申诉，一部分会向更高一级的教育行政管理部门申诉。但由于这些部门多不具备接受申诉和申诉协调的功能，且发挥作用比较有限，有的部门还存在本身不作为的现象，使得教师的申诉往往得不到回应，权利救济不能得到保障。因此，教师要强化自己的权利意识和法律意识，在必要的时候，自觉地运用法律的武器维权。学校也要真正赋予维权部门，如工会等组织以实际的协调和解决问题的权力，合理保障教师权利。

总体来看，高校教师权利的实现状况不够理想，在专业发展权、专业自主权、参与管理权等方面未能得到很好的保障，在内部权力结构中存在话语权的缺失。高校教师作为一个高知群体，他们对权利有比较明确的认知，但在大学权力系统中又不可避免地处于弱势，这就造成教师群体的生存状态有时表现为权利意识淡薄。其实这种淡薄并非不在意，他们渴望获得属于自己的专业权力，与学校的行政系统共同决定学校的未来和发展方向，但现实中的弱势地位使得他们不得不选取一种集体失语的方式来予以对抗，这种集体失语的现象对高校的发展是不利的，应该引起广大教育界的足够重视。

第四节　制约我国高校教师权利发展的归因

高校教师权利的实现对于高校专业的科学化发展、高校学术事务的合理化决策以及高校的民主化管理具有举足轻重的作用。目前这种权利缺失的状况，是由多方面原因造成的。我们可以从宏观、中观和微观三个层面去考量和分析。宏观层面是指国家的教育法律法规，中观是指高校内部权力之间的矛盾，微观是指教师群体自身的冲突。

一、宏观层面——国家制度

法律具有强制性，是任何人都不能侵犯和逾越的，具有绝对的强制力和效力。在我国法律体系当中，对教师权利的规定主要体现于《教师法》。《教师法》从六个方面规定了教师的权利：进行教育教学活动，开展教育教学改革和实验的权利；从事科学研究、学术交流，参加专业的学术团体，在学术活动中充分发表意见的权利；指导学生的学习和发展，评定学生的品行和学业成绩的权利；按时获取工资报酬，享受国家规定的福利待遇以及寒暑假期的带薪休假的权利；对学校教育教学、管理工作和教育行政部门的工作提出意见和建议，通过教职工代表大会或者其他形式，参与学校管理的民主管理的权利；参加进修或者其他方式的培训的权利。这一法则在所有层次的教师当中是通行的，既可用于中小学教师也可用于高校教师，这就不可避免地存在缺乏针对性的弊病。

高校教师与中小学教师相比，具有明显的差异性。高校教师的功能有明显的拓展，在科学研究和社会服务上发挥着重要的作用，因此其权利范围也应有所拓展和细化深入。高校教师的教学特点使得他们在专业设置、学科建设、教学计划的制订等方面拥有自主权，在科研项目的立项等方面拥有决策权等，这在通用的教师法当中都未能体现，使得高校教师在行使权力时缺乏强有力的法律依据。

高校教师作为学术权力的主体，对学术事务具有决定权，对学校重大综合事务也具有参与权。这在《教育法》和《高等教育法》当中都有所涉及，肯定了教师参与学校管理的权力，但缺乏详细明确的条款，如参与的途径、参与的范围、作用的对象以及权利受到侵害时的保障及救济等。法律条文表述得比较模糊，这种模糊的界定就为权力行使的无序提供了可能。

二、中观层面——高校内部

（一）高校行政权力的制约

当前大家比较认可的一个观点，就是在大学的权力结构当中，行政权力和学术权力是一对相应的权力关系。从这个角度看，大学的行政权力必然会对教师权利造成一定的制约，但从另一个角度看，大学的行政系统又保障着教师权利的实现。而行政权力对教师权利的制约作用主要体现在话语权的争夺上。

行政权力的制约作用具有其合理性的一面，也具有其不合理的一面。它的合理性表现在，由于教师这个职业具有公共性，因此教师理应受到社会和公众的监督，自然也包括学校内部的监督。接受行政权力的监督和制约是其获得权利、行使权力的代价。但当教学和科研等活动实现完全自治的时候，教师受到制约或者过分的监督，其权利就会受到损害。

（二）教师组织发挥作用不明显

这里所说的教师组织主要指学术组织。我国的学术组织主要形式是学术委员会，这也是《高等教育法》所规定的。从目前的状况来看，大多数公立高校都建有学术委员会以及一些与之相关的教授委员会、专业评定委员会等。从组织运行来看，仅仅做到形式合法的比较多，即只建立了相关的学术组织，但学术组织并没有发挥效用。有些高校虽设置了学术委员会，但学术委员会的运行还不够规范，对学术事务的管理还不具备决策权，许多教师对学术组织认识不清晰，其发挥的作用比较有限。即使是相对完善的学术组织，也在一定程度上受制于行政权力，且成员多由教授、专家组成，普通教师的参与程度很低，没有实质性的参与，缺乏话语权，更谈不上决策权。

另外，教代会是大学民主管理的主要形式，是教师平等参与学校管理的重要途径，也是教师实现自身利益的重要途径。教代会的实质应该是高于学校管理系统的一级权力组织，但实际的状况是，教代会并没有发挥其应有的作用，只是作为大学管理系统的附庸而存在。大学的领导普遍存在民主管理意识不强的问题，没有真正重视教代会的作用，没能使教代会成为行政权力民主化的途径。

（三）管理理念陈旧

我国大学实行的是党委领导下的校长负责制，党委权力、行政权力在高校当中占据了很大的比重，领导在学校的发展当中具有举足轻重的作用。好的领导能够做到人尽其才、各尽其能，这是蔡元培、梅贻琦至今仍备受推崇的原因之一。领导的风格往往决定了一所学校的风格，蔡元培、梅贻琦两位教育界的先导就是在对教师权利充分肯定和尊重的基础上，实施了一系列的改革，使得北大和清华达到一个新的高度。领导的管理可以分为三类，一是专制型，二是民主型，三是放任自流型。我国长期受政治体制的影响，偏向于专制型的领导相对较多，这就会使整个管理形成一个自上而下的系统，压制了教师积极性的发挥。我们应该倡导的是民主型的管理，大学的决策要建立在自下而上又自上而下的几上几下的程序之上，这样才能保证教师权利的有效发挥，增加教师的管理参与度。

另外，有些管理者认为教师行使管理权力的能力欠缺，认为一放就乱，惧怕放权所带来的风险，而不是认真研究如何规避风险。其实放权并不是要造成权力失控和权力混乱，而是要适度分权，使教师和管理者各自扮演好自己的角色，在各自擅长的舞台上发挥作用。

三、微观层面——教师内部

（一）教师的权利意识有待加强

权利意识是维权的前提，许多教师对自己应该拥有的权利认识不足，只是在现有的框架体系当中开展工作。虽然在人事规章制度的制定、科研项目的确立等与自己切身利益相关的问题上也有各种不满，但缺乏维权意识和维权手段，也不会付诸行动。这是由于教师在学校长期处于弱势地位，使得他们习惯于被管理。

另外，教师对自己的能力缺乏信心也是其中的一个重要表现。有些教师认为让自己对一件事情作出客观的评价是一件困难的事情。自身能力是权利实现的一个重要前提，具有较强能力的教师往往能够更多地参与到学校管理当中，大胆地行使自己的专业权力，而在行使的过程中也使自己的自信心和能力得到进一步提升，从而拥有了更多的机会。反之，有些教师不去行使自己的权利，安于现状，对权力有一种畏惧感，将自己的权利视为一种负担，宁愿不享有权利也不去贸然行使权力。这就使得教师权利被进一步弱化。

（二）教师群体内部享有权利不平等

教师这个职业在内部也存在分层的问题，教师分层也在一定程度上割裂了学术自由。在高等教育内部，教师虽然共同承担教学和科研的任务，但在侧重上也会有明显的区分。从实践角度看，高校中教授、副教授与讲师、助教由于研究能力以及职称所带来的客观影响等原因，所承担的科研工作量也会有比较明显的差异。这就使得教授、副教授的学术声望明显高于讲师、助教，而成为上层学术人员。在高校管理中，一个基本规律就是职称越高，话语权越大，权利的实现状况越好。

在大学，位于顶端的知名教授、专家、学科带头人，享有很高的社会地位，拥有良好的社会声望，往往是学术权力的拥有者，可以影响学术资源的归属，与管理者有讨价还价的可能。位于其下的普通教授们则可以分享一部分权力，在权力行使中发挥一定的话语权，具有参与决策权力，工资收入水平较高，可以获得一部分项目经费，自己的专业能力也可得到再生产。位于最下层的青年教师，他们从事着基础的教学工作，承担者大量的教学任务，但拿到科研经费、独立开展科研工作的机会很少。从理论意义上讲他们也是学术权力的主体，但位于学术权力的底层，在本来被弱化的学术权力当中完全丧失了话语权，特殊权利往往被忽视。高校教师的地位分层就导致他们享有的权利是不平等的，他们内部之间也存在着少数人主宰多数人、上层主宰下层的事实。上层学术人员的特殊权利可以受到保障，还把控着学术权力，中层学术人员的特殊权利会存在受到侵害的现象，但还可以通过分享学术权力的途径得到一定的救济，而下层学术人员则容易丧失学术权利，处于无权的状态。高校的教师分层就使得教师享有权利存在分层的现象，权力情况比较复杂。不同层次的教师，其权利就要求有不同的实现途径。

教师权利的不平等在客观上容易导致一个严重的问题，就是学术权力的异化。目前，学术界的焦点都集中在行政权力对学术权力的倾轧和占用，实际上教师内部也存在着学术权力的倾轧和占用。无论是谁占用了权力，都会存在权力滥用的风险。根据当前的现实，学术权力往往掌握在学术权威的手中。权力的集中就容易导致权力的异化，即使是各学科的学术权威在学术资源配置当中处在一个相对制衡的状态，也会存在通过权力让渡进而实现权力分享的情况。如果各层次教师没有一个合理的分享权力的机制也必然会导致学霸、学阀的出现，这样一部分教师的利益就会受到侵犯，一部分人会逐渐中心化，而另一部分人则走向边缘化，这对学校发展的危害程度也是极深的。著名学者张维迎就曾经感叹道："那些已经功成名就的学者往往构成科学创造最大的阻碍，尽管他们已经拥有自己的学术地位和学术框架，却容不得新的思想出现，因为在他们的观念里，任何新的思想都是挑战其学术权威，这种现状不仅存在于全国许多科研机构，而且在以'家族制'为特点的高等院校尤为明显。"①

① 张维迎：《学术自由、"官本位"及学术规范》，《读书》2004年第1期。

第五节　高校教师权利实现的路径

高校教师权利问题是一个复杂的问题，涉及方方面面的关系，大到国家法律法规，小到教师自身权利意识的觉醒，需要多方面去探讨和研究。

一、加强国家立法立制建设

我国高等教育在近十几年进入了高速发展期，国际化进程也进入了快车道，与此相对应，国家要加大教育立法的力度，推进《教育法》、《高等教育法》完善的进程，对不合时宜的地方进行补充、修订。有了法律层面的完善，教师权利的实现就有了基础。

在法律修订当中，要特别注意高校教师的特殊性，在保障高校教师一般权利的基础上，要特别注意特殊权利的相关立法。因此要从几个层次予以明确：第一个层次是《宪法》，将高校教师作为一般行为人，对其世权进行保障；第二个层次是《教师法》，其中对教师的教学权利等各层级教师共有的专业权利予以明确；第三个层次则是《高等教育法》，在这里要特别明确教师在高校管理中的话语权，明确教师进行学术事务管理的权利和参与学校重大事项管理的权利，并将其具体化，避免只有宏观规范而缺乏具体规程的法律条文，那样又会导致执行无序的后果。

在法律有所规定的同时，要着力细化具体的条目，使教师权利得到进一步确认。可以加大专业组织的权限，将其以法律的形式予以确认，使其对教师权利的实现起到监督和保障的作用。法律当中也要有相关惩戒的规定，如教师权利受到侵犯，将会受到相关法律的制裁。

另外，要继续完善教师权利救济的法律法规。建立合理有效的救济途径，特别是中介性的仲裁组织，国家法律要明确此类组织的地位和法律效用，同时建立相关仲裁法，这样，在教师的权益受到侵害时就会有合理的途径进行申诉。

二、加强大学内部管理体制建设

（一）建立科学的管理体系

建立几种权力相互制约、相互制衡的管理体系是我国大学现代大学制度构建的一个重要准则。要保障教师权利的实现，学术权力的回归是必须努力实践的。行政权力和学术权力要合理划分二者的边界，在各自的范围内行使权力。学术权力的有效实施是教师权利实现的基础之一。

行政管理要为教师提供良好的专业发展平台，保障教师的专业发展权。教师的专业发展权得不到保障的一个重要原因就是学术资源的有限，虽然这个有限是一个绝对的概念，但行政系统仍然要集中力量开发各类资源，争取各类资金支持，使更多的教师得到交流和学习的机会。首先，从制度的设计上要是相对平等的，教授、讲师等要获得平等的机会，建立分层培训机制，要使资金的流向尽量趋于平衡。其次，行政管理系统要发挥其应有的作用，扩大交流的途径。要争取国家、当地教育部门的各类支持，要与社会各类组织、企业等建立广泛的联系，加强各类平台建设，为人才交流拓宽途径。只有使学术资源不断得到扩充，才会有更多教师的权利得到实现。

另外，教师管理中的核心手段就是当前实施的聘任制。目前的聘任制考核指标多为量化指标，数据成为其重要的体现，教学和科研都折合成数字进行计算。在制定量化指标的时候要充分考虑学科的特殊性和不同类型教师的差异性，运用多种手段科学、全面衡量教师绩效，建立多样化的学术评价机制，丰富评价手段，改变单一的评价量化方式，加入一定的情感因素，采用区分性的评价程序。在制定制度时，要充分发挥各专业的积极性，让各个专业、各个层级的教师参与到决策当中，使制度真正符合专业特征和教师层级特征。行政管理人员要在坚持“以教师为本”的原则下，统筹好聘任制度制定和考核程序，使这项关乎所有教师生存的法则既符合实际又能起到促进教学和科研工作的积极作用。

（二）加强学术人员专业化组织建设，拓宽高校民主管理渠道

教师权利与学术权力的一致性要求加强学术权力的作用，而学术权力实现的一个重要途径就是加强制度化建设。首先，要在学术事务审议和决策的过程中明确以学术权力为主导、行政权力作保障的基本原则。其次，在学校层面，要完善大学学术委员会制度统筹下的保障机制，建立完善的学术委员会及其所属的多个专业委员会的职能和功用；在院系层面，建立以教授委员会为主导的决策机制，加大基层学术人员的管理权限。从这些方面强化学术权力，实现学术自治，这样就解决了学术权力归谁所有的问题，为各层次教师合理分权提供了可能，也为教师权利的实现奠定了基础。

在学术权力实施机构建设的同时，加大各类专业组织的建设。以学科为单位建立各专业组织，专业组织可以更广泛地辐射到各层次教师。专业组织虽不具有权力行使的职能，但对学术权力组织具有一定的监督和影响作用。要使专业组织与学术权力行使机构之间建立良好的沟通关系，专业组织对学术事务具有提出意见和建议的权力，对学术权力决策保留申诉的权力。

作为大学民主管理的主要渠道，教代会在保障教师权利方面发挥着巨大的作用。要强化高校的教代会建设，充分为教代会赋权，在全校召开教代会的基础上，根据学校实际发展情况，适时

召开临时会议，审议学校各项重大发展议题。要强化二级教代会的职能，建立二级教代会与学校各职能部门、学校各主管领导直接对话的机制，畅通民主渠道，建立规范的教师意见申诉和反馈的机制，从制度化的角度明确申诉方式、申诉部门、反馈送达时间、意见协调方式等，疏通教师权利补偿和救济的途径。

（三）更新管理理念，为教师合理赋权

权力并非某个人或某个群体所有，权力只有被更多的人分享，管理才能更加民主，决策也才会更加科学。在高校，更要建立分享型的权力观，这样才能保障权力的平衡和教师权利的实现。

首先，领导要转变观念，在分享型权力观之下，领导是学校的宏观设计者和微观服务者。领导要更新和转变管理理念，将属于教师权利范围内的权力赋予教师，使他们在学术决策、学术事务管理当中发挥应有的作用。在学校的日常管理中，也要采取各种措施鼓励和保障教师积极参与。

其次，领导者要尊重和信任教师。领导者要充分肯定教师的专业性，肯定教师在专业方面的认知和处理事务的能力，相信教师有能力做好分内的事。相信教师的专业能力，就要努力为教师营造宽松、自由的教学和科研氛围，保证他们的专业自主权，给予他们足够的权力来设计专业的发展。尊重教师就要保障他们的权利，尊重他们的人格，确立教师在专业事务管理中的主体地位，保障他们参与学校管理的权利，尊重教师的智慧。另外，尊重教师还体现在领导与教师地位的平等上，建立多种领导与教师直接沟通的渠道，保障教师言路畅通。

最后，领导还要注重自我管理能力的提升。在知识经济时代，学校各级领导也要努力加强学习，不断更新管理知识，在新形势下，针对高校教师群体的特殊性，不断改善自己的管理方式和管理手段，用新的与时俱进的管理理念指导自己的实践。领导在协调各类权力关系过程中发挥着中枢和润滑剂的作用，他们发挥作用的好坏，直接关系到各种权力关系能否共存并协调。领导如能充分发挥好整体调控的作用，高校的管理人员、教师、学生就会形成一个共赢的局面，有助于学校整体的快速发展。

三、加强学术权力内部建设

无论是政府层面，还是学校层面，对于教师权利这个主体来说，都属于外部关系，要想获得教师权利的实现，最终的落脚点还是教师内部的建设。如何解决学术权力异化的问题，对教师权利的实现具有重要意义。

（一）提高教师的权利意识

教师要树立正确的权利观，增强自己的权利意识，就要明确自己的权利来源于知识性，是受到法律保护的正当权益，是高校教师应当享有和实现的。首先，教师要明确自己所拥有的权利，认识到自身具有专业自主权、专业发展权和参与管理权，专业的发展和学校的管理并非“事不关己”，合理、正当地要求并参与到学术事务和学校事务的管理当中，合理并且合法。只有更多的教师认识到自己的权利，教师群体的权利意识逐步觉醒，教师整体才能提升自己的话语权，教师的社会价值才会得到有效实现。其次，教师要提升自己的管理能力，学校提供机会，使尽可能多的教师以多种形式参与到学校的管理当中，使教师的自我效能感不断增强，在管理当中不断增强自己的管理水平，提升自己客观评价事务的能力，增强自己敢于代言的勇气。教师要明白自我权益要靠自己去维护，一旦自己的权利受到侵害，就要寻求各种途径申诉和解决。

（二）规范学术权力，抵制学术权力异化

1. 强化学术权力的规制性规则

规则就要求参与其中的人必须按照同一个法则来行为。高校

学术权力的规则主要体现为国家层面的法规和高校内部的章程。人们也多从以上这两个方面来研究，但研究的重点多集中在保障学术权力地位、完善学术权力组织机构建设上。这方面固然重要，但在制度的设计上，要注意防止学术权力的异化。

前边已经谈到，教师权力异化的根源是教师职业的分层，因此在规则制订上，要保障足够比例的下层学术人员的加入。基于我国高校各学科内存在“家族制”、“师徒制”的现实，在学术人员的遴选上要尽量规避这方面的风险，否则，即使有了大量下层人员的加入也会出现“一言堂”的现象。在此基础上，要保障各级学术人员平等的发言权和决策权，在学术事务决策上要实行完全的平等，坚持少数服从多数的原则和无记名投票的原则，保障下层学术人员可以无负担地参与学术事务管理。另外，对学术事务本身进行划分，如一些科研项目的归属，可以在决策前就有所侧重，划定一定比例的课题和经费用以资助青年教师，保障各层次教师平等拥有权利。

2. 实现各层次教师的合理分权

权力制约权力是防止权力异化的重要法则。权力的本性就会导致有权人对无权人权利的占用，因此在各层次教师当中实现合理分权是十分必要的。我们知道，学术权力也是分层的。从纵向角度看，它分为学校层面和院系层面，学校层面的主要代表为学术委员会，院系层面的主要代表则是教授委员会等基层学术组织。从高等教育的现实来看，普通教师特别是青年教师参与基层学术组织的机会比较大，因此要适度扩大下层教师参与基层学术组织的比例。学校层面学术组织与基层学术组织的人员组成原则上不允许有交叉，同时将专业职称的初审权、项目推荐权等关系到教师切身利益的权力直接下放给基层。而学术委员会则具有审议、复核权，如要推翻基层意见，则需要提出书面的明确的理据并申请相关部门的仲裁。这就使得权力被更多的阶层所分享，使基层学术权力能有效地制约学校学术权力，在一定程度上抑制学术权力的滥用。

3. 以程序制约权力

西方的行政法控制理论认为程序控制对于规范行为主体权力的正当行使具有重要作用，认为“权力的正当行使是通过行政相对人的介入和行政主体共同行为来达到的”①。可见，正当的程序和公众参与是以程序制约权力为核心的，学术权力的程序化不仅是巩固自身地位、抵制行政权力的重要方面，也是防止自身权力滥用的重要手段。以程序制约权力，是在保障学术权力合法性的基础上，通过对步骤、方式、时限等要素的设计，保障学术参与人的广泛化、学术决策的科学化。在学术权力程序化的设计上，可以借鉴行政法控制理论的成果，在决策中采用听证、回避、告知等有效的方式，适时召开包括行政管理人员在内的论证会，开展学术项目风险评估等。

4. 以道德制约权力

“基于学者是高深学问的看护人这一事实，人们可以逻辑地推断他们也是他们自己伦理道德准则的监护人，那么谁是这些监护人的监护人呢？没有，只有他们的正直与诚实才能对他们自己的意识负责。”② 道德是一种无形的力量，尤其对于教师群体而言，道德更是其始终坚守的一方净土。道德的优越感在高校教师当中普遍存在。高校教师的道德感集中体现在学术伦理上，学术伦理的核心就是诚实和正义，学术失范行为是最为广大学术人员所不齿的，因此，从道德角度去约束和规范学术权力，这种力量是无形的，也是巨大的。教师要固守心中的学术道德底线，自觉

---

① ［法］孟德斯鸠著，张雁深译：《论法的精神》上册，商务印书馆 1961 年版，第 154 页。

② ［美］约翰·S. 布鲁贝克著，王承绪等译：《高等教育哲学》，浙江教育出版社 2001 年版，第 120 页。

地去维护学术权力的公信力，这是保障教师权利的重要方面。

（三）加大基层学术权力，保障教师权利的实现

随着高等教育的发展，学术权力的逐步实现，公正健康的学术权力分配，应该是越到基层和底层，权力越大。目前，我国高校的现代大学制度构建还在摸索时期，各个高校的学术委员会也正在不断地完善当中。因此可以说，当前学术权力的构建体系中，还处于抓重点、抓主要矛盾的时期，基层学术组织的建立和完善难免存在一定的滞后性，但这是未来发展和建设的必然趋势。

在学术委员会的构建中，国家在《学术委员会规程》中已经明确规定，必须有一定比例的青年教授参加，这在一定程度上保证了年龄上的合理分布，他们可以为所处的群体进行代言，但从制度建设的层面来看，还具有很大的局限性。学校的学术委员会人员组成只是二三十人，如果从一所综合性大学来看，每个学科也只有一名代表，即使是有所偏重的工科高校，一个学科也只能有两名委员，这就使得学术权力还是显得相对比较集中。因此，要想从根本上改变这种现状，必须建立上下分权、上下制衡的运行和决策机制。

首先，在基层教授委员会委员的遴选方面，要同校学术委员会有所区分，体现不同的侧重点，应该有更广泛的人群参与，委员的遴选不能仅仅局限于教授，因为往往学院层面的教授群体还是年资占了比较大的因素，应有一个详细的遴选原则和规则，规定一定比例的青年教授、副教授的参与，特别是有发展潜质的副教授，应该吸纳进来。同时，设立决策旁听和监督的相关机制，必须邀请一定数量的讲师和助教参与监督。他们虽然不具备表决权，但可以代表相应群体发表意见和建议。基层教授委员会应建立相应的反馈机制，对每条意见、建议要给予合理的解释和反馈。

其次，要设立校级和院级学术权力清单，做到二者合理分权。基层学术组织应具备下列权力：拟定各学科、专业及教师队伍建设规划，以及科学研究、对外学术交流合作等重大学术规划；拟定自主设置或者申请设置学科专业方案，交叉学科、跨学科协同创新机制的建设方案，学科资源的配置方案等；拟定各学科教学科研成果、人才培养质量的评价标准及考核办法，为学校提供参考；对学位授予标准及细则，学历教育的培养标准、教学计划方案、招生的标准与办法等提出建议；拟定符合各学科特点的学校教师职务聘任的学术标准与办法；开展学院学术评价、争议处理，规范学术道德。其中，可以对方案进行提交和论证，也可以对学校的决策提出合理质疑；可以推荐院级教学、科学研究成果和奖励，推荐申报更高一级教学、科学研究成果奖；根据自身实际确定高层次人才引进岗位，对人选确定具有一定的主导权；在本学科名誉（客座）教授聘任、推荐国内外重要学术组织的任职、人才选拔培养计划中，具有参与权；参与本学科各类学术、科研基金、科研项目以及教学、科研奖项的评定等。

我们研究大学内部权力结构，必须谈及的就是学术权力，如果把学术权力作为研究对象，可以将学术权力与行政权力的关系看作外部关系，教师权利和学术权力则可以看作内部关系，它们二者既相关又有所区分，既具有同一性也具有对抗性。因此，教师权利的实现有赖于两个方面，保障学术权力的有效发挥是落实教师权利的基础，而防止学术权力的异化则是实现教师权利的最终落脚点。我们要从国家、高校、教师三个层面，多措并举，方能保障教师权利，才能固守大学本真，彰显尊师重教的大学精神。

第六章 管理者与行政权力

管理者是大学内部最重要的治理主体之一。建设一流大学，不仅需要一流的教师，也需要一流的管理人员。那么，管理人员在大学内部治理中究竟扮演着怎样的角色？管理人员队伍现状如何？他们拥有何种权力，又应当如何行使好自身的权力？本章试图就这些问题进行探讨。

第一节 大学管理者

大学的人才大体上可以分为两支队伍，一是师资队伍，二是管理人员队伍。如果说师资队伍的学术素质是衡量大学办学水平的标尺，那么管理人员队伍的能力素质就是提高大学办学效率的基石。① 因此，深入了解管理人员队伍状况，加强管理人员队伍建设，至关重要。

一、大学管理者的形成

大学管理人员是指在高等院校中承担行政管理、教学服务、后勤保障等工作的从业人员。在大学产生之初，大学的管理工作较为简单，主要由教师或学生承担，没有也不需要专门的管理人员。但随着大学的扩张和发展，大学行政事务越来越多、越来越

① 王守法：《高校管理者要强化党性修养》，《光明日报》2011 年 7 月 6 日第 16 版。

复杂、越来越专业，需要专门人员负责处理。于是，专门化的大学管理人员队伍便应运而生。具体来说，大学管理人员的产生大体经历了三个不同阶段。①

一是"业余型"阶段，即大学管理工作较为简单，仅作为教师或学生业余工作的时期。最初的大学是学生或教师仿照手艺人行会的方式组成的团体，被称为"学生大学"或"教师大学"。例如，意大利博洛尼亚大学是由学生同乡会组成的，学生自己选举校长，决定教授选聘、学费数额、课程时数等事务；法国巴黎大学则是以教师组织的形式出现的，教师选举管理人员来处理学校事务。在这一时期，大学规模小且组织结构简单，因而管理工作也较为简单，由教师或学生在业余时间即可完成，管理人员由教师或学生兼任。学校事务由教师或学生集体决策，承担管理工作的人员并没有多大权力。

二是"挂职型"阶段，即在管理成为大学专门工作的初期，部分教师临时从事一段时间管理工作后，再回到教师岗位。这一时期，大学的规模开始扩大，与外部的联系日益加强，管理任务逐渐增多，依靠教师或学生利用业余时间进行管理已经无法满足大学的管理需要，这就要求有专人拿出专门的时间来从事管理工作。这些"挂职型"管理人员类似于现在我们所说的"双肩挑"人员，他们的身份仍是教师，但管理对他们来说也是重要的工作，他们可以各拿出一半的时间从事教学和管理工作。任职一定时间后，他们又重返教学岗位。

三是"专职型"阶段，即大学管理人员专职化阶段。随着大学规模不断扩大、功能逐步拓展以及开放程度日益提高，传统的管理模式越来越难以适应大学管理的需要。到 20 世纪初，大学管理人员开始从教师中分离出来，管理工作开始由专职的管理人

① 李爱民：《大学管理人员身份地位的历史变迁》，《高教探索》2005 年第 3 期。

员来承担，一个新的群体在大学中诞生。第二次世界大战后，随着高等教育大众化进程加快，大学规模迅速扩大，组织结构更加复杂化，同时受管理科学蓬勃发展的影响，大学开始日益重视管理工作，大学管理人员数量进一步扩大，并逐渐成为一种专门职业。即使在有着“教授治校”传统的欧洲大学，管理人员也向着职业化方向发展。

以上是从西方大学发展的脉络来考察大学管理人员的产生过程。当然，世界各国大学受其自身发展历史和所处不同社会文化环境的影响，管理人员的产生不一定都经历上述过程，而是有其自身的特点。但从上述过程可以看出，专职型大学管理人员的出现并非偶然，而是大学自身发展的结果。

二、大学管理者的角色定位

大学管理人员在学校内部系统中承担着多种角色，如领导和指挥者、参谋者、服务者、信息传递者、调查者、研究者、协调者等。① 但从大学组织的性质来看，服务者是大学管理人员最重要的角色。

从学理上看，大学区别于其他社会组织的最显著特征，在于它是以学术为核心业务的学术组织，学术性是它的根本特性。人才培养、科学研究、社会服务、文化传承创新是大学的基本职能，教师和学生是这些活动的主体，是大学最为核心的群体。大学管理人员是师生共同体的衍生群体，管理活动是为保障教学科研、实现学术使命服务的，因而管理人员自然应以服务师生、服务学术为基本职责，其责任“不是去控制学者，而是作为助手为

① 郭学理：《高等学校行政人员的角色及专业发展》，《陕西师范大学学报（哲学社会科学版）》1996 年第 4 期。

他们服务”①。

从现实来看，在西方发达国家，大学管理人员的职责定位就是为学校发展和教师、学生服务。大学教师有机会成为终身教授，可以长期任职，而管理人员则实行聘任制，达不到要求就得解聘。尽管大学中高层管理人员中也有一部分由教授担任，但如果他们达不到工作要求或滥用职权为自己争取学术资源会被立即解聘，所以较少“双肩挑”现象，即要么专职从事管理，要么辞职或任期满后再从事教学科研工作。在中国，大学管理人员经历了从“国家干部”身份向教育职员身份的转变。新中国成立后，开始实行全国大一统的干部管理政策，党和国家机关工作人员、事业单位和国有企业的行政人员、群众团体工作人员、各类专业技术人员统称为“国家干部”。大学对干部任用实行委任制和终身制，管理人员的身份同政府机关工作人员一样，都是国家干部。20 世纪 80 年代以来，中国人事制度改革逐步深化，国家对原来大一统的“国家干部”群体实行分类管理，对党和国家机关工作人员实行公务员制，对大学等事业单位员工实行聘任制。1995 年颁布实施的《教育法》规定，学校及其他教育机构中的管理人员，实行教育职员制度。1998 年颁布的《高等教育法》明确规定，高等学校的管理人员实行教育职员制度。大学管理人员的身份逐渐从“国家干部”转变为服务师生的教育职员，其作为服务者的职能得以凸显。

三、大学管理者的现状

在中国大学中，管理人员群体主要来自两个系统：一是党组织系统，包括学校党委、党委职能部门、院系党支部等；二是行

① ［美］罗伯特·伯恩鲍姆著，别敦荣主译：《大学运行模式——大学组织与领导的控制系统》，中国海洋大学出版社 2003 年版，第 8 页。

政系统，包括学校行政领导班子和教务、科研、财务、基建、学生管理等行政部门以及院系的内设行政机构。管理人员的构成主要包括学校党委书记、校长、党委副书记、副校长、纪委书记等高层管理人员，二级院系党总支正副书记、正副院长或系主任和职能部门负责人等中层管理人员，以及科长、科员等基层管理人员。在各大学中，管理人员数量一般占教职工总数的一半左右。近些年来，许多大学的新进管理人员都具有硕士以上学历，学校还吸收了一批高学历、高职称的年轻学者加入到管理人员队伍，使大学管理人员队伍的年龄结构、学历结构和职称结构得到进一步优化。但总体来看，目前我国大学管理人员队伍建设还存在一些突出的问题，主要表现在以下几方面。

（一）职业身份认同尴尬和职业归属感欠缺

首先，从职业性质来看，大学管理人员长期从事千头万绪、繁杂枯燥、耗时费力的管理工作，为师生提供服务与保障，但大学评价体系以教学科研为核心，大学关注的焦点集中在影响学校核心竞争力的教学、科研等工作上，管理工作往往处于“说起来重要，做起来次要，忙起来不要”的边缘化地带。大学管理人员虽然在管理岗位上兢兢业业、辛勤工作，但他们的工作并未得到应有的理解与尊重。这不仅严重挫伤了他们的工作热情，也引发了他们对自身职业价值的怀疑，导致管理人员职业认同低下和职业归属感欠缺。

其次，从职业身份来看，在大学内部，管理人员是与教师、科研人员等“专业技术人员”泾渭分明的另一支队伍。他们不像教师那样，有可以依托的学科专业，有明确的职业发展方向和目标，可以潜心从事自己感兴趣的研究工作。而在大学外部，大学管理人员又被当作“专业技术人员”看待，他们的职业声望、社会地位等无法与党和国家机关的干部相提并论。校内外职业身份的两难冲突，使大学管理人员难以获得职业自豪感、安全感和归属感，许多人对自身职业发展缺乏信心。①

最后，从薪酬待遇来看，大学内部各种分配和奖励政策无一例外地向教师倾斜，管理人员工资待遇不如教师，一般也没有课时费和动辄几万、几十万甚至数百万、上千万元的科研经费。在正常工资之外，大学还设有诸如“长江学者”、“特聘教授”等岗位津贴，这也在很大程度上增加了教师的收入。此外，教师还有学术休假、进修深造、出国访学等福利待遇。而对管理人员而言，除了薪酬收入外，其他待遇几乎都与他们无缘。特别是基层管理人员，他们在收入、权力和声望等方面都是最低的，但同时又承担着繁重的工作事务，许多人面临巨大的工作和生活压力，时常陷入对自己职业的怀疑与否定之中。

（二）职业发展通道不畅通

大学管理人员职业发展通道不畅通，主要体现在两个方面。

一方面，从横向流动来看，管理人员职业发展路径较为单一。大学教职工从专业技术岗位转向教育管理岗位的渠道比较畅通，但由于专业限制、用人制度约束等原因，从教育管理岗位转向专业技术岗位却相当困难。一些管理人员即使取得了博士学位，但想转到教师岗位也面临重重困难。管理人员在大学内部流动困难，向社会流动的渠道更不通畅，大学与地方政府、企事业单位之间干部交流的渠道很少，绝大多数管理人员的任职经历始终局限在大学内部的小圈子里。

另一方面，从纵向晋升来看，管理人员的发展空间较为有限。在职称评定上，由于晋职指标特别是高级职称指标非常有限，机会少，难度大。许多管理人员只能在争取职务晋升这座“独木桥”上艰难行走，但领导岗位毕竟有限，职务晋升的机会

① 吕剑红、李福生：《高校教育管理干部职业发展的困境与对策》，《教育理论与实践》2012 年第 15 期。

也并不多。大多数管理人员的职务处于科级以下，从科级到处级是一道较难迈过去的坎，只有少数管理人员能够晋升到处级岗位，而能够进入校级领导行列的更是凤毛麟角。在大学金字塔式的科层制组织中，许多管理人员在远未退休之前就达到了其职位的顶点，失去了继续晋升的可能性，产生了“职业高原”现象。

呆板的人事制度、单一的职业发展路径、不完善的晋升流动机制，使大学管理人员职业发展受到严重阻碍，许多管理人员觉得前途暗淡，对个人未来发展缺乏信心，只把工作当成谋生的手段而不是自己追求的事业，缺少干事创业的热情。

（三）存在“重使用，轻培养”现象

许多大学对管理人员队伍建设的重要性认识不到位，对管理人员重使用、轻培养，重要求、轻关怀。比如在培训方面，教师有各种各样的培训、研修，甚至有专门的项目和经费，但针对管理人员的培训则很少，相关培训制度尚不健全，缺乏整体的培训规划和具体的培训计划，培训形式比较单一，培训内容多以政治理论为主，与管理工作密切相关的专业化培训较为缺乏，造成了管理人员多样化的知识技能需求与干部培训供给相对不足之间的矛盾，不利于提高大学管理人员的能力和素质；在岗位交流方面，许多管理人员长期在一个岗位或一个部门工作，工作激情很快消磨殆尽，也难以得到多方面的锻炼；在学历教育方面，大学对管理人员提高学历层次的愿望和要求不够重视，一些大学为避免管理人员转岗或另谋高就，甚至限制管理人员参加学历教育。

（四）职业倦怠现象较严重

大学基层管理工作更多的是单调乏味的事务性工作，琐碎繁杂，耗时费力，却又不容易出成绩。在同一个岗位工作久了，年复一年地重复着这样的工作，容易使人感到无聊、失落、迷茫，甚至出现厌倦情绪，难以带来工作的价值感、成就感和愉悦感。随着大学的发展，大学管理人员工作量不断增加，虽然多是琐碎的事务，但许多工作稍有疏忽就会造成严重后果，工作任务重、责任大，使管理人员面临较大的压力。此外，年轻管理人员处于职业起步阶段，工作繁忙，收入较低，家庭负担较重，经济压力较大。他们当中多为独生子女，许多人家中有年幼的孩子或体弱的老人需要照顾，工作和家庭的冲突也给他们带来很多压力。巨大的工作生活压力给管理人员造成的身心健康问题令人担忧。由于上述种种原因，大学管理人员当中有相当一部分人出现了职业倦怠现象，他们对工作失去热情，情绪低落，创造力衰竭，价值感缺失。他们的专业发展和工作生活急需大学和全社会给予更多的关心与支持。

四、加强管理人员队伍建设

一流的大学离不开一流的管理人员，一支好的管理人员队伍是做好学校管理工作的重要条件。特别是在当前高等教育改革不断深化、依法治校要求更加迫切的新形势下，大学内部管理更加复杂化、专业化，正经历由经验型管理向科学型管理转变，急需建立一支具备良好专业能力和职业素养的管理人员队伍。因此，大学必须进一步加强管理人员队伍建设，为加快实现学校发展目标提供重要保证。

（一）更加重视管理和管理人员的作用

现代大学虽然仍是以学术业务为核心的学术机构，但作为科层化的现代社会组织，良好的管理对于提高大学的教育质量和办学效益至关重要。大学领导应树立“管理也是学问”、“管理出效益”、“优秀的管理人员也是人才”等观念，更加重视科学管理在优化资源配置、激发办学活力、规范权力运行等方面的重要作用，更加重视管理人员队伍建设，改变只重视教师队伍建设而忽视管理人员队伍建设、只重视专业技术人才引进培养而忽视管理人员教育培训、只重视管理人员的工作业绩而忽视其专业发展和健康状况等倾向。要坚持“德才兼备，任人唯贤”的正确用人导向，依据实绩选人用人，杜绝依靠关系、暗箱操作等用人上的不正之风，把能力强、素质高、业绩突出的管理骨干不拘一格地选拔到领导岗位上来，充分调动广大管理人员的积极性和创造性。要让全校师生充分认识管理人员在推动学校发展、搞好服务保障中扮演的重要角色，采取实际行动激励管理人员，凸显其职业价值，增强他们对自身职业身份的认同感和自豪感。例如，2009 年 9 月，香港大学授予在助理厨师和宿舍服务员岗位上服务了 44 年的 82 岁普通退休员工袁苏妹“荣誉院士”称号，体现了对在平凡岗位上坚持管理育人的教辅人员的尊重与关爱，得到了社会的一致赞誉。我们应借鉴香港大学的做法，在维护尊师重教传统的同时，对大学管理人员给予更多的理解、尊重、关心和爱护，使他们更加舒心、更有激情地投入管理工作中。

（二）提升管理人员的职业意识

要提高大学管理人员的综合素质和职业素养，必须着重强化他们的六种意识。一是学习意识。当今时代，大学管理更趋综合化和专业化。大学管理人员必须摒弃事务主义者的作风，加强自身学习，特别是要重视对高等教育前沿和高等教育管理技能的学习和研究，以更好地按高等教育规律办学治校。二是服务意识。大学管理人员要明确自身作为服务者的角色定位，强化“管理即是服务”的意识，把为师生服务、为学术服务作为学校管理的中心任务，把服务效果作为自身职业价值的评判标准。三是使命意识。目前高等教育正处于快速变革的历史时期，大学管理人员大有可为。广大管理人员不能仅仅把工作当成养家糊口的手段，而要视之为学习成长和干事创业的机会，自觉增强使命意识，勇于任事，敢于担当，努力在工作中提高自身本领，实现自我价值。四是法治意识。依法治校是现代大学治理的重要要求。大学管理人员要树立法治观念，自觉用法治思维和法治方式推进改革和发展，着力提高依法治校水平。五是创新意识。当前，新一轮高等教育改革正迅速展开。大学管理人员要切实增强创新意识，不断创新工作思路、方法、流程，积极用改革的办法解决发展中的问题。六是合作意识。大学的许多工作需要多个管理部门协同完成。管理人员要树立全局观念，强化合作意识，加强团结协作，积极营造和谐融洽的工作环境。

（三）加强对管理人员的培训

目前，大学管理人员中管理专业出身的极少，许多人没有经历过高等教育管理知识技能的系统学习训练，缺乏管理知识和技巧，不了解高等教育管理规律，凭经验办事的现象还较为普遍。而高等教育的不断发展，对大学的管理水平和管理人员的能力素质都提出了更高的要求。因此，大学应加强对管理人员的培训，提高其职业技能，从而进一步提升大学管理的规范化、科学化水平。一是要注重培训体系的系统化。要加强对培训体系的顶层设计，从培训主体、制度、内容、师资、课程、经费来源、考核评价、质量评估等方面入手，对管理人员培训体系进行重新梳理和完整设计，形成更加系统化、多样化和个性化的培训体系。二是要注重培训内容的针对性。要尊重管理人员个性化、多样化的学习需要，根据不同岗位、不同职务、不同年龄干部的特点和需求，有针对性地设计培训内容和课程。三是要注重培训方式的多样化。大学要积极整合资源，不断拓展渠道，将传统培训方法与现代培训手段相结合，创设多样化的培训模式，增强培训的针对性、参与性和趣味性，提高培训效果。比如，通过专家专题讲座、专题工作研讨、校外委托培养、境外学习考察、挂职锻炼、轮岗交流等多种方式，帮助干部开阔视野、丰富阅历、积累经验、增长才干，激发干部干事创业的热情。同时，要构建区域协同培训机制，加快培训资源共享，为管理人员提供灵活自主的培训选择。四是要注重培训机制的长效化。管理人员的成长发展是一个循序渐进的过程，我们不能指望通过一两次培训就达到帮助管理人员成长发展的目标。他们必须在整个职业生涯期间更新和改进自己的知识和技能。因此，要完善相关培训制度，建立健全长效机制，根据管理人员不同岗位和发展阶段的需要，定期或不定期提供有针对性的培训。

（四）加强对管理人员的人文关怀

大学要更加关心管理人员的身心健康状况，关注他们的心理变化并及时进行干预和疏导，有效地缓解他们的心理压力和工作倦怠，并引导他们加强身体锻炼，帮助其保持良好的身心状态。要充分尊重和肯定大学管理人员的辛勤付出，不断提高他们的待遇和地位，增强他们的职业认同感，减少职业倦怠现象的发生。在合理利用薪酬进行激励的基础上，还要为管理人员提供良好的工作环境、更多的个人成长和发展空间。要关心管理人员的家庭困难，千方百计帮助他们解决后顾之忧，让他们安心投入工作。

第二节　大学管理者的权力

大学管理人员所拥有的权力，既包括党组织的政治权力，也包括行政组织的行政权力。尽管政治权力和行政权力在具体内涵上有所区别，但它们本质上都属于行政管理权的范畴。因此，为讨论方便，本章在广义上使用“行政权力”这一概念，即它涵盖了大学党政管理人员所拥有的管理权力。大学管理人员正是通过行使行政权力参与大学治理。

一、大学管理者权力的性质与特点

大学管理人员所拥有行政权力是依靠包括国家法律、政府要求、学校规章等强制手段形成的影响和支配大学内部成员的一种权力形式。在中世纪大学诞生之初，大学行政事务十分简单，没有专职的行政管理人员，行政权力也就无从谈起。13 世纪，巴黎大学艺学院主事（对第一负责人的称谓）已开始通过执行大学政令的方式为全体教师服务，后来他又被教师一致任命为校长，负责处理包括协调师生矛盾、召集会议、敦促执行政令等事务。因此，在中世纪时，大学行政权力便已发挥着为学术服务的功能。[①] 20 世纪，随着大学行政机构的不断健全和专门管理人员队伍的逐步形成，行政权力在大学中的影响力不断增强，大学也开始更加注重通过合理行使行政权力以提高组织效率。古老的教授治校传统，似乎在复杂的现代综合大学的管理中越来越力不从心，而让位于学校的行政官僚。从生成与演进的视角来看，大学行政权力内生于大学的巨型化、科层化和专业化，强化于对大学组织效率的追求，制度化于法律的明确授权和组织的正式任命。[②]

当大学由“学术共同体”演变为“学术—行政共同体”时，行政权力已成为大学内部管理不可或缺的重要力量，并与学术权力共同构成了大学内部权力结构的核心部分。但从权力的逻辑基础来看，行政权力产生和存在的基础在于大学学术发展的需要，行政权力是学术权力的次生性权力。[③] 因为一所大学如果没有了师生，没有了学术活动，那么管理人员和行政机构便没有存在的必要了。所以，从某种意义上说，大学管理人员及其所拥有的行政权力存在的基础和价值在于服务师生、服务学术，行政权力的

---

① 徐娟：《社会转型背景下我国大学行政权力演变的二维分析》，《高等教育研究》2012 年第 1 期。

② 王世权、刘桂秋：《大学治理中的行政权力：价值逻辑、中国语境与治理边界》，《清华大学教育研究》2012 年第 2 期。

③ 张勇军：《大学行政权力的再辩护——基于权力合法性的视角》，《高教探索》2012 年第 5 期。

基本功能在于保障学术自由，落实学术权力，使学术人员能够专注于教学科研工作，使学生能够在良好环境中接受高质量的高等教育。

关于大学管理人员所拥有的行政权力，我们可从以下几个方面来认识其特点：从权力的来源来看，行政权力主要来自法律和教育行政管理部门的授权；从权力的作用范围来看，行政权力主要是负责处理行政事务；从权力的组织形态来看，行政权力的载体——党政组织具有严密的科层结构，职位高低决定了权力大小；从权力的运行方式来看，行政权力通过上令下行的方式来运作，强调照章办事和等级服从；从权力的地位来看，行政权力是学术权力的派生权力，应当服务于学术权力；从权力的价值取向来看，行政权力的价值取向是效率和约束。

二、大学管理者权力的合法性危机

近年来，在我国大学里和社会上掀起了一股关于大学“去行政化”的讨论浪潮。这一浪潮的背后，是大学行政权力所面临的合法性危机。为有效推进大学“去行政化”，我们必须充分认识大学行政权力的合法性基础及合法性危机的本质。

从大学组织特点和权力本身作用来看，大学行政权力的合法性基础主要体现在以下几个方面。① 首先，大学在社会中扮演着越来越重要的角色。随着大学功能不断拓展，大学在推动经济社会发展方面发挥着越来越重要的作用。尤其是在当代社会，大学更是成为科技进步和经济发展的动力之源，成为社会的“轴心机构”，其对国家发展和社会进步的影响越来越广泛和深远。“高等教育越卷入社会的事务中就越有必要用政治观点来看待它。就像战争意义太重大，不能完全由将军们决定一样，高等教育也相当

① 李从浩：《中国大学行政权力的合法性限度》，《高等教育研究》2012 年第 5 期。

重要，不能完全留给教授们决定。”① 同时，大学得到了来自政府和社会的广泛资助，其有义务为社会提供服务。因此，为保证大学更好地履行公共责任，国家和政府必然通过行政组织对大学施加控制和影响。其次，政府公权力的内部执行。政府主要通过法律、规章、政策、命令等方式对大学实施管理，但这种管理不可能由政府直接进行，需要由大学内部的行政权力代表政府行使公权力。作为政府公权力在大学内的“链条延伸”和“权力代理”，大学行政权力通过服从和执行政府意志来保证国家教育方针政策的落实。最后，大学内部事务管理的需要。由于维持大学正常运转的事务性工作不断增多且日益复杂，并且处理这些事务需要一套专门机构和一群专门人员，因而实行科层制管理成为大学的现实选择，以更好地满足事务性工作按章办事、集中决策、保证效率的需要。

虽然大学行政权力具有明确的合法性依据，但由于我国大学管理过度行政化倾向的存在，使得大学行政权力的合法性也受到诸多质疑。与西方“早发内生型”大学不同，我国的大学属于“后发外生型”，政府在近现代大学的产生和发展中发挥着主导性作用，使得大学有着典型的“政府控制型”特征。例如，京师大学堂便是在清政府主导下创办的，从学堂的主管者——管学大臣，到具体办学者——总监督，无一不是政府官员。特别是新中国成立后，在高度集权的政治体制下，大学几乎成为政府的附属机构，大学活动受到政府指令的严格控制，大学内部组织架构、管理制度深受政府行政管理体制影响，大学管理人员一度以“国家干部”身份主导着大学内部管理工作。即便当今，虽然大学办学自主权不断扩大，学术权力逐步得到加强，但行政权力泛化的

① ［美］约翰·S. 布鲁贝克著，王承绪等译：《高等教育哲学》，浙江教育出版社2001年版，第32页。

局面并未根本改变，一些管理人员不尊重高等教育规律和学术规律，存在官僚主义作风，缺乏权力边界意识，权力越位、错位的问题仍较突出。正因如此，推进大学“去行政化”逐渐成为全社会的呼声和高等教育改革的重要任务，甚至有人提出应实行“教授治校”。但需要指出的是，推进大学“去行政化”并不是要去掉行政体系和管理人员，因为如果把庞杂的行政事务都交给教授而不是专门的管理机构和管理人员负责处理，不仅可能管不好，而且还会影响教授们的本职工作。大学“去行政化”的实质是改变行政权力过度膨胀的倾向，转变行政权力职能，规范行政权力运行，使行政权力回归为学术服务的使命，让大学回归学术本位。

三、大学管理者权力的实践逻辑

在大学管理人员的公开言论中，我们经常可以听到诸如“要充分发挥教授和学术组织在学术管理中的重要作用”、“建设服务型机关”、“行政人员要强化为师生服务的意识”等话语，但在实践中，大学管理人员的实际所为常与其所宣称的价值理念形成反差，甚至背道而驰。权力话语与权力实践之间之所以产生“裂隙”，是由于大学管理人员在行使行政权力时有着自己的一套隐秘的实践逻辑。只有深入洞察其权力的行使逻辑，我们才能有效揭示大学行政权力运行的深层动因与机理，才能深刻理解行政权力运行中出现的种种问题及其所面临的合法性危机。

现代大学早已走出象牙塔，走入社会的中心，并且深深嵌入于政治、经济和文化体系之中。为此，要想真正理解大学行政权力，就必须跳出大学，从大学所在的社会大背景中考察大学的所作所为。作为“后发外生型”大学，中国大学与政治、社会之间有着天然的密切关系，甚至过度嵌入于社会政治系统，以致丧失了大学应有的自主性。大学组织功能也发生了一定程度的异化，它不仅承担着教育和学术组织的功能，还承担了过多的政治功能、经济功能和社会功能。大学多样化的使命和功能，使大学行政权力在实践中形成了多元化的运行逻辑。

一是政治逻辑。中国近代大学发端于探索救亡图存之道的实践，它在诞生之时便被赋予了富国强民、抵御外辱的使命。新中国成立后，为国家服务更是成为大学的最高使命，最突出的表现就是为满足经济建设需要，国家从 1952 年开始对大学实施了大规模的院系调整。当今时代，大学普遍被视为实现国家战略、推动经济社会发展的核心力量之一，在推动国家发展中发挥着不可替代的重要作用。大学所承载的政治使命和政治功能，使大学深深地嵌入于政治组织和政治制度。① 在过度承载政治使命和政治功能的大学里，大学管理人员的首要任务是贯彻执行政治意志，而不是发展教育和学术。他们以政治要求而不是教育和学术发展需要为最高行动指南，在办学治校中更多考虑政治的需要而不是师生的需要，在行使管理权方面以高度集权代替民主决策。

二是市场逻辑。在日益走向市场化的高等教育体系中，大学俨然已成为一个经济实体。它要兴办校办产业和企业，开展各种创收活动，以满足办学资金需求；要开发高等教育的产业功能，甚至把高等教育当作一种产业，向学生“出售”课程和文凭。市场化不仅成为大学的一种价值倾向，也成为大学管理人员的一种管理逻辑。在这种逻辑之下，许多大学将争取外部经费的多少作为评价院系和教师业绩的重要衡量标准，用量化方式考核院系和教师的科研业绩。大学变得越来越功利和浮躁，尽管对大学而言其中也有不少无奈之处，但这种状况客观上破坏了教育和学术研究原本需要的安静环境，使大学难以专注于教育和学术工作。深

① 蒋达勇、王金红：《现代国家建构中的大学治理——中国大学治理历史演进与实践逻辑的整体性考察》，《高等教育研究》2014 年第 1 期。

陷市场化泥淖的大学面临着一系列的质问，如大学可以成为唯利是图的营利中心吗？市场导向是课程的唯一标准吗？这些质问反映了问题的实质：商业价值和市场标准侵害了大学的价值取向，以至于大学正在偏离自身的本质，例如坚持真理的精神、对公共利益的责任、探索普遍知识的热情。① 于是，有人不禁要问："这是高等教育吗？"②

三是行政逻辑。在我国，大学按行政级别可分为副部级、正厅级、副厅级等不同层次。在大学内部，行政系统也具有非常鲜明的等级特征，通常是比照党政机关领导干部的行政级别来设置管理岗位和任命管理人员，管理人员被分为副部级、正厅级、副厅级、正处级、副处级、正科级、副科级、科员等不同级别。过于强调等级性的科层体系，使大学管理人员形成了"上令下从"、"唯上是从"的权力行使逻辑，导致大学出现了行政部门衙门化、行政作风官僚化等倾向。一些管理人员唯官是从，习惯于按政令办事，很少考虑教育和学术发展的客观规律，长官意志甚至取代教育规律和学术规律成为学校决策的主导性因素。这种权力运行逻辑甚至影响到了学术权力的运作，比如学术管理系统同样出现了等级性特征，奉行"下级服从上级"的规则，学术权力集中在少数学术权威手中，学术资源被"学术寡头"垄断。

总体来说，当前大学管理人员的行政权力遵循的是"小学术、大行政"的运行规则，其实践逻辑存在明显缺陷，主要体现在教育逻辑和学术逻辑的缺失，即把大学当成行政机构而非教育和学术机构来管理，忽视按照高等教育规律和学术规律办学治校。

① 张继明：《论市场化洪流中的大学操守——美国高等教育市场化的启示》，《中国地质大学学报（社会科学版）》2011年第1期。

② ［美］大卫·科伯著，晓征译：《高等教育市场化的底线》，北京大学出版社2008年版，第271页。

第三节 大学管理者权力的合理行使

在大学管理过度行政化的背景下，优化大学内部治理结构，不仅要充分发挥教师、学生在大学治理中的重要作用，更要明确管理者权力的边界，规范管理者权力的运行，提高管理者依法治校水平。

一、回归学术使命

大学管理人员对自身角色定位应有清晰的认识，自觉以为师生服务、为学术服务为根本使命，推进大学从“大行政、小学术”向“大学术、小行政”的格局转变，实现从“行政型治理”向“学术型治理”的转型。要强调大学作为教育机构和学术机构的组织特性，积极探索大学的功能转换与使命聚焦，剥离附着在大学这一“母体”身上的政治、经济、社会等方面的多余功能和额外负担，使大学聚焦于立德树人这一根本任务，回归作为学术共同体的根本使命。功能转换与使命聚焦是中国现代大学治理的首要问题，它内在地契合国家与社会之间的功能区分，适应社会组织力量成长和大学自治能力彰显的改革趋势，因而具有理论上的自洽性和实践上的正当性。① 完善大学内部治理结构，建设现代大学制度，也正是为了更好地实现大学自治、学术自由和教授治学的大学理念，以凸显大学的学术属性，彰显学术权力，激发大学的学术活力。

① 蒋达勇、王金红：《现代国家建构中的大学治理——中国大学治理历史演进与实践逻辑的整体性考察》，《高等教育研究》2014 年第 1 期。

二、厘清治理边界

大学管理人员要有权力边界意识，处理好行政权力与其他类型权力特别是学术权力的关系，使行政权力与学术权力分工明确、权责清晰、各安其位、各尽其责，破除二者关系上的行政本位，回归学术本位。从理论上讲，行政权力和学术权力的边界是比较明晰的，二者分别负责处理行政事务和学术事务。然而在大学的治理实践中，行政权力和学术权力之间泾渭分明的静态平衡关系是不存在的，大学行政权力的横向治理边界只能是整体观下的动态边界，其范围必须以学术权力最大限度的发挥及大学本质的充分体现为前提。[①] 同时，在学术管理中，任何行政决策如果脱离学术权力的内在支配而成为纯粹的行政意志，这种决策就很容易违背学术发展的客观规律和大学的本质特性，对学术和大学的健康发展产生不良影响。[②] 因此，大学管理人员要摒弃将行政权力和学术权力视为“二元对立”的观点，秉承并追求一切基于学术、为了学术，并由学术所引导的动态整体的“学术性行政”的大学治理理念，[③] 尊重教授学者和学术权力在大学治理中的作用，避免对学术权力行使的不合理干预和限制。

三、推进职能转变

在实现大学管理向治理转型过程中，要积极推进大学行政职能转变，促进大学管理人员及管理机构更好地为教学科研服务、为师生服务。

一方面，要积极推进大学管理机构改革。当前，多数大学的职能部门数量都在 20 个以上，有的甚至多达 40 余个。“碎片化”

①③ 王世权、刘桂秋：《大学治理中的行政权力：价值逻辑、中国语境与治理边界》，《清华大学教育研究》2012 年第 2 期。

② 赵凤娟：《高校学术管理中的行政权力行使》，《黑龙江高教研究》2008 年第 9 期。

的职能划分和部门设置，使大学内部管理面临诸多难题。比如，职能交叉、政出多门、职责不清的现象普遍存在，利益部门化、部门之间不协同等问题较突出，机构庞杂、人员冗繁等。① 随着大学的功能卸载和使命聚焦，大学管理人员必须对现有组织结构进行重新设计，改变大学管理职能划分过细、职能部门设置过多的现状，推动大学管理机构改革向“大部门、大职能、大服务”范式转变。只有这样，大学才能既轻装上阵、灵活应变，又褪却官僚组织躯壳而逐步淡化浓厚的行政化色彩。② 一是要对行政体系承担的职能进行重新梳理和划分，对相近职能进行整合，理清职能结构，明确职能界限。二是要根据职能调整，对机构进行重新拆分或合并，对人员进行分流，形成承担大职能的大部门。三是要通过职能划分和机构重组，实现决策、执行和监督三个职能相对分离和独立。四是要精简机构，消除冗员，降低行政成本。五是要加强机构之间和机构内部的协调，提高管理服务的效率和质量。

另一方面，要进一步强化大学管理人员和管理机构的服务职能。构建服务型行政管理体系，是大学“去行政化”改革的重要方向。大学管理人员要把为师生服务、为教学科研服务作为首要工作来做，并将服务质量作为核心指标纳入学校管理评价体系。同时，要完善服务制度，以确保服务对象的合理要求能够得到及时有效的回应。一是要完善沟通回应机制。充分利用网络、微博、微信等多种载体搭建师生与学校之间的沟通平台，确保双方沟通畅通有效，使师生员工的正当诉求能够通过有效途径反映到行政管理部门，并得到及时回应。二是要建立服务评价机制，使

① 林祥柽、范丽娟：《高校职能部门大部制改革的目标方案与运行机制》，《高校教育管理》2014 年第 4 期。

② 蒋达勇、王金红：《现代国家建构中的大学治理——中国大学治理历史演进与实践逻辑的整体性考察》，《高等教育研究》2014 年第 1 期。

师生能够对行政部门的服务内容、质量与方式进行有效监督和评价，以不断提高其服务质量和水平。[①]

四、坚持依法治校

依法治校是现代大学制度的关键，其实质是强调依照法律和制度来管理学校事务，而不是根据管理人员个人的好恶；强调弘扬公正、公开、民主的法治精神，杜绝不依法办事、不按程序办事，甚至违法办事的现象，从根本上树立起遵章守纪的意识，使各项管理工作有章可循，从“人治”步入“法治”轨道。[②] 管理人员要强化法治意识，坚持依法办学治校，依照有关法律法规特别是《教育法》、《高等教育法》等的规定，依法设计学校管理制度，依法管理学校各项事务，切实运用法律手段维护学校和师生的合法权益。在学校内部管理过程中，应当重视各项规章制度的制定与执行，特别是要以章程建设为核心，系统梳理学校的内部管理体制，推动学校整体改革，实现依法治校的良好局面。[③] 同时，要建立健全教学、科研、财务、教师、学生、后勤等各项具体管理规章，增强维护制度的责任感和执行制度的自觉性，不断提高学校管理制度化、规范化、科学化水平。

---

① 林祥柽、范丽娟：《服务型行政管理与高校去行政化改革》，《中国轻工教育》2011 年第 1 期。

② 王德勋：《高校管理者的管理理念述论》，《教育评论》2008 年第 2 期。

③ 李旭炎：《现代大学制度建设的现实路径》，《中国高等教育》2013 年第 17 期。

第七章

学生与学习权力

在中国大学中，管理人员和教师长期占据着大学权力结构的核心位置，学生则处于权力结构的边缘，甚至游离于权力结构之外。随着学生作为大学重要治理主体的地位日益受到重视，学生所拥有的权力逐渐进入人们的视野，并在大学内部治理实践中崭露头角，甚至有人提出应使学生的学习权力成为与行政权力、学术权力同等重要的一种权力。因此，深入了解学习权力及其运行规律，对于促进学生有效参与大学治理具有重要意义。但目前仍有许多关于学习权力及其在大学治理中作用的重要理论和现实问题尚未澄清，这不仅在理论上限制了人们对学习权力认识的深化，也在实践上阻碍了学习权力的彰显与运行，以及大学内部“多元共治”治理结构的形成。因此，对于“学生”这一大学治理主体和“学习权力”这一较新的课题，仍需我们从多个角度全面地加以分析和探讨。

第一节　大学生及其权力

大学生作为大学直接利益相关者之一，是大学治理结构中的重要治理主体。“过去，学生尚没有真正进入政治哲学的视野，还不曾在政治意味上作为一个完整的‘人’享有一个现代成人所享有的基本权利。"① 而在学生主体地位日益凸显的当今时代，学生权利问题受到越来越广泛的关注，学生所拥有的学习权力也开始成为我国大学权力研究的一个重要课题。

一、大学生及其基本权利

大学生，即在大学注册入学和接受教育的人群的统称，包括专科生、本科生和研究生（硕士生、博士生）。学生是大学组织存在的基础，是大学的核心群体之一，是参与大学治理的重要力量。在大学中，学生（年满 18 周岁）不仅拥有我国宪法所规定的选举权、言论自由、人身自由等基本的公民权，而且作为高等教育服务的"消费者"和大学组织的重要成员，他们还享有《教育法》、《高等教育法》、《普通高等学校学生管理规定》等法律法规赋予的受教育权、公正评价权、自主择业权、参与管理权、知情权等权利。例如，教育部颁布的《普通高等学校学生管理规定》明确了大学生在校期间依法享有的权利：(1) 参加学校教育教学计划安排的各项活动，使用学校提供的教育教学资源；(2) 参加社会服务、勤工助学，在校内组织、参加学生团体及文娱体育等活动；(3) 申请奖学金、助学金及助学贷款；(4) 在思想品德、学业成绩等方面获得公正评价，完成学校规定学业后获得相应的学历证书、学位证书；(5) 对学校给予的处分或者处理有异议，向学校、教育行政部门提出申诉，对学校、教职员工侵犯其人身权、财产权等合法权益，提出申诉或者依法提起诉讼；(6) 法律、法规规定的其他权利。由于学习是大学生的首要任务，因而就大学生而言，受教育权是其最基本的权利。具体来说，大学生的受教育权包括教学活动参与权、教育设施使用权、课程选择权等。

① 仲建维著：《学生权利论》，华东师范大学出版社 2009 年版，第 29 页。

二、学习权力与学生权利

在大学中，学生所拥有的学习权力，是与政治权力、行政权力、学术权力相对应的一种权力。目前，学术界对学生所拥有的权力有着多种多样的认识。有的强调主体对客体的影响力，如董向宇认为学生所拥有的权力是学生在特定领域对学生、教师、行政管理人员及后勤服务人员施加有意性影响，以有效实现其特定预期的能力①；有的强调参与管理的权力，如曹薇认为是学生直接或间接参与大学内部事务管理的权力②；有的强调对学生权利的维护，如徐士元等人认为是学生或学生组织依据法规来保障实现自身及相关权利的能力③。

“学习权力”是“权力”的下位概念，其发挥作用的场域是由学生、教师、管理人员等多个不同群体构成的大学，因而对“学习权力”内涵的理解应将“权力”概念和大学组织特点相结合。我们对“权力”概念的理解和使用侧重于将权力视为主体影响客体的能力，学习权力的行使主体是学生，其作用对象是大学中的各类人员，学生可通过法律法规的有关规定、大学组织的正式制度、自身所拥有的资源等对大学教师和管理人员的教育、决策和管理行为施加影响。因此，我们认为，大学学习权力就是学生通过法律法规、组织制度、自身资源等手段，影响和支配大学中各类组织和人员，以达到维护以受教育权为核心的自身权利、促进学校科学发展的能力。

（一）学习权力与学生权利的关系

一些研究者认为，学习权力就是学生权利。有人认为，“法

---

① 董向宇：《识读我国大学学生权力》，《高等教育研究》2012 年第 10 期。

② 曹薇：《大学内部学生权力探析》，《华东理工学院学报（社会科学版）》2005 年第 4 期。

③ 徐士元、苏昀：《我国高校学生权力缺失及其原因探析》，《高等教育研究》2011 年第 3 期。

律文件中规定的学生权利，也是学生拥有的合法权力；学生拥有的权力，也是学生享有的权利。"① 我们认为，权力与权利本质上是两个不同的概念。权力是一种强制性的支配力量，在英文中用"power"一词来表达；而权利是一种资格或利益，在英文中用"right"一词来表达。学习权力是学生所拥有的支配力量和影响力，而学生权利则是学生所享有的资格、自由与利益。虽然学习权力与学生权利在概念和内涵上存在差异，但二者之间确有千丝万缕的联系。权利只是表明了其主体有资格采取某种行动，而是否能够采取这种行动则是另一回事，也就是说权利的表达和实现之间是有距离的。在实践中，权利通常构成了权力存在的合法性基础，而权利的有效实现往往依赖于权利主体所拥有的能力和影响力。因此，权利是权力的重要来源，而权力既是权利的派生产物，也是实现权利的重要方式。学生所拥有的权利必须转化为学习权力才能得到更好的保障，学习权力存在的重要价值也正是在于促进学生权利特别是其受教育权的实现，而学生权利的内容也就决定了学习权力的大致范围。同时，随着大学管理日益民主化和科学化，学习权力的作用范围已不仅仅局限于教育教学领域，还涵盖了大学中与学生权利密切相关的其他活动，尤其是学校的管理活动。

（二）学习权力的主客体及载体

学生构成了大学学习权力的主体。但在大学发展的不同历史阶段，学生作为学习权力主体的地位和影响不尽相同。12—15世纪，在意大利博洛尼亚大学等以学生为核心群体的"学生大学"中，学生既是受教育者，又是大学的管理人员。他们拥有相当大的权力，教师聘任、校长遴选、课程设置、学费标准等事务的决定权几乎都掌握在他们手中。自从大学校址固定下来、教授

① 季诚钧：《高校学生权力初探》，《高等工程教育研究》2003年第4期。

不再依赖学生支付费用以后，学习权力逐渐萎缩，学生群体在大学中的影响力开始下降。自 20 世纪以来，随着“学生消费者至上”、“利益相关者”等观念的流行，同时受学生争权运动的影响，西方大学纷纷进行民主管理改革，赋予学生一定的管理权力，其权力主体地位得到提升。总体来看，自中世纪大学诞生至今，虽然大学中学习权力及其地位不断发生着变化，但学生始终是大学组织不可或缺的重要成员，是大学活动的重要参与者，是学习权力理所应当的行使主体。

教师和管理人员及其相应的组织机构是大学学习权力的主要客体。就学生与教师、管理人员的关系来看，拥有学术专长的教师是教育教学活动的主导者，而学生是教育教学活动的对象；管理人员承担着大学的招生、学生管理、教学管理、就业服务等事务的管理工作，学生是其重要的管理对象和服务对象。但作为教育对象和管理服务对象的学生，并非单方面地受教师和管理人员的影响与制约，他们通过学生组织、制度安排、集体行动等影响着教师和管理人员的行为，以实现和维护自身利益。

学生组织是学习权力的主要载体。学习权力主要通过各种学生组织来行使，如中世纪欧洲的“学生行会”，20 世纪 60 年代日本的“全学斗”（全学共同斗争会议）、“民青”（日本民主青年同盟），以及现代大学中的学生会、研究生会等。大学中的学生组织自诞生以来，几经变迁，并呈现三大发展趋势：一是从组织设立上看，从由学生自主设立到按规范设立；二是从权力作用范围上看，从具有宽泛的权力到权力相对集中，进而又逐步扩大到校园内外；三是从权力出发点看，从以争取学生的学习权利为主，逐步转向寻求和维护学生的多元权利。① 当然，我们也要看

① 于海棠：《基于权利维护的高等学校学生权力问题研究》，南京师范大学硕士学位论文，2007 年，第 33—34 页。

到，学生组织这一权力载体能否有效发挥作用，很大程度上取决于其能否被纳入大学内部管理体系之中，并被赋予相应的管理权力。此外，大学中有学生代表参与的党委会、校务委员会、学术评议会以及负责某些具体领域决策的专门委员会等，也是学习权力发挥作用的重要载体。

学习权力的实现手段主要有四种。一是学生个体所拥有的资源，包括其社会地位、经济实力、能力素质、个人影响等。比如，在中世纪大学中，有的学生出身贵族或成功的中产阶级家庭，有的学生则是来自社会高层的知名人士，他们在进入大学学习之前就已具有尊贵的身份和较高的社会地位，他们凭借自身的身份地位在大学中获得了较大的发言权和影响力。再比如，学生的能力、素质越高，个人影响力越大，就越有能力通过正式或非正式途径对学校和教师的活动施加影响。二是组织制度。一些民主制度较健全的大学，通常会吸收学生代表参与决策机构或学术组织，比如在党委会、校务委员会中给予学生一定数量的席位。同时，学生还能够通过学生会、研究生会等学生组织开展的各种活动，来代表全体学生对大学管理活动和大学中的其他群体施加影响。三是法律手段，即学生依据法律法规相关规定，通过合法途径行使学习权力。四是集体行动，即学生通过有组织的集体抗争行为①，向学校或有关人员施加压力，迫使其作出改变，以维护自身权益。由于这种方式容易造成冲突，并威胁校园稳定，因而通常不被社会和学校管理人员所认可。

（三）学习权力的内容与来源

从内容上看，大学学习权力主要包括两大类。第一类是与学习直接相关的权力。例如评教权，即对任课教师的教学质量进行

① 菲利普·阿特巴赫把学生集体抗争的行为称为“学生政治行动主义”，即指学生以极端的、非理性的、往往具有破坏性的方式或行为来实现自身的目的。伯顿·克拉克则称之为“搞破坏的权力”。

评价的权力。这种权力是基于学生作为受教育者和高等教育消费者的权利，大学只有允许学生对教学工作给予评价，并保证评价结果真正发挥作用，才能使教师自觉地为学生着想，选择有利于学生学习成长的教学内容和模式。第二类是管理方面的权力。例如参与管理权，即参与学校有关事务管理的权力，特别是与学生利益直接相关的领域应当吸收学生参与管理过程；自治权，即学生组织作为学生自治的团体，在其内部，学生拥有自我管理的权力；监督权，即学校教学管理、学生管理等事务是否执行到位，是否违反有关规定，是否侵害了学生权益，学生有权进行监督，并表达自己的意见。由于受教育权是大学生最基本的权利，因而与学习相关的权力应是学习权力的核心内容，而管理方面的权力则是为保障学生学习方面的权力、更好地实现其受教育权服务的。

从来源上看，大学学习权力主要有四种来源。[①] 一是学生权利特别是受教育权的转化。英国政治学家拉斐尔把权利划分为接受权和行动权，前者指的是接受什么的权利，后者指的是做什么的权利。其中，行动权是权力的一种重要来源，学生的部分权力便是从其特定的行动性权利转化而来，也即边沁所谓的“个人由于有权利而具有权力”。例如，学生的评教权便是由学生的学习权转化和引申而来的。二是学生的治理主体地位和作为高等教育消费者的身份。在大学中，学生作为直接利益相关者，不仅是学校管理和服务的对象，同时也是教育教学和管理活动的重要参与者。学生的主体地位不仅为学习权力提供了合法性基础，也构成了学习权力的重要来源。在合理范围内赋予学生一定的权力，既是尊重和维护学生主体地位的重要体现，也是大学履行育人职能、保障学生受教育权、促进学生健康成长、促进学校科学发展

① 董向宇：《识读我国大学学生权力》，《高等教育研究》2012 年第 10 期。

实现的需要。同时，实行高等教育成本分担制度后，学生缴纳的学费成为维系大学生存发展的重要资金来源，大学生的身份也由此发生了重要变化，他们由高等教育服务的“免费享用者”转变为“有偿消费者”。“由于受教育者支付了较高的费用购买教育服务，使得大学生与高等学校的法律关系发生了变化，高等学校作为教育服务的提供者与消费教育服务的学生之间的关系，不再是单纯的教育者和受教育者的关系，还具有提供服务与消费服务的平等民事关系，或者说具有教育服务产品的生产者与‘顾客’的契约关系。并且人们开始感觉到，这种新的关系会要求学校重视按照消费者的愿望和需求来提供教育服务，围绕满足学生的需要来调整办学指导思想、教育教学目标、教学的管理组织，以及学校为学生提供的各项生活服务。于是，学生以与这种关系相适应的权利去提出服务要求、作出消费选择，使自己的自由、资格得以实现，利益、需要得到满足。”① 作为高等教育服务的“消费者”，大学生自然拥有选择“产品”并对“产品质量”进行评价的资本性权力。尽管在大学这一文化组织中，资本性权力受到限制，但它仍在一定程度上为学习权力提供了正当性支撑。三是法律法规或学校规章的规定。法律法规或学校规章的授权是学生合法权力的另一重要来源。例如，法国的《高等教育方向指导法》要求在大学和地区各级审议会、大学教学科研单位中都应有学生代表参与，赋予了学生参与管理的合法权力。四是特定职位。一些学生因在大学党委会、校务委员会、评议会等机构中担任一定的职务而获得了相应的职位权力。

---

① 赵雄辉著：《基于教育服务消费的大学生权利研究》，湖南大学出版社 2007 年版，第 2 页。

第二节 学习权力与大学治理

学生所拥有的学习权力与管理人员所拥有的行政权力、教师所拥有的学术权力构成了大学治理结构中主要的三种权力形态。随着现代大学制度的不断完善，学生及其所拥有的学习权力在现代大学内部治理中发挥着越来越重要的作用。

一、学习权力的形成与发展

离开历史的视角，我们对“权力”这种存在便难有深刻的认识。考察学习权力在不同历史时期、不同国家和地区的存在状况，可以帮助我们更好地理解和把握学习权力在大学治理中的作用。

（一）西方大学学习权力的演变历程

自大学在中世纪后期的欧洲诞生以来，西方大学学习权力经历了跌宕起伏的演变过程，大致可将其划分为五个发展阶段。

1. 学习权力全盛期

12—15 世纪，欧洲学生行会中的学生拥有很大的权力。这一时期可谓学习权力的全盛时期，后来大学中学习权力的影响从来没有超过这一时期。① 这一点在意大利博洛尼亚大学等由学生团体管理的“学生大学”中体现得尤为突出。学生主持校务，决定学费的数额、教授的选聘、课程的时数等事务，负责出面与地方当局进行交涉。教授难以获得准假，甚至一天也不能缺席，必

① ［美］伯顿·R. 克拉克著，王承绪等译：《高等教育系统——学术组织的跨国研究》，杭州大学出版社 1994 年版，第 171 页。

须准时开始和结束讲课，并按合适的进度安排教程。教授上课迟到或讲课过于拖拉，甚至还要被学生追索罚金。为了防止教授中途被别校重金聘走，教授有时还须预付押金，由学生掌管。[①] 可以说，在学生和教师的关系中，学生占据了绝对的主导地位。此外，学生行会还通过各种方式与城市当局进行斗争，争取免纳捐税、免服兵役等特权。居民们和教授都畏惧这伙人（大学学生），学生们只要采用迁移的办法，就可以影响居民们的生意，打破教授们的饭碗。[②]

这一时期学习权力的兴盛与当时特定的历史背景是分不开的。首先，学生行会是当时特定社会历史的产物。在中世纪的欧洲，随着城市的兴起和发展，在城市中形成了众多由同一行业从业者组成的行会，如医生、艺术家、商人、手工业者等都成立了自己的行会，以保护行会成员的利益，确定本行业的从业资格等。在这种背景下，学生和教师也开始成立具有行业性质的社团组织。在中世纪的大学中，最先出现的是学生的社团组织。当时大学里的学生来自欧洲各地，“一个人住在外国是要自己承担风险的。他没有对其冒险进入的国家提出任何要求的权利，而他最能保障安全的机会，则是与在该国的同胞联合起来”[③]。他们便仿照行会的方式成立了社团组织——同乡会，如博洛尼亚大学就有朗巴德、罗马、塔斯堪和阿尔卑斯山外等四个同乡会[④]，后来形成了山南团体和山北团体两个学生团体。学生团体经过与市政当局和教会的漫长斗争，在大学管理中获得了主导性权力。其

---

① ［英］阿什比著，滕大春、滕大生译：《科技发达时代的大学教育》，人民教育出版社 1983 年版，第 64 页。

② ［加］约翰·范德格拉夫等编著，王承绪等译：《学术权力——七国高等教育管理体制比较》，浙江教育出版社 2001 年版，第 37 页。

③ ［英］博伊德、金著，任宝祥、吴元训主译：《西方教育史》，人民教育出版社 1985 年版，第 137 页。

④ 滕大春主编：《外国教育通史》第 2 卷，山东教育出版社 1989 年版，第 135 页。

次，在“学生型大学”里，有相当一部分学生年龄较大，他们担任着重要的社会职务，具有较高的社会地位和显赫的背景，有能力承担起学校的管理工作。再次，教师的薪酬主要来源于学生缴纳的学费，学生可通过抵制讲课、缩短任期等对教师进行制约。最后，当时的大学对当地城市的商品贸易等有较大影响，大学能够以迁移校址为筹码，与城市当局进行谈判，以争取一定的特权。但脱离当时特定的经济社会背景，学习权力的兴盛期就难以再出现了。

2. 学习权力衰落期

16 世纪以后，随着大学所处环境的改变，如大学董事会的建立、城市开始支付教师薪水、大学校址相对固定下来等，大学的权力重心开始发生转移，其管理权逐步被政府、教会、教授以及校外人士所掌握。校外人士在大学非学术事务管理中发挥着越来越大的作用，学校自治逐渐向学术自治转变。大学内部权力关系也发生了明显变化，学生管理权力被严重削弱，他们从大学的“管理者”变为“受教育者”、“被管理者”，从大学舞台的中心走向了边缘，“学生治校”的管理模式渐渐退出历史舞台。在欧洲，17—18 世纪被称为高等教育的“黑暗时代”。这一时期，对学校发展有关键影响的校外人士控制了大学，他们掌握了学校生存与发展的核心资源，而学生可调动和支配资源极其有限。正因如此，不仅学习权力走向衰落，而且整个大学的自治权也被极大地削弱了。在美国，从 17 世纪一直到 19 世纪初，学院（大学）的权力基本上掌握在由校外人士组成的董事会手中。由于董事会成员不在学校上班，并且起初院长以下不设任何行政机构，所以学校日常工作实际上是由院长一人负责，学院成为“一种在院长的‘家长制’控制下的组织”①，学生根本没有管理权力可言。

① 别敦荣著：《中美大学学术管理》，华中理工大学出版社 2000 年版，第 19 页。

如1636年在波士顿仿照英国牛津大学、剑桥大学创立的哈佛学院采取“学院式”生活，学生的行动受到校长、教师的严格监视。

3. 学习权力苏醒期

19世纪，经过启蒙运动和工业革命的洗礼，宗教黑暗统治的阴霾逐渐消散，西方教育迎来了新时代的曙光，学习权力也开始逐渐苏醒。在德国，“洪堡改革”成功地推动了西方新型学生自治理念的形成，确立了学生“学习自由”的主体性地位，学生自治率先得到重新认定。19世纪德国大学里开始出现“学生联盟”，成为大学生自治力量形成的标志。1920年，魏玛共和国开始教育民主化改革，普鲁士教育部颁布了《学生自我管理的决定和方针》，以法令形式赋予了学生建立自我管理机构、参与学校管理等权利。

19世纪下半叶，在美国大学中，学生自治组织也逐步发展起来。例如，宾夕法尼亚大学、芝加哥大学等成立了学生委员会，由其负责维护学生宿舍的秩序；伊利诺伊大学和缅因州立大学成立了真正担负学生自治责任的学生组织；1896年，美国首个正式的学生自治组织联盟——学生会在宾夕法尼亚大学诞生。同时，学生们在学校中开始获得一定的话语权，比如在普林斯顿、佛蒙特、弗吉尼亚等大学，学生顾问们可与教师们就许多问题进行协商。到20世纪30年代，美国各大学基本上都成立了学生会，学生会代表全体学生与校方谈判、参与学校事务管理。随着大学生民主意识的增强，反对权威、争取独立自主成为当时美国大学生的时尚。为了争取自身权益，摆脱学校和教师的控制，学生们纷纷就住宿、课程安排、教育改革、种族歧视等开展抗议活动。学生抗议成为这个时期学生参与学校事务、行使自身权力的重要方式。①

4. 学习权力高涨期

20 世纪 60 年代在高等教育学史上被称为“学生时代”，当时在美国、法国、联邦德国、英国、意大利、爱尔兰等西方国家相继爆发轰轰烈烈的学生运动，并一直持续到整个 70 年代。这些学生运动有着许多共同点，如要求言论自由、社会民主、反对战争、反对旧的教育制度等，可以看作是学生为争取自主权和民主化所作的斗争。在学生运动浪潮的推动下，大学管理制度改革步伐加快，学生在学校各种委员会中获得了一定数量的席位，从教师和管理人员手中争得了部分权力，开始更多地参与学校管理。

1964 年，美国加州伯克利大学的学生高喊“公民参与的民主”的口号，发起了“言论自由运动”，反对校方家长式的管理及陈旧的校规，由此，学生运动的序幕正式拉开。经过争权运动，学习权力得到进一步认可和提升，在学校各个层次的正式委员会中都有学生代表参加。1969 年对美国 800 多所大学进行的调查显示，88.3％的院校允许学生代表至少参加学校一个管理决策机构的工作，其中 2.7％ 的院校给予了学生在学校董事会议上的表决权，41％的院校允许学生作为处理诸如教师选用、提升、任期等事务的委员会的观察员。1971 年美国教育理事会调查发现，全国已有 14％的大学董事会中有学生代表。②

西欧各国大学内不同群体要求民主的呼声也日益强烈，学生要求在各种机构中正式分配到一些席位和表决权。在联邦德国和丹麦，高级教授的选票减少到总数的三分之一，高级教师、年轻教师和学生各占三分之一。在英国，绝大多数大学都通过允许学

① 余子侠、向华：《西方大学生自治历史考察与启示》，《华中师范大学学报（人文社会科学版）》2014 年第 1 期。

② 陈学飞著：《美国高等教育发展史》，四川大学出版社 1989 年版，第 201 页。

生代表参加各种委员会来减轻学生抗议的压力。“绝大多数学校的理事会和评议会都有学生成员参加。……教授的权力则因此有所下降，校外人士和行政官员地位也比以前模糊。”① 1968 年，“五月风暴”运动爆发后，法国政府迫于压力颁布了《高等教育方向指导法》。该法案规定，在教学科研单位、大学和地区各级审议会中都要有学生代表参与，在大学校务会议和学群会议中学生代表所占比例通常达 25％左右，学生在学群会议中对课程配置、考试日程、成绩考查方法乃至课程内容，均有提出意见和参与决定的机会。这种情况在意大利、荷兰、奥地利、比利时以及瑞典等国家的大学中也不同程度地出现，其主要目的在于减少高级教师的权力，扩大学生等非学术群体的权力，促进大学管理民主化。

5. 学习权力理性回归期

20 世纪 80 年代以来，随着社会环境的变化，大学生与六七十年代相比已有很大变化，他们的政治热情开始消退，对政治的关注度明显下降。据调查，1966 年“关注政治事件”的学生比例高达 57.8％，此后这一比例持续下降，1974 年下降到 36.6％，到 1996 年仅为 29.4％。学生在“学生选举中的投票率”也在下降，1991 年为 32.7％，1996 年下降到 23％，从来不投票的学生增加到 28.3％。② 同时，多数西方发达国家在有关教育法规中对大学生的地位与权利问题都作了明确规定，学生参与学校管理的制度逐渐成熟，为学习权力合法合理地存在和运行提供了保障。这些都促使学习权力的运行不再像六七十年代那样具有明显的暴力特征，而走向了理性与平和。

① ［加］约翰·范德格拉夫等编著，王承绪等译：《学术权力——七国高等教育管理体制比较》，浙江教育出版社 2001 年版，第 102 页。

② 郑文：《西方发达国家高校学生管理权力的演变》，《复旦教育论坛》2006 年第 4 期。

（二）我国大学学习权力的发展历程

1. 清末时期的学习权力

清朝末年，北洋大学堂、京师大学堂等一批高等教育机构应运而生，中国近代高等教育由此发端。这一时期的高等教育机构虽然在专业设置、课程安排等方面具备了现代大学教育模式的一些特点，但其教育宗旨和管理方式仍然深受封建统治思想影响。学生的合法权利没有在制度层面得到认可，学习权力处于缺失状态。这从当时高等教育规章制度中便可窥见一斑。例如，清政府颁布的《奏定学堂章程》规定学生“不准妄干国政”、“冠服宜归画一”、“严禁奇邪服饰”等，《京师大学堂章程》就学生的功课、入学、出身、礼仪、纪律等作出规定，但这些制度对学生权利和学习权力均只字未提。学生在学堂内完全处于被约束、被管制的地位，毫无主体地位可言，更不可能有参与学堂事务管理等权力。因此，这一时期学习权力可以说是处于完全缺失的状态。

2. 民国时期的学习权力

民国时期，随着封建帝制的终结，中国无论是在政治制度上，还是在思想文化领域，都发生了深刻的变革，民主、平等、自由等思想成为主导社会变迁的重要观念。在新的思想、文化和政治制度影响下，“民主”成为大学追求的重要目标，民主管理的观念在大学管理中得到实践。“教授治校”是这一时期大学民主管理的主要特点，如《大学法》、《大学组织法》、《大学令》都对教授治校的民主管理模式作出明确规定，而学生则被排除在大学管理机构之外。但这并不意味着学习权力完全不存在，随着学生自治会等学生组织的不断涌现，学生群体获得了一定的自治权。一些大学成立了学生自治会，并让学生自治会在学生食宿的管理、课外活动的开展、学生事务的处理、校纪的维持等方面承担一定的职责。尽管许多学校都严格规定了学生自治的范围和原则，国民政府教育部颁布的《学生自治会规则》也对学生自治会的活动范围、禁止事项等作了具体规定，但学生自主性因五四反帝反封建运动而得到空前的张扬。[1] 同时，学习权力的运行尚且缺乏社会普遍认可的合法化途径。因此，在这一时期，学习权力具有明显的非理性特征，常常诉诸暴力，以学生运动的方式存在和运行。

与此同时，大学内部也出现了学生采取集体行动甚至暴力行为来维护自身权利的事件。1919—1921 年，清华学校出现学生“三赶校长”事件，校长张煜全、罗忠诒、金邦正先后因学生的反对而被驱赶或被迫辞职；1922 年 10 月，北京大学学生为反对学校收取讲义费而发动学潮，导致校长蔡元培和各主要行政负责人辞职、教职员停止职务；1932 年 9 月，北京大学靳瀛等九名学生因用“过激行为”来要求缓缴学费而被开除学籍，他们的一百多位同乡或同学罢课四天，要求学校撤销开除决定。

在这一充满战乱和动荡的历史时期，虽然学习权力并未获得正式制度的确认，其运行具有明显的暴力特征，但它通过集体行动的方式，获得了巨大的能量和强势的地位，其影响也十分深远。它不仅在维护学生利益方面发挥了积极作用，也对争取民族独立和人民解放的伟大进程产生了重要影响。

3. 新中国成立至改革开放前的学习权力

新中国成立后，国家先后确立了“教育为工农服务，为生产建设服务”、“教育必须为无产阶级政治服务，必须与生产劳动相结合”等教育方针，教育的政治功能不断得到强化，学生作为革命和阶级斗争的一支重要力量，其权力开始在国家制度层面得到认可。1950 年颁布的《高等学校暂行规程》规定，校长领导下的校务委员会中要有 2 名学生会代表。1958 年，中共中央、国

① 张雪蓉：《1920 年代我国现代大学学生自治制度研究——以国立东南大学为中心》，《南京社会科学》2006 年第 12 期。

务院作出《关于教育工作的指示》，要求在政治工作、管理工作、教学工作、研究工作等方面应该贯彻党委领导下的群众路线的工作方法，制订学校教育计划、制订教学大纲、评定学生助学金、对学生进行鉴定等应当采取在党委领导下师生结合的方法。在“大跃进”之风盛行的当时，甚至有些出身“好”又特别“红”的学生当上了教研组长。1961 年中共中央下发的《关于讨论和试行教育部直属高等学校暂行工作条例（草案）的指示》明确规定：“教师要注意听取学生对教学的意见和要求。”

从这些规定及其实践来看，学习权力得到了正式认可，学生也具有较大的话语权。但这一时期的学习权力具有明显的政治化、工具化特征，学生之所以能够获得权力，主要由于其作为“革命群众”的身份，而不是基于其受教育者的主体地位。这是因为作为知识分子的教师被视为需要教育和改造的对象，学生则被视为无产阶级群众和革命战士，因而教师的话语权受到削弱，而学生的话语权得到加强。可以说，新中国成立初期学习权力的制度化是当时我国特定的政治背景在高等教育制度上的反映，这也导致了学习权力出现明显的异化倾向。这种异化的学习权力在“文化大革命”时期造成了严重后果。当时，学生被赋予“以主人翁姿态上大学，管理大学，用毛主席思想改造大学”① 的权力，学习权力的主要目标并非维护学生利益，而是对所谓的“反动派”进行政治改造，并且学习权力在运行过程中常常突破合法、合理的边界，呈现出反教育、暴力化的特点。学习权力的滥用和失控，使当时中国的高等教育和广大知识分子遭遇了一场浩劫。

① 何东昌主编：《中华人民共和国重要教育文献（1949—1975）》，海南出版社 1998 年版，第 1472 页。

4. 改革开放以来学习权力的发展

党的十一届三中全会召开以后，经过全社会的大反思和拨乱反正，我国高等教育事业开始重新步入正轨。随着高等教育理念和管理体制的变革，学生的主体地位开始重新得到重视，特别是与大学生利益直接相关的“三大改革”进一步确立了学生的主体地位。一是就业制度改革。此项改革实施后，国家不再为大学毕业生提供就业安排，学生成为自主就业者，在教育和社会活动中的自主性地位逐步凸显。二是收费制度改革。实行高等教育成本分担机制后，学生上大学需缴纳学费，学生的身份由“教育资源无偿使用者”转变为“教育消费者”。作为教育消费者和教育成本分担者，学生理应具有评价教学质量、参与重大决策等权力。三是招生制度改革。随着大学扩招，大学生群体的规模迅速增长，其身份由“社会精英”逐步向“普通劳动者”转变，其利益诉求更加多元化，学生与大学之间的利益关系更加复杂化，学生权利也更容易受到侵害，这些都使学习权力的地位愈显重要。① 基于对学生主体地位的承认和重视，学习权力在大学权力体系中的角色开始得到人们的关注。教育部于 2005 年颁布实施的《普通高等学校学生管理规定》在部门规章层面赋予了学生参与民主管理的权力。吉林大学等部分院校开始探索建立学生参与民主管理的制度，吸收学生代表参与学生管理、教学管理、后勤管理等方面的事务，并通过各种途径征求学生对学校工作的意见和建议，让学生参与监督教学和管理工作。总体来看，改革开放以来学习权力的发展呈现出逐步回归和凸显的良好趋势，但其在法制化、制度化、规范化等方面仍有待进一步提升，在大学管理中的作用也有待进一步发挥。

---

① 于海棠：《高校学生权力变迁及其配置》，《国家教育行政学院学报》2009 年第 12 期。

二、学习权力的作用与局限

（一）学习权力的作用

尽管与学术权力、行政权力相比，学习权力较少被人们提及，但其存在价值得到了人们的一致肯定。西班牙思想家加塞特在向马德里大学学生联合会发表演说时甚至表示，很想把“大学的使命”移交给学生。他认为，“大学以学生为中心的概念必须得到贯彻……把大学看作教授接待学生的房子的观点是荒谬的；事实上应该是恰恰相反：让学生来管理大学这幢房子，使全体学生成为机构的躯干和骨架，而教员或教授们则作为辅助或补充。”① 在大学逐渐走向民主、学生主体地位日益得到重视的当今时代，加塞特的论断值得我们深思。在完善大学治理结构过程中，我们必须充分考虑学生这一重要治理主体的地位和作用，赋予学生参与大学治理的机会，并在大学内部治理结构设计、教育教学改革等方面充分体现学生的利益诉求，使学习权力真正成为大学权力体系的重要组成部分，使学生真正成为大学治理的重要主体。如果不能意识到学习权力的重要性，并健全学习权力保障机制，我们就很难指望管理人员和教师能够自觉地从学生利益出发，改进过度行政化的管理模式，加快推进教育教学改革。因此，承认、尊重和保障学习权力是发挥学生主体性、提高教育教学质量的重要基础。作为权力行使主体，学生同样必须充分认识学习权力所蕴含的责任和对维护自身利益的重要性，切实用好手中的权力，自觉维护学生群体的正当权益，积极参与学校管理和教育教学改革，努力成为推动高等教育改革发展的重要力量。②

---

① ［西］奥尔特加·加塞特著，徐小洲等译：《大学的使命》，浙江教育出版社2001年版，第71页。

② 李福华：《对高等学校学生权力的探讨——学生主体地位的政治学视角》，《教师教育研究》2004年第2期。

具体来说，大学学习权力的作用主要体现在以下三个方面。

一是优化大学内部治理。大学组织由多种利益相关者构成，其内部利益需求具有多样化特征。“学校内外具有各种利益需求的群体与个人对于学校的目标和实现目标的途径有着不同的理解和要求，他们寻求向其他人表达自己的愿望，以便扩大自己的利益和利益关系。”① 多元利益主体间的冲突与竞争，使大学内部权力关系更加复杂化，并使大学演化成为一个各种利益主体互相角逐的“社会—政治系统”。② 在这一系统中，民主是平衡各方利益的一种有效手段，参与学校管理成为各利益相关者群体共同的诉求。作为大学的直接利益相关者群体之一，大学生是大学民主管理的重要力量，没有学生群体的参与，大学民主管理是不完整的。同时，长期以来对学习权力的忽视也在一定程度上造成了高校代理成本过高、效率低下。③ 因此，切实保障学习权力，充分发挥其作用，对于优化大学内部权力结构、促进大学民主管理、提高大学管理效能具有重要意义。

二是加强对权力客体的监督与制约。“传统大学制度在理论基础上和实践上比较强调某一权力和利益要素，在哲学上遵循‘一元’逻辑。现代大学制度要成为‘现代’的大学制度，必须是‘多元’逻辑，而且，其权力和利益要素应是相互牵制、保持动态平衡的‘制衡’关系。‘制衡’逻辑理应是现代大学制度的逻辑归属。”④ 管理人员和学术人员及其组织机构是学习权力的主要客体，这两类代表不同利益的群体在价值追求、组织形式、行为准则等方面存在诸多差异，甚至互相冲突，其中任何一种群

① 高洪源：《欧美学校微观政治研究的进展》，《比较教育研究》2003 年第 6 期。

② 董向宇：《识读我国大学学生权力》，《高等教育研究》2012 年第 10 期。

③ 李福华：《对高等学校学生权力的探讨——学生主体地位的政治学视角》，《教师教育研究》2004 年第 2 期。

④ 彭江：《初论现代大学制度的本质及逻辑》，《复旦教育论坛》2006 年第 1 期。

体权力过度膨胀，都可能造成另一种群体权力的式微和失效，进而造成大学权力结构失衡。而学习权力的存在和合理运作，可对这两种客体的权力进行制衡，对其进行有效监督，从而维护大学权力结构的平衡。比如，学生参与评教、管理便是学习权力制衡监督作用的具体体现。

三是维护学生利益特别是其受教育权。维护利益的手段多种多样，比如法律、道德、权力、暴力等等。法律和道德能够在最大程度上降低维权过程中发生冲突的可能性，因而是维护学生利益的理想手段。但依靠法律规范和道德力量维护学生利益具有被动性特点，这种被动式维护往往是乏力的。① 并且，即使是在法制比较健全或道德力量较强的国家，如果大学中其他权力主体的力量过于强大，学生权益也难以得到保障。因此，过度依赖法律和道德来维护学生利益是不现实的。而暴力手段往往是非法和被禁止的。在这种情况下，学习权力在维护学生利益中的主导性作用就凸显出来。权力的工具价值也正是在于对利益的强力维护，在各种利益主体互相角逐、利益关系错综复杂的大学组织中，学习权力的一个重要作用就在于其能够主动、有力、合法地维护学生权益，以弥补法律规范、道德力量等手段在维护学生利益方面的不足。

（二）学习权力的局限性

由于受大学生自身条件的限制，学习权力也存在一定的局限性，主要体现在以下三个方面。

一是权力效能有限。虽然学生往往是大学教育和管理问题最直接的受影响者，但由于知识、经验、资源、能力等方面的局限，他们对自身行为往往缺乏准确的判断和预见能力，难以准确把握问题的本质并提出有效的解决对策，因而有时不能合理有效

① 董向宇：《识读我国大学学生权力》，《高等教育研究》2012 年第 10 期。

地行使自己手中的权力。例如，爱略特在担任哈佛大学校长期间，推行自由选课制，在选课方面赋予了学生很大的自主权。但由于学生对学习什么课程难以作出理性而成熟的判断，因而导致有些学生因盲目选课而浪费了时间和精力，有些学生忽视了基础课程的学习，有的学生选择容易的课程而放弃了那些难度较大但富有价值的课程，以致造成教育质量整体下滑。再比如，在学生评教方面，评教结果容易受学生个人喜好等非教学因素的影响，如果完全听凭学生的意见，也很难获得对教师教学质量的客观评价和准确判断。此外，与教师和管理人员相比，学生在大学有关机构中任职所需的知识、能力、经验等方面往往是欠缺的，让学生大量参与学校长远战略和重大政策的制定既不现实，也是不负责任的，即使是那些能力最强、最认真负责的学生在参与学校各类决策机构时，也必须经过严格选拔和培训。①

二是偏重短期利益。学生在校时间短暂，大学本科学制多为四年，一般不超过五年，而研究生的学制通常更短。这种在校时间的短暂性导致学生对高等教育难有透彻的理解。作为大学里来去匆匆的过客，他们往往只顾眼前利益和短期利益，在他们不清楚甚至不关心决策的长期效果的情况下，让他们对自己的学习活动和大学的管理工作进行决策显然是有风险的。“服务期限的长短是经验和忠诚的标记”，只有那些了解学校历史、长期在校工作的教师和管理人员才会认真考虑学校的长远问题，因为他们的个人前途与学校的声誉紧密相关，他们比学生更注重学校的教学质量。②因此，大学内部权力分配应当综合考虑各权力主体的特点和实际情况，而不能搞平均分配。

三是缺乏自我约束力。由于大学生具有容易冲动的特点，有

①② 高建芳：《美国大学学生权力演进历程探析》，河南大学硕士学位论文，2007年，第51、53页。

时不能理性地控制自身的情绪，而做出不理智的过激行为，从而导致学校管理秩序的混乱，容易造成群体性事件的发生。20世纪六七十年代，欧美国家爆发的学生运动，曾导致许多大学陷入无秩序的混乱之中；我国“文化大革命”时期学习权力的滥用和失控，也一度使大学处于失序状态。因此，学习权力的存在和行使应当控制在一定的合理范围内，并受到大学内部其他权力的制约和监督，受到制度的规范和约束。

三、学习权力运行现状与困境

对于我国大学生学习权力之现状，研究者们通常用“缺失”一词加以概括。不可否认，当前学习权力较微弱确是客观事实，但仅用“缺失”一词，也难以完整地描述学习权力的当下境遇。我们认为，考察当前我国大学学习权力的现实状况，应当从两个方面来看：一方面，虽然学习权力的力量仍较微弱，但其在大学内部权力体系中是客观存在的，并且其地位开始逐渐得到承认和提升；另一方面，受各种因素制约，学习权力面临着诸多困境，其作用尚未得到充分发挥。

（一）学习权力与大学其他权力的关系

学习权力嵌入大学权力网络之中，其地位和运行情况在很大程度上取决于其所处的权力制度环境及其与学术权力、行政权力等其他权力之间的关系。学习权力在大学特别是西方大学中已占据一席之地，并越来越多地介入学校各种事务的管理，但其影响力仍然较为微弱。“学生统治大学”在大学发展早期昙花一现之后，便早已被尘封在了历史之中。目前学生参与大学治理的程度，根本没达到学生中激进的倡导者们雄心勃勃的要求。① 政治

---

①［加］约翰·范德格拉夫等编著，王承绪等译：《学术权力——七国高等教育管理体制比较》，浙江教育出版社2001年版，第180页。

权力、学术权力、行政权力仍是现代大学的主导性权力，学习权力则难以获得与其平起平坐的地位。换言之，学习权力在现代大学内部治理体系和权力结构中属于一种弱权力。学习权力的弱地位至少是由三个因素决定的。首先，学生在知识生产领域处于弱势地位。大学是一个以探究和教授高深学问为核心业务的学术组织，“它的职责不是行政管理，而是发现、发表和讲授高深学问。它的管理不是根据人数或少数服从多数的原则，而是以知识为基础”①。因此，知识建构权力是大学组织权力生产的一种重要机制。与作为知识产生者的教师相比，作为知识传授对象的学生，在知识权威方面显然处于劣势地位，其权力自然相对较弱。其次，学生群体具有很大的流动性。学生在校时间短、流动性大，他们是大学里来去匆匆的过客，这就决定了学习权力主体具有不稳定性，也决定了学生利益的短暂性，由此造成学生缺乏为自身地位和长久利益而斗争的动力，这直接影响着学习权力的效能，使学习权力在与学术权力、行政权力等的较量中处于下风。最后，学习权力具有明显的外部依赖性。学生作为权力主体与教师、管理人员等权力客体之间的非对称关系，决定了学习权力的存在和效能在很大程度上依赖于权力客体对学生主体地位和学习权力合法性的认可与接受。可以说，我国大学学习权力的长期式微在很大程度上就是由其“效力的外在依赖性”特质所导致的。②

受高度集权的高等教育管理体制影响，我国大学内部形成了过度行政化的管理模式，行政权力过度膨胀，甚至一方独大，行政机构和管理队伍垄断着大学各种资源的调度和分配。在这种管理体制下，学习权力的存在空间受到进一步挤压，其影响更加微

---

① ［美］约翰·S. 布鲁贝克著，王承绪等译：《高等教育哲学》，浙江教育出版社2001年版，第42页。

② 董向宇：《识读我国大学学生权力》，《高等教育研究》2012年第10期。

弱，学生在大学内部管理中的话语权还十分有限，其权力与利益往往难以得到有效保障。同时，学生会等学生组织在大学治理中的作用未能得到充分发挥。这些都导致了学习权力的“虚化”，使学习权力处于过于弱势的地位。在权力缺失的情况下，学生的维权行为变得十分困难。由于缺乏表达与维护利益的必要渠道和方式，学生常常被迫采用逆反或冲突的方式来表达自己的要求，学生和学校及教师之间的冲突日益增加，相关诉讼案件也日趋增多。

虽然学习权力在大学中不属于主导性权力，但其在大学治理体系和权力结构中是不可或缺的。特别是在当前多元主体共同治理成为大学管理体制改革不可逆转的方向的情况下，大学管理人员应当重新审视自身在大学治理体系中将以何种形式、何种面目、在何种程度上存在，以平衡各治理主体间的关系，进而实现有效治理。管理人员和教师必须从管理主义的传统观念中解放出来，真正把学生视为大学重要的组织成员和治理主体，给予学习权力应有的存在空间和运作渠道，使学生有效参与大学治理。从全世界范围看，学习权力的影响力在不断扩大，其重要性也日益得到重视。① 从我国情况来看，学习权力的地位和作用也正逐步凸显，主要体现在以下三个方面。②

首先，制度规范在一定程度上确认了学习权力。比如，教育部颁布的《普通高等学校学生管理规定》提出，学校应当建立和完善学生参与民主管理的组织形式，支持和保障学生依法参与学校民主管理；学生申诉处理委员会应当由学校负责人、职能部门负责人、教师代表、学生代表组成。中共中央办公厅印发的《关于坚持和完善普通高等学校党委领导下的校长负责制的实施意

① 许迈进：《高校权力结构及其效能浅析》，《辽宁教育研究》1999 年第 3 期。

② 董向宇：《识读我国大学学生权力》，《高等教育研究》2012 年第 10 期。

见》提出，学校党委常委会委员中除校级领导干部外，还应有院（系）、党政工作部门负责人及师生员工代表。

其次，学生获得了评教权等部分权力。虽然学生评教在理论上还存在诸多争议，在实践中也面临各种各样的难题，但它在我国大学教学质量评价中已被普遍采用。学生通过行使评教权，对教师的教育教学行为进行监督，以确保教育质量，维护自身受教育权。在部分大学，学生还获得了参与学生管理、后勤管理等参与管理权。

最后，学生“集体抗争”行为的发生。当前，学生权利意识不断增强，当其利益受到侵害或未得到有效实现时，他们往往不再坐等侵权行为的自然终止或相关政策措施的调整，而是联合起来依靠集体力量与教师、管理人员、服务单位等进行抗争。由于“集体抗争”能够使个体在付出较小代价的情况下，通过集体的行动和力量实现利益诉求，因而“集体抗争”成为学生表达诉求、维护权益的重要方式。

（二）学习权力的当下困境

当下，学习权力之困境主要体现在面临观念、制度、组织、运行渠道等方面的障碍，只有克服这些障碍，才能使学习权力得到更好发展，并在大学内部治理中发挥更大作用。

一是观念障碍。受传统教育观念影响，师道尊严衍生出来的教师的专制与威严成为处理师生关系的基本伦理准则，由此导致教师和管理人员普遍将学生视为被教育、被管理的对象，对学生的主体地位重视不足。同时，大学生的自主观念还较为薄弱，缺乏参与学校管理的权力意识和自我管理、自我服务的理念。

二是制度障碍。联合国教科文组织于 1998 年 10 月在巴黎召开了首届世界高等教育大会，会上通过的《21 世纪的高等教育：展望和行动世界宣言》指出：“国家和高等院校的决策者应以学生及其需要为关注的重点，把他们看作高等教育变革的主要合作者和负责任的支持者。这应包括学生参与有关教学质量、教学评估、教学方法与课程的创新，在现行体制范围内，参与制定政策和院校管理工作。”① 我国教育部颁布的《普通高等学校学生管理规定》也明确提出，要支持和保障学生依法参与学校民主管理。但学习权力尚未在《教育法》、《高等教育法》等教育法律法规中得到确认，仍面临法律保障缺失问题。同时，由于大学民主管理制度不健全，学习权力的运行也缺乏相应的操作性规定，学生究竟可以通过何种组织、依据什么原则、按照怎样的程序、在哪些领域行使参与管理权等问题，在相关制度规范中尚无明确规定。因此，就目前大学民主管理制度来看，学生参与管理更多只是一种制度承诺，而缺少付诸实践的法律依据和制度支撑，学生参与学校管理的权力还十分有限。

三是组织障碍。这主要体现为学习权力载体的作用发挥不够。学生会、研究生会等学生组织是学习权力存在、运行和发挥作用的主要载体。从制度设计的初衷来看，学生组织的职能主要包括开展自我管理和自我服务、协助学校处理学生事务、参与学校民主管理、表达和维护学生利益等。但在实际运作中，学生会、研究生会等学生组织的性质发生了异化，它们本应是独立的学生自治组织，却往往演变成为学校进行学生管理的延伸机构或辅助部门，其功能也随之虚化和变异，在维护学生权益、参与民主管理等方面难以发挥应有的作用，导致学习权力的存在与运行缺乏有力的载体。

四是渠道障碍。当前，大学中频繁出现的学生集体罢课罢餐等抗争行为，从一个侧面反映了学生表达话语和维护利益的合法渠道的缺失。“集体抗争”是学习权力的一种有效表达形式，但

① 兰冰译：《世界高等教育宣言（节选）》，《云南广播电视大学学报》1999 年第 4 期。

这种极端形式具有一定的暴力特征，可能对大学内部社群关系造成冲击，甚至破坏学校正常的教育教学秩序，从而影响校园和谐稳定。在我国的法律框架和大学内部管理传统中，“集体抗争”这种利益表达和权力运行方式并不被视为合法，但学生集体抗争行为的发生，表明我们仍需为学习权力寻求更加多样、更加有效、更加合法合理的实现途径。

第三节　学习权力保障体系的构建

利益相关者有效和充分参与大学管理是现代大学制度建设的重要目标。正如德里克·博克所言，大学不同于军队、公司和其他等级森严的组织，其权力应是大家广泛共享的，而不是集中在少数领导者手中。① 我国一些大学也越来越重视听取学生、校友、社会公众等利益相关者的意见和建议，并意识到通过适当方式吸收各种利益相关者参与、监督学校决策和管理的必要性与重要性。为进一步推进大学民主管理，加快构建现代大学制度，必须采取有效措施，建立健全学习权力保障体系，切实保障学生拥有并合理行使应有的权力，确保学生有效参与大学治理。

一、学习权力的合法边界

权力本身具有自我扩张的特性，加之学生群体具有易冲动的特点，这就决定了学习权力容易突破既定边界，其存在和运行并不必然合法合理。学习权力过度“膨胀”，可能引发破坏性冲突，

① ［美］德里克·博克著，徐小洲等译：《走出象牙塔——现代大学的社会责任》，浙江教育出版社 2001 年版，第 97 页。

并导致大学内部权力结构失衡。因此，加强学习权力保障体系建设，首先必须明确学习权力的合法边界和行使范围，这是保证学习权力合法存在和有效运行的前提与基础。

从学习权力的存在价值出发，我们认为，学习权力的合法边界在于在法律及有关规章制度规定的范围内，依法依规维护学生的正当权益，尤其是维护学生的受教育权。具体而言，学习权力的存在与运行必须满足三个方面的合法性要求。首先，权力所维护的利益必须是合法的。作为权力主体的学生具有多样化的利益诉求，但这些诉求并不一定都是合法合理的。学习权力所争取和维护的应当是法律法规和大学组织认可的学生权利，而不应是那些不合法、不合理的诉求。其次，权力运行方式必须是合法的。学习权力的运行方式应当是法律允许的，并是大学组织所接受和认可的。最后，权力运行过程必须是合法的。学习权力在行使过程中，必须坚持合法合规的原则，不得损害大学组织的整体利益和其他主体的合法利益。①

在明确学习权力合法边界的同时，我们还要合理把握学习权力的行使范围。首先，当某项事务与学生利益密切相关而学生又有能力参与管理时，如学生事务管理、教师教学质量评价、后勤服务等，应当也有必要赋予学生相应的权力，这有利于学校提高有关事务的决策质量和管理水平。其次，对于那些与学生利益相关但学生没有足够能力参与的事务，如教师的聘任、人才培养方案的制订、课程的设置等，可以适当听取学生的意见和建议，但其权力的行使应当受到必要的限制，以确保决策的科学性和合理性。最后，对于那些与学生利益关系不大、学生又没有能力参与的事务，如职称评审、学术成果鉴定、科研项目评审等，交由有关专家和管理人员决定即可，并不一定事事都要征求学生的意见

① 董向宇：《识读我国大学学生权力》，《高等教育研究》2012 年第 10 期。

或请学生参与，这既不可能也不必要。

二、学习权力保障体系建设

为保障学习权力合法存在和有效运行，改变当前学习权力面临的困境，应当从观念、法律、制度、组织、管理等多个方面入手，构建完善的学习权力保障体系，为学生参与大学治理创造良好条件。

（一）更新学习权力观

观念是行为的先导。笛卡儿、洛克、莱布尼茨、休谟等哲学家都从不同立场肯定了观念在人们行为和社会生活中的根本作用，只有观念正确了才能有健康而合法的社会行为。① 可以说，有怎样的权力观就会有怎样的权力行为，因而树立正确的学习权力观是保障学习权力合法存在与有效运行的基本前提。所谓大学学习权力观，是关于大学学习权力的存在意义、价值取向、运行规范等的根本看法和观点。当前，无论是教师、管理人员，还是学生自身，都必须改变过去那种轻视学生主体地位和学习权力的观念，深化对学习权力的意义、运行、监督等的认识。

第一，要充分认识维护学生的合法权益是学习权力的出发点和归宿。宪法、教育法规和学校规章制度等赋予了学生合法的权利，合法的学习权力便来源于这些权利，同时它也为学生权利保驾护航。当学生权利得到有效维护时，学习权力一般就会以平和、理性的方式运行；反之，学习权力的运行就可能突破法律法规和学校规章制度规定的框架，甚至诉诸暴力。教师和管理人员应认识到学习权力的这种“冲突”与“建设”的双重属性②，在学生合法权利的范围内赋予学生相应的话语权，保障学生作为权

---

① 刘少杰著：《后现代西方社会学理论》，社会科学文献出版社 2002 年版，第 154 页。

② 董向宇：《识读我国大学学生权力》，《高等教育研究》2012 年第 10 期。

力主体应有的地位，并引导学生正确行使手中的权力。学生必须树立“权力意味着责任”的意识，认识到自身权力越大则责任也越大，珍惜和用好所拥有的权力，合理表达和切实维护自身利益，并要意识到学习权力的运行应以合法利益为指向，依法依规行使权力，绝不可随心所欲、滥用权力，努力使学习权力与大学内部其他权力和谐共存、协调配合。

第二，要充分认识赋予学生适当的权力是尊重学生主体地位的重要体现。日本学者尾关周二认为，最重要的是必须首先考虑能够形成教师和学生以及同学之间相互信赖为基础的交往空间，为此，教师和行政机关领导者必须从管理主义的意识中解放出来，并把每一个学生作为具有独特个性的主体加以尊重。① 而权力在主体地位的确立中发挥着重要作用，人的主体性也往往因为权力得到彰显。承认和强化学习权力是尊重学生主体地位、调动学生积极性和主动性、提高教育质量的必然要求。因此，大学管理人员和教师要进一步树立“以学生为中心”的教育理念，改变用管制思维和方法管理学生的倾向，给予学生充分的尊重和信任，支持学生参与教育教学和管理活动，引导学生自我教育、自我管理。

第三，要充分认识学习权力是大学内部权力体系的重要组成部分。建立和完善多元权力主体共同治理的内部治理结构，是现代大学制度建设的核心任务之一。赋予学生参与治理的权力，是当前完善大学内部治理结构应着重关注的一个重要方面。一切忽视、漠视学习权力的观念和做法都是与现代大学治理理念背道而驰的。正如约翰·布鲁贝克所言：“明智地分享权力并不等于削弱权力，反而可以多出成果。”学习权力的彰显，将为大学内部

① ［日］尾关周二著，卞崇道等译：《共生的理想：现代交往与共生、共同的理想》，中央编译出版社 1996 年版，第 44—45 页。

权力体系注入新的制衡力量，有利于进一步优化大学内部治理结构。教师和管理人员要在制度设计和管理实践中对学习权力给予更多的关注，支持学习权力发挥作用，使学习权力成为监督和制约大学内部其他权力的重要力量。

第四，要充分认识学习权力具有重要的教育价值。学习权力实践过程也是学生协调各方面关系、处理各种复杂问题和局面的过程，对学生来说是一种考验和锻炼。因此，赋予学生一定的权力，有利于开阔学生的视野，有利于培养学生统筹协调、团队合作、人际沟通、解决问题等方面的能力，也有利于培养具有参政意识、参政能力和高度社会责任感的现代公民。学生要改变被动接受教育和管理的观念，不断强化自身的主体意识、权力意识和维权意识，积极参与教育教学和学校管理工作，主动争取和维护自身合法权益。

（二）完善有关法律规章

一方面，要在有关法律文本中确认学习权力的合法地位，为学习权力提供直接、明确的合法性依据。法律法规所提供的强制性保障是最有力、最有效的，通过法律手段为学习权力提供保障，已被西方大学的实践证明是有效的。[①] 例如，《匈牙利共和国高等教育法案》规定，学生自治组织可以推选学生代表参加院校理事会等领导机构，高校理事会成员中学生代表数量最多可达三分之一，学生可以通过参加学校组织、发表言论、游行示威等方式行使自己的权力。在我国大学学习权力因受挤压而式微的情况下，必须通过完善有关法律法规，赋予学习权力合法地位，依靠法律为学习权力的存在和运行提供强制性的有力保障。首先，不应只在《普通高等学校学生管理规定》等部门规章层面承认学

① 朱国辉：《高校学生权力：内涵、现状与保障策略》，《黑龙江高教研究》2011年第7期。

习权力，而应在更高层次的法律规章中明确学习权力的合法地位，即在《教育法》、《高等教育法》等法律中对学习权力的内容、行使方式、保障措施等作出明确规定，把学习权力纳入法制化、规范化轨道。其次，要扩大法律对学习权力的确认范围，即不仅要在法律中确认学生在教学管理方面的权力，也要将学生参与课程和教学改革、参与学生事务管理以及学生组织自治等方面的权力纳入法律确认范围。最后，在完善有关法律法规的同时，要建立健全相关的督促落实机制。虽然目前立法工作为人们所普遍重视，但法律制度的执行往往被忽视，有法不依、执法不严、落实不力等问题较突出。因此，要更加注重法律法规的贯彻执行，更加注重对法律法规执行效果的检查和反馈，及时纠正违法违规行为，确保关于学习权力的各项法律规定真正得到落实。

另一方面，要完善大学内部规章，确认和保障学习权力的地位。法律对学习权力合法地位的确认为学习权力的存在和行使提供了根本依据，但要使对学习权力的法律承诺转化为实实在在的行动，还需通过完善大学内部规章为学习权力提供保障，特别是要在大学章程中明确学习权力的合法地位。章程上承国家教育法律法规，下启学校规章制度，是大学治理的“宪法”。应在大学章程中明确学生作为大学治理主体的地位，对学习权力的合法性予以确认和保护，并明确其权限范围、运作程序、监管方式等。同时，大学还要在各项具体规章中对学习权力的运行作出具有可操作性的规定，确保学习权力得以实现并有效发挥作用。

（三）完善民主管理和监督制度

长期以来，大学管理强调管理人员的权威性，往往是依据上级指示和权力意志进行重大决策和日常管理，忽视了教师和学生群体的参与，决策和管理的民主化、科学化水平有待提高。民主管理是现代大学制度的基本特征之一，鼓励和支持学生参与学校事务管理与监督，是现代大学制度建设中应当予以重视的一个重要方面。大学应在制度设计、平台搭建、渠道拓展等多个方面积极探索学生参与民主管理和监督的有效途径。

一是要健全学生参与民主管理的各项制度。建立健全学生听证制度、提案制度、对话制度、申诉制度、学生代表大会制度等民主管理制度。比如，吉林大学制定了《学生参与学校民主管理委员会章程》、《学生参与学校民主管理实施办法》、《学生组织提案制度》等一系列学生参与学校民主管理的制度文件，为学生参与管理提供了明确的制度依据。特别是在学校决策方面，吸收学生代表参与决策是学习权力存在的主要标志之一，是提升学习权力影响力的最为直接和有效的方式。学生参与决策制度在西方大学的民主管理实践中已被普遍采用。比如，在法国大学的理事会中，学生代表席位数甚至可以达到总席位数的三分之一以上，理事会定期召开会议，审议预算和经费分配方案，确定学校的规章制度，等等。理事会讨论的许多事项与学生利益直接相关，如教学改革、学校规章制度等，在这些事项的决策中学生均有发言权和表决权。因此，要积极探索学生参与民主管理的有效途径，在涉及学生利益的重大决策和重要领域管理中赋予学生一定的发言权，听取学生的意见和建议，彰显学习权力的地位和作用。

二是要完善学生参与评价监督制度。对教师和管理人员的工作进行有效评价，有利于提高教学质量和改进大学管理。目前在我国大学中，对教师和管理人员的评价制度还不够完善，特别是作为教学和管理对象的学生在参与教师和管理人员评价方面的制度安排还有待进一步完善，并且存在评价程序不科学、评价结果缺乏信度、重评价轻反馈轻改进等突出问题。加快建立健全科学合理的教师和管理人员工作评价制度已成为大学的一项重要任务。例如，教师评价方面，在西方国家的许多大学中，学生评教已形成一套成熟的评价模式，已成为保障教学质量的重要手段，评教结果是影响教师发展如职称晋升的重要因素。我国许多大学也都已建立学生评教制度，但这一制度在具体执行中仍面临诸多问题，比如评教形式较单一、评教结果可信度难以保证等，因而在评教途径和方式的多样化方面还需下更大功夫。可考虑建立以下两项制度。（1）学生教学信息员制度。学生教学信息员制度就是学校教务部门聘请部分大学生作为教学信息员，他们通过提供教学信息辅助学校进行教学管理。教学信息员分布在学校各院系的各个班级，他们不仅可以就教师的教学情况向学校提供综合评价信息，而且还可以向教务部门反映教师违反教学规章制度的行为，并协助教务部门进行调查。教学信息员制度使学校教务部门能够更直接、更真实地了解教师的教学情况，从而更准确、更有效地采取相应的教学管理措施，及时纠正和解决教学中存在的问题。（2）学生代表教学评议小组制度。这一制度指的是由学校或各院系随机抽取若干名学生对教学活动进行评议，学生代表既可以对教学的整体情况进行评议，也可以针对某位教师的教学情况进行评议。评议小组的评议意见由教务部门传达给教师，并督促其采取措施，改进教学中存在的问题和不足，有的学校还将学生评议意见作为对教师进行奖惩的参考依据。①

三是要完善校领导接见日制度等学生与学校沟通制度。比如，目前已有许多大学建立了校领导接见日制度，为学生提供了与学校领导直接沟通的渠道，这有利于学生合理表达自身利益诉求，及时化解矛盾和问题，避免因矛盾积累造成冲突，同时也有利于引导学生为学校发展建言献策，激发学生参与学校管理的热情，增进学生对学校的感情。在具体操作方面，首先要坚持公开透明、规范有序、沟通互动、方便群众的原则，使接待日制度真正成为沟通交流、解决问题、增进感情的有效机制。其次，实行

① 李齐全、吴万群、李全文著：《大学生权利法律保护研究》，安徽人民出版社2010年版，第91页。

来访预约制。为提高工作效率，来访单位或个人应提前到学校办公室信访接待室登记预约或通过电话预约。再次，实行陪同接待制。为减少中转环节，提高办事效率，根据接待日的预约情况，安排相关部门负责人陪同校领导接待。最后，实行首办责任制。由第一次接访的校领导负责包案，一包到底。对接待过程中学生提出的问题，能答复的当时答复；当时不能答复的问题，交由有关部门办理，并在规定期限内给予答复；重大问题由包案的校领导召开专题会议研究解决。

（四）加强学生组织建设

从历史和现实情况来看，大学权力越来越依托于各种委员会等组织而存在和运行。学习权力作为大学中的一种重要权力形式，也越来越需要通过特定的学生组织来运作，这是因为本来就微弱的学习权力如果以个体形式为主运行，其力量将更加微不足道。因此，加强学生组织建设对于保障学习权力有效发挥作用至关重要。

首先，要完善学生组织体系。依据组织职能的不同，学生组织大致可分为两大类：一类是以学生自我教育、自我管理、自我服务为主要职能的学生组织，如学生会、研究生会、学生社团等；另一类是以参与学校管理为主要职能的学生组织，如食堂监督委员会等。目前，前一类学生组织在大学中已普遍存在，后一类学生组织的发展明显滞后，而后一类组织恰恰是学生参与学校管理、展现自身权力的主要平台。因此，要积极发展以参与管理为主要职能的学生组织，如成立由学生代表组成的“教学质量监督委员会”、“食堂监督与服务委员会”、“公寓管理与服务委员会”、“活动场馆监督与服务委员会”、“学生提案委员会”、“学生听证委员会”、“学生权益保障中心”等学生参与管理监督的专门组织机构，为学生参与管理和监督提供有效平台。

其次，要赋予学生组织自治权力。学生组织不是学校管理部门的附属机构。要明确学生组织成立和相关制度设计的初衷，赋予学生组织独立管理内部事务的权力，如人员、经费、运营、纪律、活动组织等方面的自我管理权，特别是组织负责人应通过学生代表民主选举产生，而不是由学校有关部门或学院任命，使学生组织保持相对独立并回归自身使命，避免其成为被架空的“虚组织”和学校管理部门的延伸机构，解决学生组织异化问题。

最后，要充分发挥学生组织的职能。学生组织特别是具有参与管理职能的学生组织在柔化学校管理、避免因管理不当造成学生与学校冲突等方面具有独特优势。大学要充分认识学生组织在大学管理中的重要角色，支持学生组织参与大学管理和服务工作，深入探索学生组织参与管理和服务的有效机制，切实发挥学生组织的独特作用。各学生组织要在学校的指导下，积极推进工作创新和机制创新，拓宽学生表达意愿、反映心声、建言献策、参与管理的渠道，真正承担起维护学生利益、优化大学管理的重要使命。

（五）拓展学生参与管理范围

除了参与评教之外，还应进一步扩大学生参与管理的范围，提高学生参与管理的层次，拓宽学生参与管理的渠道，充分发挥学习权力在大学管理中的重要作用。

1. 参与学校决策

大学要创造条件让学生参与学校决策过程，特别是与学生切身利益相关的重大决策，学生应有表达意见和提出建议的途径。学生参与大学民主决策的领域主要有：关系学校长远发展和全体师生员工切身利益的重大决策；学校、学院或有关职能部门出台的与学生利益直接相关的政策规定；学校发展建设、教学管理、学生管理等工作中与学生切身利益相关的决策；在学校为解决重大问题开展民主调研时，提出建设性意见和可行性方案，供学校决策参考。

2. 参与制定或修改规章制度

让学生参与学校规章制度的制定或修改，有利于学校从制度上保障学生利益，同时也能够在一定程度上对大学的规则制定权进行监督和制约，以防止大学通过制定和修改规章制度的方式，缩减或侵害大学生的合法权益。因此，学校、学院或有关职能部门出台或修改与学生利益直接相关的规章制度时，在调研、起草、修改、审查等各个工作环节都应吸纳学生代表参与，并广泛征求学生的意见和建议。

3. 参与学生事务管理

学生事务管理在保障学生权益、促进学生成长成才方面发挥着重要作用。在学生事务管理方面，应提供更多机会让学生参与，由其协助有关职能部门和院系做好学生事务管理工作。比如，学生住宿管理、勤工助学岗位的申请和批准、奖学金和助学金的评定、助学贷款的申请和审批、优秀人选的推荐、各类学生组织的考核评比等，均可吸收学生参与。以学生奖惩管理为例，无论是对学生的奖励事项还是处罚事项，都要有学生参与其中。学生参与奖惩管理过程，不仅能够促进学校奖惩行为公平、公正、合法，而且还能增强学生对奖惩结果的认同和支持，避免学生对学校产生怀疑和不满情绪，防止学生之间产生矛盾纠纷。学生参与奖惩管理的具体办法主要有：通过班级民主评议方式推荐本班级的奖项候选人；对拟表彰或奖励的学生予以公示，并提供提出异议的渠道；对存在争议的表彰、奖励或处罚行为进行复审时，通过座谈会、听证会等形式听取学生的意见。

4. 参与后勤管理

2000 年 1 月，教育部等六部委联合制定的《关于进一步加快高等学校后勤社会化改革的意见》正式颁布。自此，大学后勤社会化改革进程明显加快。这项改革减轻了国家和大学的负担，但因监管不到位等原因，导致学生集体“罢餐”之类的事件频繁发生。后勤服务与大学生的生活和切身利益密切相关，让学生有效参与后勤管理，既有助于学校对提供后勤服务的单位进行监督，使后勤服务真正做到“以学生为本”，同时也有利于学生了解和体谅学校管理的难处，从而更加理性地面对和处理所遇到矛盾与问题。并且，从学生参与管理的难易程度和利益相关程度来看，学生参与后勤事务管理具有较大的可行性和实效性。具体来说，学生参与后勤管理的领域主要包括对后勤服务单位服务质量的监督、学生生活园区的管理等。比如，参与学生公寓的日常管理；对校内食堂卫生状况及其遵守有关规章制度情况等进行监督；在校园经营性网点规划方面提出建议，监督校内超市、小卖部等商业网点的经营活动；对校医院的医疗服务进行监督。

主要参考文献

一、著作

1. ［法］孟德斯鸠著，张雁深译：《论法的精神》上册，商务印书馆 1961 年版。

2. ［英］阿什比著，滕大春、滕大生译：《科技发达时代的大学教育》，人民教育出版社 1983 年版。

3. ［英］博伊德、金著，任宝祥、吴元训主译：《西方教育史》，人民教育出版社 1985 年版。

4. ［美］约翰逊著，南开大学社会学系译：《社会学理论》，国际文化出版公司 1988 年版。

5. 滕大春主编：《外国教育通史》第 2 卷，山东教育出版社 1989 年版。

6. 陈学飞著：《美国高等教育发展史》，四川大学出版社 1989 年版。

7. 璩鑫圭、唐良炎编：《中国近代教育史资料汇编·学制演变》，上海教育出版社 1991 年版。

8. ［美］伯顿·R. 克拉克著，王承绪等译：《高等教育系统——学术组织的跨国研究》，杭州大学出版社 1994 年版。

9. ［法］米歇尔·福柯著，严锋译：《权力的眼睛：福柯访谈录》，上海人民出版社 1997 年版。

10. ［德］马克斯·韦伯著，冯克利译：《学术与政治：韦伯的两篇演说》，生活·读书·新知三联书店 1998 年版。

11. 李其龙著：《德国教育》，吉林教育出版社 2000 年版。

12. 别敦荣著：《中美大学学术管理》，华中理工大学出版社 2000 年版。

13. ［美］约翰·S. 布鲁贝克著，王承绪等译：《高等教育哲学》，浙江教育出版社 2001 年版。

14. [美] 德里克·博克著，徐小洲等译：《走出象牙塔——现代大学的社会责任》，浙江教育出版社 2001 年版。

15. [加] 约翰·范德格拉夫等编著，王承绪等译：《学术权力——七国高等教育管理体制比较》，浙江教育出版社 2001 年版。

16. [西] 奥尔特加·加赛特著，徐小洲等译：《大学的使命》，浙江教育出版社 2001 年版。

17. 潘懋元著：《多学科观点的高等教育研究》，上海教育出版社 2001 年版。

18. 眭依凡主编：《学府之魂：中外著名大学校长教育理念》，江西教育出版社 2001 年版。

19. 张德祥著：《高等学校的学术权力与行政权力》，南京师范大学出版社 2002 年版。

20. 刘少杰著：《后现代西方社会学理论》，社会科学文献出版社 2002 年版。

21. [美] 罗伯特·伯恩鲍姆著，别敦荣主译：《大学运行模式——大学组织与领导的控制系统》，中国海洋大学出版社 2003 年版。

22. 姚启和著：《办大学的若干理论和实践问题》，华中科技大学出版社 2003 年版。

23. [美] 李·G. 鲍曼、特伦斯·E. 迪尔著，桑强等译：《组织重构——艺术、选择及领导》，高等教育出版社 2005 年版。

24. [美] 詹姆斯·马奇、马丁·舒尔茨、周雪光著，童根兴译：《规则的动态演变——成文组织规则的变化》，上海人民出版社 2005 年版。

25. 毕宪顺著：《权力整合与体制创新——中国高等学校内部管理体制改革研究》，教育科学出版社 2006 年版。

26. 赵雄辉著：《基于教育服务消费的大学生权利研究》，湖南大学出版社 2007 年版。

27. [美] 大卫·科伯著，晓征译：《高等教育市场化的底线》，北京大学出版社 2008 年版。

28. 《马克思恩格斯文集》(第 1、3、4 卷)，人民出版社 2009 年版。

29. 仲建维著：《学生权利论》，华东师范大学出版社 2009 年版。

30. 洪源渤著：《共同治理——论大学法人治理结构》，科学出版社 2010 年版。

31. 李齐全、吴万群、李全文著：《大学生权利法律保护研究》，安徽人民出版社 2010 年版。

32. 顾海良、罗永宽主编：《高校党的领导体制建设研究》，中国文史出版社 2011 年版。

33. 李福华著：《大学治理与大学管理》，人民出版社 2012 年版。

二、论文

1. 谢安邦、阎光才：《高校的权力结构与权力结构的调整——对我国高校管理体制改革方向的探索》，《高等教育研究》1998 年第 2 期。

2. 周川：《新一轮院系调整的特征与问题》，《高等教育研究》1998 年第 2 期。

3. 鲍善冰：《完善高校领导体制　构建良性运行机制》，《中国高教研究》2000 年第 5 期。

4. 钟秉林：《从理论与实践结合上探索党委领导下的校长负责制》，《中国高等教育》2003 年第 24 期。

5. 张维迎：《学术自由、“官本位”及学术规范》，《读书》2004 年第 1 期。

6. 许杰：《教育分权与大学自主》，《高等教育研究》2004 年第 4 期。

7. 孙天华：《大学的科层组织特征及效率——对我国公立大学内部治理结构的分析》，《河南社会科学》2004 年第 5 期。

8. 焦笑南：《美国、英国、澳大利亚的大学治理及对我们的启示》，《中国高教研究》2005 年第 1 期。

9. 张立：《对高校管理干部队伍建设的思考》，《中国高教研究》2005 年第 4 期。

10. 周清明：《浅析现代大学制度的基层学术组织重构》，《高等教育研究》2009 年第 4 期。

11. 李建奇：《我国大学治理结构变迁的路径选择》，《高等教育研究》

2009 年第 5 期。

12. 龚怡祖：《大学治理结构：现代大学制度的基石》，《教育研究》2009 年第 6 期。

13. 邹晓东、吕旭峰：《“学部制”改革初探——基于构建跨学科研究组织体系的思考》，《高等教育研究》2010 年第 2 期。

14. 谢辉：《美国公立大学行政管理组织架构分析》，《中国高教研究》2010 年第 7 期。

15. 杨如安：《学院制的内涵及其特性分析》，《教育研究》2011 年第 3 期。

16. 王守法：《高校管理者要强化党性修养》，《光明日报》2011 年 7 月 6 日第 16 版。

17. 孙冰红、衣学磊、杨小勤：《澳大利亚的大学治理结构与运行模式及启示》，《中国高等教育》2011 年第 17 期。

18. 徐娟：《社会转型背景下我国大学行政权力演变的二维分析》，《高等教育研究》2012 年第 1 期。

19. 王世权、刘桂秋：《大学治理中的行政权力：价值逻辑、中国语境与治理边界》，《清华大学教育研究》2012 年第 2 期。

20. 刘献君：《论大学内部权力的制约机制》，《高等教育研究》2012 年第 3 期。

21. 杨天平、王超：《西方大学权力模式的运演及其特色》，《教育研究》2012 年第 5 期。

22. 张应强：《新中国大学制度建设的艰难选择》，《清华大学教育研究》2012 年第 6 期。

23. 严蔚刚、李德锋：《我国高校学部的基本权力、分类及相关思考——基于我国学部制改革的调查研究》，《中国高教研究》2012 年第 7 期。

24. 王建华：《什么是高等教育》，《高等教育研究》2012 年第 9 期。

25. 熊万曦：《大学校长遴选：美国顶尖大学的经验——哈佛大学前校长德里克·博克专访》，《现代大学教育》2013 年第 5 期。

26. 李旭炎：《现代大学制度建设的现实路径》，《中国高等教育》

2013年第17期。

27. 马陆亭：《从高等教育体制改革到现代大学制度建设》，《中国高等教育》2013年第21期。

后　记

本书是2012年教育部人文社会科学研究规划基金项目“现代大学内部治理管理运行体制机制研究”（12YJA880069）的主要成果。之所以申请该课题，一是因为在若干年前就萌生过比较系统地了解研究一下教育基础理论的想法；二是因为自己在一所大学做具体的教育管理工作，实践中也有许多剪不断理还乱的困惑、问题。承担课题后，发现难度比想象和计划中的大得多。三年多来，教育理论和管理实践中的诸多重大问题如影随形，通过读书、思考，一些问题渐渐有了眉目。我要求比较严格，多次研讨提纲，几易其稿，课题组的老师们不胜其烦，深受其苦。好在研究过程中发表了不少文章，书稿也得以完成，算是有了安慰与回报。

本书围绕建设现代大学制度的目标，从权力角度入手，对现代大学内部治理结构进行系统分析，阐述了教师、管理者、学生等治理主体的基本情况及其在现代大学治理中的作用，论述了现代大学中行政权力（包括政治权力）与学术权力、学校权力与学院权力之间以及教师、管理者、学生三个主要治理主体与学术权力、行政权力、学习权力三个主要治理客体之间内在的辩证统一关系，提出了现代大学内部治理结构的模型，对如何调整大学内部权力关系、完善大学内部治理结构、提升大学内部治理能力提供了思路和建议。

全书的基本框架、主要思路由我提出，对书稿内容作了认真审读和较大修改。范丽娟做了主要的组织工作，进行了初审，最后由我统稿定稿。

本书绪论由我执笔。其他章节分工如下：第一、四、六章由林祥柽执笔，第二、七章由王丽琛执笔，第三、五章由朱素萍执笔。

本书的顺利完成凝聚着许多人的心血和汗水。作为课题组组长，我首先要感谢课题组的全体成员，他们是范丽娟、张丽、张华、朱素萍、王丽琛、林祥柽、张华凡、姚歆烨。在课题研究和书稿写作过程中，他们做了大量卓有成效的工作，付出了辛勤努力，姚歆烨帮助我整理录入手稿，在此一并致谢！感谢本书责任编辑耐心、细致、专业的工作。感谢书中参考文献的作者，他们的研究成果给了我们诸多启迪，为我们的研究和探索奠定了重要基础。就在该项目获批和研究过程中，天津科技大学设立了社会科学管理处，这是以理工科为主的这所大学向多科性综合大学转变的一个标志性事件，感谢社科处李明琪、巩莹莹等同志的支持。

《人民日报》理论版此前刊发了我的文章《完善大学治理结构》，现转录于本书作为代序，算是自序吧。

李旭炎

2016 年 3 月